要素市场扭曲与外贸转型升级

YAOSU SHICHANG NIUQU YU
WAIMAO ZHUANXING SHENGJI

杨 敏 王静娴 / 著

知识产权出版社
全国百佳图书出版单位
—北京—

图书在版编目（CIP）数据

要素市场扭曲与外贸转型升级／杨敏，王静娴著. —北京：知识产权出版社，2021. 12

ISBN 978-7-5130-7860-3

Ⅰ.①要… Ⅱ.①杨… ②王… Ⅲ.①生产要素市场-关系-对外贸易-经济发展-研究-中国 Ⅳ.①F723②F752

中国版本图书馆 CIP 数据核字（2021）第 234337 号

内容提要

本书以"双循环"下的要素市场扭曲与外贸转型升级为关注点，综合应用多元回归分析、结构化测度、脉冲响应分析等方法，探索中国要素市场扭曲的现状并加以测度，分析了中国的外贸转型成效并进行结构化评价，对要素市场扭曲与外贸转型升级之间的互动关系进行了深入研究，揭示了两者之间蛛网收敛的路径依赖关系。

本书可作为经管类本科生的课后学习材料，也可作为经管类硕士研究生专业课程的参考书。

责任编辑：曹靖凯　　　　　　　　　责任印制：孙婷婷

要素市场扭曲与外贸转型升级

杨　敏　王静娴　著

出版发行：知识产权出版社有限责任公司	网　　址：http://www.ipph.cn
电　　话：010-82004826	http://www.laichushu.com
社　　址：北京市海淀区气象路 50 号院	邮　　编：100081
责编电话：010-82000860 转 8763	责编邮箱：caojingkai@cnipr.com
发行电话：010-82000860 转 8101	发行传真：010-82000893
印　　刷：北京中献拓方科技发展有限公司	经　　销：各大网上书店、新华书店及相关专业书店
开　　本：720mm×1000mm　1/16	印　　张：13.75
版　　次：2021 年 12 月第 1 版	印　　次：2021 年 12 月第 1 次印刷
字　　数：220 千字	定　　价：68.00 元

ISBN 978-7-5130-7860-3

前言

　　改革开放以来，中国经济取得了巨大的成就。然而，中国的对外贸易始终处在"微笑曲线"的最低端，出口贸易的增长主要依靠产品与目标市场组合扩张的集约边际实现，新产品与新市场多元化的广延边际贡献则十分有限。一味依靠传统的劳动力比较成本优势的出口贸易模式不具备可持续性，必须培育出具有内生性的出口贸易新优势，外贸转型升级迫在眉睫。

　　要素是经济社会发展的微微观基础，任何经济现象、经济规律最终都将归于要素的优化组合。外贸转型升级的根本在于企业的能动变革，在于经济活动的微微观基础——要素的有效配置。中国的外贸转型升级所表现出来的黏滞、非均衡、路径依赖等难题，背后的深层次原因在于要素市场的扭曲。党的十八届三中全会中提出的"使市场在资源配置中起决定性作用，提高资源配置效率和公平性"也恰好体现了中国要素市场所存在的严重问题。

　　相比其他经济领域，要素市场与外贸领域的关联性更高。要素禀赋理论早已指出，一国的贸易比较优势由该国的要素禀赋决定，要素禀赋的差异是国际贸易发生的根本原因之一。在信息完全、市场完全的理论假设下，要素禀赋是一国外贸的决定性因素。但是在现实中，要素市场信息完全、市场完全的假设过于理想化，加之中国的特殊国情与经济禀赋，导致了中国要素市场的扭曲广泛存在。这种扭曲在初期促进了中国外贸的极大发展，但外部环境的变化及国内经济发展方式的转变对外贸发展方式有了新的要求，外贸发展方式和外贸结构的转变势在必行，从而使要素市场与外贸转型升级之间的结构性矛盾凸显。

　　要素市场扭曲对外贸转型升级的变革产生了负向的路径依赖效应，是外贸转型升级进展缓慢的微微观因素。从理论层面厘清要素市场扭曲与外贸转型升级的理论内涵，以及要素市场扭曲对外贸转型升级的影响机理是解读中国外贸转型升级过程中要素市场起到的现实作用的突破口和理论基石。首先，本书在抽象理论分析的基础上，从现实出发，挖掘中国外贸转型升级现状及其背后的深层次原因，以及中国要素市场扭曲的现状，为理论分析提供现实依据。其次，本书围绕要素市场扭曲对外贸转型升级影响效应进行实证研究，以科学的实证模型和充分的实证结果，验证理论分析过程中所提出来的理论命题。最后，在上述研究的基础上，本书为中国的外贸转型升级提供科学可靠的政策建议。

鉴于上述研究思路，本书的研究包括以下五个方面：

第一，在要素市场扭曲和外贸转型升级理论分析的基础上，对中国要素市场扭曲对外贸转型升级的影响机理进行分析，并通过对中国要素市场扭曲现实的分析，从理论层面对要素市场扭曲的内涵进行扩展。研究发现，无论从要素供给扭曲、要素价格扭曲，还是要素配置扭曲的影响路径来看，要素市场扭曲的影响都将导致我国外贸转型升级的不可持续或停滞不前，或者说是外贸升级恶化。外贸转型升级的恶化反过来将进一步恶化企业的经营条件，最终形成蛛网收敛路径依赖。

第二，运用数理分析的方法对中国外贸转型升级的表现及影响因素进行归纳。研究发现，外贸商品结构与方式结构呈现逐渐优化态势，但外贸主体结构与内外部空间结构失衡仍然比较严重，同时我国外贸条件持续恶化，外贸竞争力有待提高。通过分析发现影响中国外贸转型升级的因素主要包括要素层面供需不平衡，企业层面生产管理低效，产业层面转移易、升级难等。

第三，通过文献检索、考察调研对要素市场的现状与问题进行了归纳总结。研究发现，中国各种要素市场均存在不同程度的扭曲。例如，劳动力素养稳步提升，但劳动生产率不高；资本要素规模逐年增加，但地区供给不平衡；科技研发取得长足发展和进步，但产业化率低下；环境保护政策日趋严厉，但环境污染和破坏依旧不容乐观。本书采用先进的数理方法工具对其扭曲程度进行了系统测度。研究发现，要素市场扭曲研究不应仅仅局限于要素价格扭曲，而是应当包含要素供给扭曲、要素价格扭曲和要素配置扭曲三个方面的内容。测度结果显示，我国要素供给、要素价格和要素配置都存在着较大程度的扭曲。

第四，运用脉冲响应函数，对要素市场扭曲与外贸转型升级互动机理进行实证检验。通过对实证结果进行深入的分析后发现，要素市场扭曲对外贸转型升级的影响以负向为主。研究结果证实了前文对于要素市场扭曲与外贸转型关系的理论分析和推断。

第五，基于上述研究，从要素供给、要素价格和要素配置三个层面，提出修正要素市场扭曲、促进外贸转型升级的切实、科学、可行的对策建议。

本书为贵州省教育厅自然科学研究项目"贵州内陆开放型经济运行效率研究"（黔教合 KY 字〔2021〕278）的前期研究成果之一。

目 录
CONTENTS

第 1 章

绪　论

1.1　研究背景

改革开放以来，中国经济取得了巨大的成就。然而中国始终处在"微笑曲线"的最低端，出口贸易的增长主要是依靠集约边际实现，即对持续的产品与目标市场组合的扩张；而广延边际的贡献则十分有限，且主要表现在已有产品和市场组合的多元化，而非新产品与新市场的多元化。

从整体上看，中国的外贸规模高速扩张，贸易商品结构和方式结构得到了一定程度的改善。但与贸易额的高速增长形成巨大反差的是中国从贸易中获得的利益却没有同步增长，中国贸易条件呈现出持续恶化的态势。根据世界银行数据库的统计，从 1999 年开始，中国的贸易条件进入了持续下跌的趋势之中，截至 2018 年，中国的贸易条件指数下跌至 84。贸易条件的持续恶化意味着中国出口的商品能够换回国外生产商品的能力具有明显的弱化趋势。同时，由于中国出口商品的价格优势相对明显，对世界各大经济体形成了巨大的压力，使得"中国威胁论""汇率操纵论"的质疑此起彼伏，中国面临的反倾销和反补贴调查也越来越频繁，这些问题都严重影响了中国的外贸发展。

拉动一国经济的增长有三驾马车，即国内消费、投资和净出口。对于中国而言，发生在 2008 年的影响整个外部经济的金融危机，严重影响了中国的对外贸易。金融危机后，对外贸易对中国经济增长的贡献已明显下降。据统计，2008 年净出口的贡献度下降到 0.5%，而 2009 年更是为负的贡献度，不但没有贡献，甚至对经济增长产生了拖累。此后，2010—2013 年略有上升。2014—2018 年，净出口的贡献度基本保持在0.5%，2019年为负的贡献率。

在对外贸易被锁定在价值链底端的同时，中国产业结构的升级也受到严重的影响。作为全球制造业产品出口大国，随着中国劳动力成本的不断提高和其他发展中国家的出口替代，依靠传统的劳动力比较成本优势为主的出口贸易模式不再具备可持续性，中国急需创造出具有内生性的出口贸易新优势。

2012年2月，商务部联合十部委发布的《关于加快转变外贸发展方式的指导意见》中提出中国外贸发展四个优化的目标：进一步优化主体结构，做强大企业，扶持中小企业发展；进一步优化商品结构，稳定传统优势产品贸易，推动知识产权、品牌、高附加值产品贸易；进一步优化市场结构，巩固传统市场，开拓新兴市场，培育周边市场；进一步优化贸易方式结构，做强一般贸易，提升加工贸易，发展其他贸易。党的十八大报告指出："……要强化贸易政策和产业政策协调，形成以技术、品牌、质量、服务为核心的出口竞争新优势……"。党的十九大报告提出："拓展对外贸易，培育贸易新业态新模式，推进贸易强国建设"。"十二五"规划也指出："……要继续稳定和拓展外需，加快转变外贸发展方式，推动外贸发展从规模扩张向质量效益提高转变、从成本优势向综合竞争优势转变……"；"……保持现有出口竞争优势，加快培育以技术、品牌、质量、服务为核心竞争力的新优势……"；"……提升劳动密集型出口产品质量和档次，扩大机电产品和高新技术产品出口，严格控制高耗能、高污染、资源性产品出口。完善政策措施，促进加工贸易从组装加工向研发、设计、核心元器件制造、物流等环节拓展，延长国内增值链条……"；"……促进服务出口，扩大服务业对外开放……"。外贸转型升级是中国经济发展的现实要求，也是国家战略的具体安排。"十三五"规划指出，"十三五"时期，外贸发展既有坚实基础、也面临严峻挑战。世界经济在深度调整中曲折复苏，国际经贸关系更加复杂，我国经济发展进入新常态，传统比较优势减弱，产业和订单向周边国家转移，我国外贸发展的国际环境和国内发展条件发生深刻变化。

怎样在这种环境下保持中国对外贸易对于经济增长的拉动作用，怎样实现外贸行业的转型升级，提升外贸竞争力是一个非常重要的现实问题。外贸转型升级不是一个现象的归纳总结，而是一种改变现实的产业行为规范和要求，它既是企业层面的微观行为价值规范，也是中观层面的产业规划，还是宏观层面的区域与国家战略。

以技术、品牌、质量、服务为终极目标的对外贸易转型升级的根本在于企业的内生性效率和能力的提升。从国家战略、产业规划等层面对外贸企业的转型升级进行分析研究，有助于我们认识外贸转型升级，但却无法掌控外贸转型升级的微观基础。本书认为，外贸转型升级的根本在于企业的能动变革，在于经济活动的微微观基础——要素的有效配置。要素是经济社会发展的微微观基础，任何经济现象、经济规律最终都将归于要素的优化组合。因而，中国的外贸转型升级所表现出来的黏滞、非均衡、路径依赖等难题，背后的深层次原因在于要素市场的扭曲。而党的十八届三中全会中提出的"使市场在资源配置中起决定性作用，提高资源配置效率和公平性"也恰好验证了中国要素市场所存在的严重问题。

要素是国民经济的微微观领域，也是企业投入的基础。要素的扭曲必然导致企业投入决策的变化，从而影响到产业结构的调整，进而影响到国民经济的健康发展。在完全竞争条件下，要素市场价格机制能够灵活确定和反映生产要素的相对稀缺程度、动态变化和内生价值。林毅夫指出，当要素市场处在非竞争的扭曲状态时，要素价格就不能准确反映要素的相对丰裕程度。茅于轼认为要素市场扭曲对企业要素选择产生影响，进而导致宏观经济层面的动荡和失衡。此外，由于外贸产业与外部经济的广泛联系，要素市场扭曲导致的非经济现象变得更加复杂。

相比其他经济领域，要素市场与外贸领域的关联性更高。要素禀赋理论早已指出，一国的贸易比较优势由该国的要素禀赋决定，要素禀赋的差异是国际贸易发生的根本原因之一。在信息完全、市场完全的理论假设下，要素禀赋是一国外贸的决定性因素。但是在现实中，要素市场信息完全、市场完全的假设过于严格，加之中国特殊的国情与经济禀赋，导致了中国要素市场的扭曲广泛存在。这种扭曲在初期促进了中国外贸的极大发展。但随着外部环境的变化，以及国内经济发展方式的转变，这种形势对中国的外贸发展战略和外贸发展方式提出了新的要求。外贸发展方式和外贸结构的转变要求，使得要素市场与外贸市场之间的结构性矛盾凸显。要素扭曲对外贸转型升级的变革产生了负向的路径依赖效应。要素市场扭曲是外贸转型升级进展缓慢的微微观因素。

综上所述，本书将以外贸转型升级的要求和现实为出发点，以要素市场扭曲为视角，对要素市场扭曲对外贸转型升级的影响进行深入分析，以经济学的相关理论方法阐释要素市场扭曲对外贸转型升级的影响机理，并运用科学的实证方法进行验证，以期揭示要素市场扭曲的程度，并通过对要素市场扭曲的修正，追求外贸转型升级的改进。

1.2　研究意义

无论是外生增长理论还是新增长理论，都离不开对要素的研究，要素是经济增长和发展的源泉，而外贸是经济发展重要的子系统。因此，基于要素市场扭曲视角，对中国对外贸易转型升级进行研究具有重要的理论意义和现实意义。

1.2.1　理论意义

①外贸转型升级是中国深化对外开放、转变发展方式的重要战略部署，是中国与世界经济关联的现实纽带。本书从经济活动的微微观基础要素出发，以要素市场扭曲为视角，对中国外贸转型升级存在的问题进行深入研究，以经济学的边际分析为核心思想，揭示了要素市场扭曲与外贸商品结构、外贸方式结构、外贸主体结构，以及外贸竞争力等的相互关系和影响机理，为该问题的理论探索提供了一个分析范式。

②要素是经济活动的微微观视角，要素市场的现实是企业决策的基础。外贸转型升级的改进与实践必然以要素为最终落脚点。对要素市场规律的探讨，以及对要素市场扭曲的区分、测度是要素理论的核心内容。本书在前人研究的基础上，以中国要素市场的现实为基础，对要素市场扭曲的内涵与外延进行了重新定义，将要素市场扭曲从要素价格扭曲扩展到要素供给扭曲和要素配置扭曲层面，丰富了对要素市场扭曲的理论分析，为要素市场扭曲研究拓展了新的方向。

1.2.2 现实意义

①本书对中国外贸发展的客观现实进行了梳理。改革开放以来，中国经济取得了巨大成就，经济总量跃升世界第二，外贸出口居世界第一，但是对外贸易始终处在"微笑曲线"和价值链的底端，同时产业结构的升级也受到严重的影响。对中国外贸发展的客观现实进行梳理，有助于对中国外贸转型升级的结构性矛盾有一个客观的认识，同时也有利于政府制定相应的产业政策。

②在党的十八大提出中国要加快转变对外经济发展方式，推动开放朝着优化结构、拓展深度、提高效益方向转变，加快培育以技术、品牌、质量、服务为核心的出口竞争优势的背景之下，本书对中国对外贸易转型升级的内涵和外延、外贸结构现状，以及外贸转型升级的影响因素进行归纳总结，为中国外贸转型升级提供了理论支持。同时本书对中国要素市场的扭曲进行了拓展分析，并进行了测度，构建了要素市场扭曲对中国外贸转型升级的影响机理和传导模型，对新时期中国政府外贸易战略的制定和外贸转型升级具有一定的政策指导和现实意义。

③党的十八届三中全会提出"使市场在资源配置中起决定性作用，深化经济体制改革"，也就是让市场在资源配置中发挥决定性作用，成为中国顺利实现结构调整与发展方式转变的根本前提。在此背景下，本书从要素市场扭曲的视角出发，研究其对外贸转型升级的影响，符合中国的外贸发展的需要，为中国的要素市场的改革提出了有针对性和操作性的对策建议，有利于中国市场机制改革目标的实现。同时对中国健全生产要素的市场机制，帮助解决中国经济转型中的深层问题具有重要的现实意义。

④改革开放以来，中国对外贸易取得了举世瞩目的成就，但与欧美等发达贸易强国相比，在出口产业结构、产品技术含量、创新能力以及人均贸易规模、盈利能力等方面都存在着很大差距。中国的劳动力成本不断上升，劳动力要素的比较优势有所下降，而资本、技术和知识等要素的比较优势却没有得到释放。在同贸易伙伴的国际分工上，中国的绝大多数产业仍处在低端分工位次上。因此，对要素市场扭曲与国际贸易转型升级的研究，既有利于促进中国对外贸易结构的优化和发展方式的转变及中国对外贸易产业的深度拓展及竞争力的提升，也有利于

推动中国从贸易大国向贸易强国的转型。

1.3 文献综述

早在"十五"期间，2001年国务院政府工作报告就提出要"优化出口商品结构，提高高新技术产品比重，增加大宗传统商品的技术含量和附加值，扩大服务贸易规模"。在接下来的"十一五"和"十二五"规划纲要中对外贸转型升级又提出了更加明确的要求。学术界关于外贸转型升级的研究众多，不同学者选择的研究角度也不同，得出的结论也大相径庭。本书将以外贸转型升级的战略意义为切入点，依次循宏观国家层面、中观产业层面、微观企业层面，以及微微观要素层面对外贸转型升级的相关研究进行梳理。

1.3.1 外贸转型升级的战略意义

1.3.1.1 外贸发展对经济的影响

马祖达（Mazumdar）认为一国的贸易结构决定了该国通过贸易所获得的收益的多少，贸易结构与经济增长是正相关的，只有该国形成出口消费品进口资本品的贸易结构时，贸易才能促进经济增长。❶ 刘易尔和约书亚（Lewer, Joshua）利用世界28个主要贸易国家的数据对马祖达的观点进行了实证检验，结果显示资本品净进口国的国内经济增长比资本品净出口国的国内经济增长获得了更高的速度。❷ 勒德曼等（Lederman, et al.）对外贸结构同经济增长的关系进行了研究，通过实证检验发现一国的贸易结构变化对于该国的经济发展起到正面的促进作用。❸ 袁其刚通过对中国贸易结构的变化进行分析，发现中国加工贸易转型升级制约了中国贸易结构升级的步伐，并从理论和实证两个方面验证了外贸结构变化对资本积累和技术进步的作用机理和途径。❹

---

❶ MAZUMDAR J. Do Static Gains from Trade Lead to Medium Run Growth? [J]. Journal of Political Economy, 1996(6): 1328-1337.

❷ LEWER, JOSHUA J. Does trade composition influence economic growth? [J]. Journal of International Trade & Economic Development. 2003(1): 47-56.

❸ LEDERMAN, DANIEL, WILLIAM F. Trade structure and growth[R]. World Bank Policy Research Working Paper, 2003.

❹ 袁其刚. 中国贸易结构变化对经济增长影响的实证分析 [D]. 天津：南开大学，2010.

另外，还有很多学者分别从进出口的角度分别进行了研究。如从进口的角度：布洛达与格林菲尔德（Broda, Greenfield）研究发现，一国进口的国外新产品越多越有利于降低本国生产部门的创新成本，而且发展中国家进口新产品对该国全要素生产率提高的影响高于发达国家进口新产品对该国的影响。李兵的实证研究结果显示，长期来看中国工业制成品进口促进中国经济的增长，而初级产品进口抑制中国经济的增长。❶ 左萌以货物贸易结构决定了国际技术扩散的方向这一观点为出发点，利用相关分析工具验证了中国是资本密集型产品的净进口国，处于国际技术扩散的吸收国地位，并通过实证研究证明了中国进口贸易结构的变化能够显著的影响技术的扩散效应。❷

如从出口的角度：苏振东和周玮庆研究发现，中国对东盟十国的出口总额呈上涨趋势，但对其外贸贸易结构呈现恶化趋势，向其出口的中高附加值产品比例持续下降，这一现象反映出中国急需改变出口贸易结构，以免陷入贫困化增长怪圈之中。另外他们还使用动态面板数据分析中国出口贸易结构对经济的影响作用，分析结果显示，高附加值产品的出口增长比低附加值产品的出口增长对经济增长的促进作用要强。❸ 裴长洪认为，中国对出口贸易政策的调整引起了中国出口贸易方式结构的变化，即一般贸易出口比重提高，加工贸易出口比重下降，但这是以中国出口商品结构高级化停止以及出口竞争力减弱为代价的，并没有带来中国外贸结构优化的真正目的。❹ 吴鹏等认为中国的贸易结构与区域产业结构存在错配现象，贸易结构的变动不是由产业结构引起的，贸易发展对产业结构的升级效果不明显。❺ 胡超等认为国家与国家之间产业结构与贸易结构相似度越高，增加值贸易对经济联动的影响越弱。❻ 王云胜和曾建丽研究发现经济新常态下，

❶ 李兵. 进口贸易结构与中国经济增长的实证研究 [J]. 国际贸易问题，2008 (6)：27-38.

❷ 左萌. 进口贸易结构、国际技术扩散与中国经济波动——基于内生 R&D 与技术转化视角 [D]. 成都：西南财经大学，2010.

❸ 苏振东，周玮庆. 中国对东盟的出口贸易结构及其变迁——基于产品技术附加值分布的贸易结构分析法和变系数面板数据模型的动态分析 [J]. 国际贸易问题. 2009 (3)：41-51.

❹ 裴长洪. 中国贸易政策调整与出口结构变化分析：2006—2008 [J]. 经济研究. 2009 (4)：4-16.

❺ 吴鹏，夏楚瑜，何冲冲. 区域产业结构贸易结构的关联匹配研究——基于灰色关联算法 [J]. 系统科学与数学，2020，40 (11)：1950-1966.

❻ 胡超，杨永勤，郭霞. 增加值贸易、产业结构相似度与中国—东盟经济联动 [J]. 国际商务研究，2021，42 (02)：51-64.

对外贸易商品结构、方式结构以及区域结构对地区外贸发展和产业结构优化有显著影响。❶

上述国内外学者的研究显示，一国外贸结构的发展方向对该国的经济影响力是显著的，既能影响该国的外贸获利情况，也能影响该国的经济增长速度，既影响资本积累也影响技术进步的速度，因此可知一国外贸结构的变化对该国经济持续增长以及转型升级的实现起到关键性的作用。以下本书将从国家层面、产业层面以及企业层面对外贸转型升级的研究进行综述。

1.3.1.2　外贸转型升级与国家战略

从国家层面来看，中国关于转型升级的论述是从加工贸易的转型升级开始的。随着中国外贸的不断发展及在外贸发展中所涉及的问题的变化，关于转型升级的研究范围更加宽泛。裴长洪等认为，中国外贸战略实现了从"转变外贸增长方式"到"转变外贸发展方式"的飞跃，具有深刻的意义，并从中国自身经验的角度出发，将转变外贸发展方式的含义概括为"转变外贸的国民收益方式和格局，转变外贸的竞争方式，转变外贸的市场开拓方式，转变外贸的资源利用方式"。❷ 关嘉麟通过构建对外贸易政策干预指数，对中国对外贸易政策指标体系取向进行了测算，测算结果显示，初级产品实际比较优势水平呈下降趋势，而中高级技术产品实际比较优势不断上升。❸ 赵蓓文从质量和数量两个方面建立起贸易强国指标体系，并将中国与世界贸易强国指标进行了比较，从中寻找中国的不足，提出对外贸易转型升级的对策。❹ 国务院办公厅指出，对外贸易是我国开放型经济的重要组成部分，是国民经济发展的重要推动力量，要构建以国内大循环为主体、国内国际双循环相互促进的新发展格局，加快推进外贸转型升级基地、贸易促进平台、国际营销体系等"三项建设"，培育新形势下参与国际合作和竞

---

❶ 王云胜，曾建丽. 新常态下对外贸易结构对产业结构升级的影响 [J]. 河北工业大学学报（社会科学版），2021，13（1）：12-20.

❷ 裴长洪，彭磊，郑文. 转变外贸发展方式的经验与理论分析 [J]. 中国社会科学，2011（1）：77-87.

❸ 关嘉麟. 转型时期中国对外贸易政策研究 [D]. 长春：吉林大学，2013.

❹ 赵蓓文. 实现中国对外贸易的战略升级：从贸易大国到贸易强国 [J]. 世界经济研究，2013（4）：3-9.

争新优势，实现外贸创新发展。❶

1.3.1.3　外贸转型升级与产业结构优化

余剑和古克鉴将比较优势原则运用到中国要素禀赋结构变化以及产业贸易结构变革的研究中，利用 HOV 模型分析国际要素流动、要素禀赋变化、经济增长以及外贸结构相互间的关系，认为动态比较优势原则对指导中国贸易产业结构变革具有重要作用。❷ 张其仔认为产业升级的路径对于中国外贸转型升级具有重要影响，而中国产业转型升级的路径选择应以中国比较优势演化理论为指导。❸ 罗建兵认为 FDI 主导的加工贸易不一定能带来技术外溢效应和本国企业的转型升级，而内生的自主创新和国内价值链的构建才是实现加工贸易产业转型升级的必由之路。❹ 王虎从"二次分类"的概念出发，对产业内贸易的结构分类和贸易模式的判别方法进行了探讨，提出了适用于垂直和水平分工的两种贸易模式判别方法，并运用以上方法对中国的产业内贸易结构的现状进行了分析。❺ 刘源远利用垂直专门化指标和出口复杂度指标对中国的贸易结构进行了测试，验证了中国产业结构处于价值链低端环节的事实，同时验证了中国应依靠自主创新推动国家产业结构升级和贸易转型升级。❻ 陈虹对中国外贸结构与产业结构的关系进行了研究，通过实证检验发现中国贸易结构滞后于产业结构，中国进出口贸易结构变化对外贸产业结构的提升作用非常微弱。❼ 周永涛对金融发展、技术进步同外贸产业升级的关系进行了理论和实证检验，研究结构显示，金融发展既能够对于外贸产业升级产生直接的影响作用，又能以技术进步为媒介对外贸产业升级产生间接的促进作用。❽ 刘美玲认为对外贸易与产业结构升级相辅相成，在产业结构升级

---

❶　国务院办公厅关于推进对外贸易创新发展的实施意见 [J]．中华人民共和国国务院公报，2020 (32)：6-10．

❷　余剑，古克鉴．开放条件下要素供给优势转化与产业贸易结构变革 [J]．国际贸易问题，2005 (11)：5-11．

❸　张其仔．比较优势的演化与中国产业升级路径的选择 [J]．中国工业经济，2008 (9)：58-68．

❹　罗建兵．加工贸易产业升级与国内价值链构建 [J]．当代财经，2010 (2)：98-104．

❺　王虎．产业内贸易结构模式、分类体系对应及产品差异性的界定研究 [D]．上海：上海社会科学院，2011．

❻　刘源远．中国贸易结构的重新测试及升级影响印象分析 [D]．长沙：湖南大学，2009．

❼　陈虹．中国对外贸易结构与产业结构的关系研究 [D]．长春：吉林大学，2011．

❽　周永涛．金融发展、技术进步与对外贸易产业升级 [D]．杭州：浙江工商大学，2012．

的背景下，我们应当改善外贸结构，打造我国经济高质量发展要求的对外贸易综合优势。[1] 师应来和周丽敏认为国内国际"双循环"可促进产业结构优化，有助于我国实现国内产业链在国际布局中的优化，产业结构的优化也有助于"双循环"格局的发展。[2] 赵亮认为自贸试验区能对产业结构升级产生长期驱动效应，有利于周边城市产业结构升级，同时对贸易经济高质量发展产生引致效应。[3]

1.3.1.4 外贸转型升级与企业层面研究

周枝田以外贸企业为研究对象，对 OEM 代工企业的升级策略和路径选择进行研究，并通过成功转型企业的案例来分析影响外贸企业转型升级的主要问题，最后建立了外贸企业转型升级的路径和升级策略。[4] 林立认为同质竞争、市场集中度低及没有形成合理的产业分工体系等是中国加工贸易企业面临的最主要的问题，针对这些问题提出了四维度企业转型升级路径。[5] 刘重力和黄平川从企业层面入手，研究中国企业出口竞争优势的来源，发现推动中国企业出口的重要因素不是高生产率而是禀赋优势，因此中国要实现外贸转型升级必须以中国禀赋优势的提升为前提。[6] 马颖和李酣从微观企业层面的角度出发，研究了异质性企业内生产品的选择对外贸产业的影响以及外贸产业发展的路径。[7] 薛燕和史修松认为，相对于发达国家和地区，我国外贸加工贸易占比仍偏高，在鼓励外贸企业进行结构调整的同时，外贸企业还应当拓展、改进外贸渠道，推动实现多元化的外贸格局。[8] 王海军和刘超分析了疫情对中国外贸企业的影响，包括外需不振、供给不畅、物流不通、回款不稳四个方面，政府应进行强有力的政策干预夸大内

---

❶ 刘美玲. 产业结构升级背景下我国对外贸易核心问题研究 [J]. 价格月刊, 2020 (7): 80-84.

❷ 师应来, 周丽敏. "双循环"的理论逻辑、发展进程与现实思考 [J]. 统计与决策, 2021, 37 (10): 151-154.

❸ 赵亮. 自贸试验区驱动区域产业结构升级的机理探讨 [J]. 经济体制改革, 2021 (03): 122-127.

❹ 周枝田. 企业转型升级策略研究 [D]. 广州: 暨南大学, 2010.

❺ 林立. 加工贸易企业转型升级研究 [D]. 北京: 中国社会科学院, 2012.

❻ 刘重力, 黄平川. 中国企业出口中的禀赋优势与生产率 [J]. 现代管理科学, 2013 (2): 12-14.

❼ 马颖, 李酣. "新-新贸易理论"企业异质性与外贸产业发展 [J]. 国外社会科学, 2011 (2): 66-75.

❽ 薛燕, 史修松. 外贸企业如何应对逆全球化的冲击 [J]. 人民论坛, 2017 (28): 86-87.

需,企业应加大发展跨境电商,调整市场布局,拓展内销渠道。❶ 陆长平等认为在"双循环"新发展格局下,中国外贸企业的发展面临新的机遇和挑战,其中企业融资方式受局限、企业负债率高等问题限制了中国出口企业的发展。❷

以上学者分别从国家层面、产业层面和企业层面分析和研究中国外贸转型升级的发展路径,探讨如何提升中国外贸结构,实现外贸转型升级,并针对其路径中存在的问题提出相应的对策建议,研究成果已经非常丰富。但是本书认为将研究细分到企业层面还不够,因为企业并不是生产产品的最低层次,生产产品最基础的是要素的投入,要素是经济社会发展的微微观基础,要实现外贸转型升级,必须从要素动态变化层面出发。

1.3.2 关于外贸转型升级内涵的研究

从文献研究来看,目前国内学者对于外贸转型升级的具体内涵还没有一个确定的界定,但是从政府对于中国外贸转型升级取得积极成效的评述上可以看出,对于中国外贸转型升级的效果衡量,主要从出口商品结构、贸易方式结构、外贸国内区域布局、国际市场多元化及进口商品结构等多方面进行了描述。❸ 另外,原商务部部长钟山曾提出,要实现外贸转方式、调结构,必须推进五个优化,这五个优化分别是:第一,优化贸易产品结构,即既要保证传统优势产品出口,又要提高高新技术产品和自主品牌产品的贸易份额,同时还要扩大服务业的进出口规模;第二,优化外贸方式,即要做强一般贸易,提升加工贸易,发展其他贸易方式;第三,优化国际市场布局,既要保证对传统市场的出口额,还要扩展同新兴市场和发展中国家的国际贸易;第四,优化国内区域布局,即一方面巩固东部地区的外贸规模,另一方面提高中西部地区的外贸份额;第五,优化外贸经营主体,即在现有多种外贸性质企业共同发展的同时,提高中国民营企业和中小企业

❶ 王海军,刘超. 疫情冲击下中国外贸企业面临的困境及应对——基于供求视角 [J]. 国际贸易,2020 (8):29-37.

❷ 陆长平,杨沙,杨柳. "双循环"新发展格局下中国出口企业融资策略研究 [J]. 国际贸易,2021 (4):14-21+74.

❸ 商务部新闻办公室,2012 年商务工作年终述评之四:外贸转型升级取得积极成效 [EB/OL].(2012-12-26). http://www.mofcom.gov.cn/aarticle/ae/ai/201212/20121208499506.html.

所占份额。❶

从中国学者们对于外贸转型升级的相关研究来看，张曙霄从外贸结构的总体范畴入手，对中国外贸商品结构、外贸方式结构和外贸区域结构的发展现状进行了研究，根据中国外贸结构实际存在的问题提出了适应中国外贸结构优化升级的调整战略。❷ 杨宏华和胡瑞平从国际市场结构、贸易主体结构、贸易方式结构和出口商品结构四个层面分析了中国外贸出口结构存在的问题，为中国出口结构优化，外贸转型升级提出相应的对策建议。❸ 陈海波和魏啸从外贸商品结构、方式结构、主体结构、国内地域结构和国际市场结构等方面研究了外贸结构转型升级对中国经济发展发生转变的影响。❹

可见外贸转型升级的内涵其实就是外贸结构的优化升级。以下本书将从外贸商品结构层面、外贸方式结构层面、外贸主体结构层面及外贸空间结构层面细分的角度对外贸转型升级的相关研究进行综述。

1.3.2.1 外贸商品结构层面的相关研究

豪斯曼等（Hausmann, et al.）构建了可以反映一国出口商品结构的出口产品复杂度指数，显示出口产品复杂度指数越高，出口产品的技术含量越高。❺ 斯科特（Schott）认为中国的外贸商品结构同一般发展中国家不同，中国出口商品中资本密集型产品类的工业制成品出口比重较大，而且高新技术产品出口也较多，出口品中所含的技术水平超过了中国的经济发展程度。❻ 樊纲等研究显示，在中国的出口商品结构中，初级产品以及附加值较低的产品所占比重较大，而高技术含量和高附加值产品所占比重较小，然而在进口商品结构中，却恰恰相反。他们从贸易品的技术分布角度对中国的贸易结构进行了分析，研究表明中国出口

❶ 钟山. 培育竞争新优势，实现外贸新发展 [J]. 求是，2013（16）：54-56.

❷ 张曙霄. 中国外贸结构问题研究 [D]. 长春：东北师范大学，2002.

❸ 杨宏华，胡瑞平. 优化中国出口贸易结构 走向贸易强国之路 [J]. 经济研究参考，2012（45）：64-68.

❹ 陈海波，魏啸. 外贸结构升级对中国经济发展方式转变影响的实证分析 [J]. 国际经贸探索，2013（9）：14-23.

❺ HAUSMANN R, HWANG J, RODRIK D. What You Export Matters[J]. Journal of Economic Growth. 2007（12）：74-89.

❻ SCHOTT P. The Relative Sophistication of Chinese Exports[R]. NBER Working Paper, 2006, No. 12173.

商品结构已经从以低技术附加值为主转变为以中技术附加值为主，高技术产品出口数量虽然有所增加，但增长幅度不大，进口商品结构以中高技术为主。❶ 林发彬利用樊纲、关志雄等人测算贸易品技术含量的方法对中国进出口商品的技术分布以及变化进行了检验，发现中国的进出口贸易品的技术分布没有出现美、日等国剪刀差的格局，中国技术分布改善并不显著。❷ 阿斯克和甘尼斯（Assche，Gangnes）认为中国出口商品技术结构被高估的原因是中国加工贸易占出口商品比重较大，并通过数据替代的方法剔除了加工贸易对于中国出口技术结构所产生的影响，研究结果显示，中国的电子产品出口所含的技术水平并不高。❸ 阿米提和热乌昂德（Amiti，Rreund）的研究结果显示，尽管近年来中国的出口技术含量总体看来显著提高，但是剔除加工贸易后并没有明显变化，进一步验证发现是加工贸易导致中国出口复杂度呈现提升态势。❹ 耿献辉利用投入产出表的方法计算了中国进出口商品结构的合理性，考察中国商品结构的演变趋势，并通过实证检验的方法为中国商品结构调整提出了有效的对策。❺ 谢锐利用其建立的一套测度出口产品技术含量的方法，对中国同东亚经济体的贸易结构的变迁情况进行了测试，并利用多国和单国 CGE 模型，通过实证研究了中国参与东亚区域经济一体化对中国出口商品结构的影响效应。❻ 吕大国和耿强对一般贸易和加工贸易对全要素生产力的影响进行研究发现，一般贸易显著促进了全要素生产率的增长，而加工贸易阻碍了全要素生产率的增长。❼ 中国应该加大对一般贸易出口的重视，充分利用一般贸易对全要素生产率的促进作用带动经济转型升级。吕海霞对贸易结构指标进行了测算，测算结果发现我国贸易结构和经济增长间存在正相关的单向因果关系，贸易结构每提高 1 个单位，实际 GDP 增长率提高 0.01 个单

❶　樊纲，关志雄，姚枝仲. 国际贸易结构分析：贸易品的技术分布 [J]. 经济研究，2006 (8)：70-80.

❷　林发彬. 中国进出口贸易品技术分布状况及变化分析 [J]. 亚太经济，2011 (3)：122-125.

❸　ASSCHE V, GANGNES B. Electronics Production Upgrading Is China Exceptional？[J]. Applied Economics Letters, 2010(5)：103-124.

❹　AMITY M, FREUND C. The Anatomy of China's Export Growth[R]. Policy Research Working Paper, 2010.

❺　耿献辉. 中国进出口商品结构变动及其优化——基于投入产出表的实证分析 [J]. 经济学家，2010 (8)：40-46.

❻　谢锐. 东亚区域经济一体化进程中中国贸易结构变迁与经济效应研究 [D]. 长沙：湖南大学，2010.

❼　吕大国，耿强. 出口贸易与中国全要素生产率增长——基于二元外贸结构的视角 [J]. 世界经济研究，2015 (4)：72-79，128.

位，而经济增长对贸易结构的影响没有得到实证支持。[1] 徐芬从三元分解角度对我国农产品结构进行研究，认为在全球贸易不确定性的背景下，我国农产品进口贸易结构存在一定的失衡，应当扩大农产品进口种类，增加农产品来源的稳定性。[2] 刘伟和刘宸希对我国同东南亚国家的贸易结合度进行分析，发现双方贸易种类多，贸易互补性强，贸易互补性指数呈现稳中有增的趋势。[3]

1.3.2.2 外贸方式结构层面的相关研究

罗德锐克（Rodrik）通过研究发现，中国的外贸模式没有按照比较优势的规律发展，而是出现了跳跃式的赶超，中国出口外贸产品内含较高的生产率。[4] 而罗伯特·库伯曼（Robert Koopman）利用中国的投入产出表和相关进出口贸易数据进行研究，结果发现中国一般贸易的国内增加值远远高于中国的加工贸易国内增加值。[5] 李艳丽认为中国在大力发展服务贸易，使之成为推动中国外贸增长的主要力量的同时，不能放弃劳动密集型产品的出口，应当形成以产品贸易和服务贸易并重的外贸方式。[6] 裴长洪认为加工贸易不是导致中国贫困化增长的原因，相反限制加工贸易的做法引起了 2008 年后的新产业工人返乡潮，中国限制加工贸易和出口增长速度的做法更导致了中国出口结构优化的停止。[7] 隆国强认为把加工贸易转型升级理解为把加工贸易转为一般贸易，让加工贸易实现从沿海向内陆地区的梯度转移，或者是从传统产品向高新技术产品升级等观点都是片面的，虽然合理但没有揭示出转型升级的本质含义，中国加工贸易转型升级的方向应该是提升中国在全球生产价值链上的分工地位。[8]

---

[1] 吕海霞. 贸易结构与经济增长：基于 1982-2011 年时间序列数据的分析 [J]. 商业研究, 2015 (1)：85-90.

[2] 徐芬. 我国农产品进口贸易结构分析——基于贸易增长的三元分解 [J]. 中国流通经济, 2020, 34 (6)：96-104.

[3] 刘伟, 刘宸希. "一带一路"视角下我国与东南亚国家的贸易结构互补分析 [J]. 统计与决策, 2021, 37 (4)：128-132.

[4] RODRIK D. What's So Special about China's Exports[R]. NBER Working Paper, 2006.

[5] KOOPMAN R. How Much of Chinese Exports is Really Made in China? Assessing Domestic Value-Added When Processing Trade in Pervasive[R]. NBER working Paper, 2008, NO. 14109.

[6] 李艳丽. 论中国外贸转型的合理取向及政策建议 [J]. 经济经纬, 2007 (3)：52-54.

[7] 裴长洪. 中国贸易政策调整与出口结构变化分析 [J]. 经济研究, 2009 (4)：4-16.

[8] 隆国强. 加工贸易转型升级之探讨 [J]. 中国经贸, 2008 (12)：8-14.

裴长洪认为中国加工贸易贸易转型升级的效果是明显的，但是制约中国加工贸易转型升级的因素还很多，通过分析这些原因，认识加工贸易发展的规律，对促进实现中国加工贸易的转型升级意义重大。❶ 曾贵对影响加工贸易转型的众多影响因素进行分析归纳，构建了一个包括动力机制、学习机制、创新机制以及支撑机制的四维机制图，进而有助于中国加工贸易转型升级的实现。❷ 张莉认为转变中国外贸发展方式是中国的重要战略，由于传统理论在一定程度上无法支撑中国外贸发展，为了实现战略的贯彻实施应该构建转变外贸发展方式的新理论体系。❸ 杨继军和范从来认为资源禀赋结构的提升是外贸发展方式转型升级的关键因素，虽然中国外贸结构不断优化，劳动力要素不断蝶化，但是中国的要素禀赋还不足以支撑外贸发展方式的转型门槛，中国劳动力要素市场的变化只是推动了中国外贸向更高的阶段发展。❹ 汤碧和陈莉莉利用进口中间投入比例、出口复杂度指数等多种方法，对中国加工贸易价值链的升级情况进行了研究，分析加工贸易转型升级的成效，并提出对应的对策建议。❺ 林小玲和陈明认为中国加工贸易的增值率有所提升，但科技含量比较低，抑制了向高附加值产业的转型。出口退税对某些企业服务贸易出口具有显著负效应，国家应当加大对服务贸易出口的退税。❻ 罗秀英利用一般均衡理论模型对加工贸易、企业生产率进行分析，研究发现加工贸易虽然促进了生产效率的提升，但是规模相对较小，外资企业加工贸易提升生产效率较为显著，国有企业和民营企业有待提升。❼ 杨超研究发现我国贸易顺差占 GDP 比重与其他新兴经济体相比并不大，而加工贸易占比越高的行业，贸易顺差规模越大，我国与欧美国家的"非对称投资关系"是引起贸易失

❶ 裴长洪. 正确认识中国加工贸易转型升级 [J]. 中国经贸，2008 (4)：4-7.

❷ 曾贵. 加工贸易转型升级的机制探讨 [J]. 财经科学，2011 (2)：84-90.

❸ 张莉. 构建转变外贸发展方式理论体系探讨 [J]. 中国经贸，2012 (5)：28-32.

❹ 杨继军，范从来. 刘易斯拐点、比较优势蝶化与中国外贸发展方式的选择 [J]. 经济学家，2012 (2)：22-29.

❺ 汤碧，陈莉莉. 全球价值链视角下的中国加工贸易转型升级研究 [J]. 国际经贸探索，2012 (10)：44-55.

❻ 林小玲，陈明. 出口退税、财政补贴能否提高企业出口强度？——基于货物贸易和服务贸易的对比分析 [J]. 南京审计大学学报，2020，17 (4)：102-111.

❼ 罗秀英. 加工贸易、行业竞争与企业生产率 [J]. 统计与决策，2021，37 (2)：185-188.

衡的重要原因。❶

1.3.2.3 外贸主体结构层面的相关研究

傅自应认为中国多元外贸主体在进出口方面发展了各自的优势,为中国的外贸发展提供了基础。❷ 马慧敏认为,虽然中国外贸体制改革将中国单一的外贸主体结构变成了包括国有外贸公司、外资投资企业以及私营外贸企业等组成的多元化主体结构,但是中国对外贸易微观主体对世界经济的变化缺乏整体的竞争优势,中国应进一步完善对外贸易微观结构,改变中国外贸大而不强的局面。❸ 殷功利认为一国对外贸易的发展与经营主体的发展有着紧密的联系,中国外贸取得了快速的发展,同时对外贸易主体也逐渐丰富,至 2010 年中国外商投资企业和民营企业的进出口占比都超过了国有企业。❹ 陈海波和魏啸认为中国外贸主体的多元化不仅有利于避免因过度依赖外资而受到国外经济波动的影响,而且民营企业的发展壮大有利于中国社会福利的提升,因此外贸主体结构的升级对中国经济发展方式转变产生了较大的促进作用。❺

1.3.2.4 外贸空间结构层面的相关研究

豪斯曼和克利格(Hausmann,Klinger)认为过去的比较优势理论在分析过程中忽视了一个重要问题,那就是国际分工的问题,一个国家外贸产品的初始空间结构会对该国外贸产品的结构产生重要的影响,甚至还会影响该国的外贸发展路径。❻ 张曙霄的研究显示,中国东、中、西部地区外贸发展严重不平衡,中国外贸内部区域结构失衡扩大了地区收入差距,影响了中国整体经济的发展,中国外贸发展应该朝有利于区域经济协调发展的方向转变,缩小对外贸易地区的差

---

❶ 杨超. 我国贸易失衡的结构特征、形成机制及政策启示 [J]. 经济体制改革,2021(1):41-47.

❷ 傅自应. 中国对外贸易三十年 [M]. 北京:中国财政经济出版社,2008.

❸ 马慧敏. 中国对外贸易微观主体结构完善研究 [J]. 财经问题研究,2011(9):86-89.

❹ 殷功利. 中国贸易顺差研究:结构、效应与可持续性 [D]. 南昌:江西财经大学,2012.

❺ 陈海波,魏啸. 外贸结构升级对中国经济发展方式转变影响的实证分析 [J]. 国际经贸探索,2013(9):14-23.

❻ HAUSMANN R,KLINGER B. The Structure of the Product Space and the Evolution of Comparative Advantage[R]. CID Working Paper,2007,No. 146.

异。❶ 张建清和魏伟研究发现中国的各个外贸主体在发生金融危机后，受到的冲击效果不同；私营企业受到的影响最小，其次是外资企业，而国有企业和集体企业受金融危机影响，出口下降幅度最大。❷ 因此，中国应加快外向型民营企业发展，实施贸易主体多元化战略。2011 年的《瞭望新闻周刊》中提到，中国外贸市场结构比较依赖发达国家，对欧美等发达国家的贸易量占到了中国的 70% ~ 80%，这无疑提高了国际市场中中国外贸所面临的风险程度，因此中国在未来应大力发展外贸市场多元化战略。陈海波从外贸商品结构、方式结构、主体结构、国内地域结构和国际市场结构等方面研究了外贸结构转型升级对中国经济发展发生转变的影响，结果显示中国国内地域结构对中国经济发展方式转变影响效果最大，说明中西部地区外贸比重的增加对于改善国内区域结构失衡，加快中国经济发展的作用是巨大的。❸ 2020 年，国务院《关于推进对外贸易创新发展的实施意见》中指出围绕构建新发展格局，加快推进国际市场布局、国内区域布局、经营主体、商品结构、贸易方式等"五个优化"和外贸转型升级基地、贸易促进平台、国际营销体系等"三项建设"，培育新形势下参与国际合作和竞争新优势，实现对外贸易创新发展。

综上所述，学者们对于外贸转型升级和外贸结构的研究，大多数集中在外贸商品结构或外贸方式结构上，对于外贸主体结构和外贸空间结构研究的比较少，也仅是从各个方面分别阐述外贸结构的升级和优化对中国外贸发展的重要影响力，并没有从要素视角对影响中国外贸转型升级或外贸结构优化的深层次因素进行探讨。

1.3.3　基于要素视角的外贸转型升级研究

从亚当·斯密（Adam Smith）的绝对优势理论开始，世界范围开始研究影响

---

❶ 张曙霄，王馨，蒋庚华. 中国外贸内部区域结构失衡与地区收入差距扩大的关系 [J]. 财贸经济，2009 (5)：85-90.
❷ 张建清，魏伟. 国际金融危机对中国各地区出口贸易的影响分析——基于贸易结构的视角 [J]. 国际贸易问题，2011 (2)：3-11.
❸ 陈海波，魏啸. 外贸结构升级对中国经济发展方式转变影响的实证分析 [J]. 国际经贸探索，2013 (9)：14-23.

外贸发展和外贸结构的影响因素。亚当·斯密和大卫·李嘉图（David Ricardo）将劳动生产率的大小看作影响外贸结构的根本原因。❶❷ 而赫克歇尔（Heckscher）和俄林（Ohlin）认为，外贸结构受一国的要素禀赋的影响，一国应出口该国比较丰裕的要素生产的产品，而应进口该国比较稀缺的要素生产的产品，并将影响外贸结构的因素扩展到了劳动和资本两种。1971 年萨缪尔森（Samuelson）和琼斯（Jones）对要素禀赋理论的内容进行了丰富，提出了特定要素模型来研究外贸结构的变化。❸❹ 第二次世界大战后，随着新国际贸易的发展，出现了国际贸易新要素理论❺，该理论认为涉及国际贸易成因和结构的要素除了劳动、资本、土地等传统要素外，还应该包括技术、人力资本、信息、生态环境等更宽广的范围，这些新要素对于国际贸易同样也产生了重要的影响。之后，学术界对于该方面的研究更加广泛，既有从生产禀赋角度进行的研究，也有从要素投入角度进行的研究，还有从要素价格、要素成本等方面进行的研究。

1.3.3.1　要素禀赋方面的研究

赫尔普曼与克鲁格曼（Helpman，Krugman）将规模报酬递增、专业化分工同要素禀赋的差异放在一起进行研究，认为产业间贸易由要素禀赋的差异决定，而产业内贸易由专业化分工决定，同时发现发达国家与发展中国家间的贸易主要是产业间贸易，而发达国家间的贸易主要是产业内贸易。格罗斯曼与赫尔普曼（Grossman，Helpman）的研究结果显示，世界贸易的起因和利益来源已经逐渐从外生给定的比较成本优势和资源禀赋优势转变为通过后天创造得到的技术或人力资本优势和规模优势。而后天获得的比较优势同传统的比较优势不同的地方在于，它来源于贸易部门发展的动态效应，具体来说就是大规模生产带来的成本优势、研究与开发活动带来的技术优势，以及边干边学积累的经验优势，研究结果证明国家之间的贸易结构和比较优势是会产生变化的，而比较优势也不再具有稳

❶　亚当·斯密. 国民财富的性质和原因的研究 [M]. 北京：商务印书馆，1983.

❷　大卫·李嘉图. 政治经济学及赋税原理 [M]. 北京：华夏出版社，2005：9.

❸　SAMUELSON P A. Ohlin Was Right[J]. Swedish Journal of Economics,1971(73):365-384.

❹　JONES R W. A Three-Factor Model in Theory, Trade, and History[J]. Trade, Balance of Payments and Growth. Amsterdam:North-Holland,1971(2):3-21.

❺　阎志军. 中国对外贸易概论 [M]. 北京：科学出版社，2011：8.

态性质。[1] 瑞丁（Redding）以标准的瑞恰德（Ricardo）贸易模型为基础，通过对构造出的一个内生比较优势模型进行研究，验证了格罗斯曼和赫尔普曼的结论，他构造的模型重点研究的是部门间的知识外溢效应内生地带来了劳动生产率的提高，进而引致了比较优势的动态演进。[2] 张亚斌从理论上验证了要素禀赋与外贸结构正向的关系，中国应整合先天比较优势与后创比较优势，以技术进步促进比较优势的内生演进与贸易结构的转换。[3] 洛玛（Romal）对要素禀赋如何影响一国对外贸易商品结构的变化进行了研究。他选取美国、德国及东南亚等国家的相关数据，在存在垄断竞争和成本变化的假设条件下得出，如果一国的某种生产要素主要流向出口产业，那么该产业的生产结构和出口结构将自发地转向密集使用该生产要素的产业。亨洛潘（Hinloopen）利用巴拉萨（Balassa）指数和出口份额指标对中国比较优势的分布情况进行了分析，结果显示中国的比较优势呈现出向高级化转变的趋势。[4] 国内很多学者从中国外贸结构的现状角度出发，证明中国出口商品的竞争力变化符合赫克歇尔-俄林理论，也遵循了巴拉萨的阶梯比较优势原则。鲁晓东对中国的贸易结构和比较优势的变化进行分析，发现中国的的比较优势已经发生变化，但中国并没有陷入比较优势陷阱的效应之中。[5] 梁莉认为把技术差异纳入要素禀赋理论能使要素禀赋理论更好地解释国际贸易产生的原因，同时还利用中国同 8 个主要贸易伙伴的数据对此进行了验证。[6]

张其仔认为外贸发展方式转型升级的关键在于资源禀赋结构的提升，中国外贸结构的变化与要素禀赋的蝶化是一致的。[7] 杨继军和范从来认为要追求中国外

[1] GROSSMAN G,HELPMAN E. Innovation and Growth in the Global Economy[M]. MIT Press：Cambridge，1991；GROSSMAN G,HELPMAN E. Technology and Trade[R]. NBER WorkingPaper,1994(12)，NO. 4926.

[2] REDDING S. Dynamic Comparative Advantage and the Welfare Effects of Trade[R]. Oxford Economic Paper,1999.

[3] 张亚斌. 内生比较优势理论与中国对外贸易结构转换 [D]. 北京：中国社会科学院，2002.

[4] HINLOOPEN. Dynamics of Chinese Comparative Advantage[R]. Tin Bergen Institute Discussion paper，2004：2.

[5] 鲁晓东. 中国对外贸易结构、比较优势及其稳定性检验 [J]. 世界经济，2007（10）：39-48.

[6] 梁莉. 要素禀赋、技术差异与中国的对外贸易 [J]. 经济问题，2010（2）：39-42.

[7] 张其仔. 比较优势的演化与中国产业升级路径的选择 [J]. 中国工业经济，2008（9）：58-67.

贸转型升级，必须重视高级要素的积累以及所占比重。❶ 林毅夫在《新结构经济学》中提出一国经济体的经济结构内生于它的要素禀赋结构，持续的经济和贸易发展是由要素禀赋的变化和持续的技术创新推动的。一国的要素禀赋在任意特定的时刻是给定的，但是随时间推移是可改变的，它决定了一国的比较优势，从而决定了该国的最优产业结构。

高煜和赵培雅认为地区的技术进步路径选择应与其要素禀赋相匹配。当地区要素禀赋达到一定水平后，自主创新将有利于该区域技术进步水平的提升，否则应选择模仿性技术进步路径。东中西部的要素禀赋存在较大差异，所适宜的技术进步路径应呈差异化特征。❷ 曹晓丹研究发现，劳动密集型商品的出口占比在2003 年被资本密集型商品首次超越，之后资本密集型商品出口占比持续增长，我国对资源和劳动密集型商品的出口依赖逐渐减少，而出口贸易结构正在不断优化。❸ 侯俊军和钟灵子描述了标准供给的定义与测度，分析了要素禀赋结构对标准供给的作用机理，并对 1993—2016 年中国 16 个制造行业的面板数据进行了实证研究。研究发现要素禀赋结构对标准供给有显著的正向影响，其中资本劳动比、研发资金投入、研发人力投入对标准供给的提升存在显著的正向影响，且研发资金投入的影响最大，研发人力投入次之，资本劳动比的影响最小。❹

尹美群等利用投资诱发要素组合理论和贸易要素禀赋论，实证研究了 2010—2015 年中国对"一带一路"沿线国家经贸合作方式及区位选择与东道国要素禀赋和制度环境的关系。研究发现，东道国技术要素禀赋与各种经贸合作方式都表现出显著的负相关关系，自然资源禀赋则对各种经贸合作方式都具有显著的正向影响，而劳动力禀赋会显著促进中国对外直接投资。而在制度环境方面，对外商限制程度越低、产权法制保护越宽松、政府腐败程度越高的地区对要素禀赋和经

---

❶ 杨继军，范从来. 刘易斯拐点、比较优势蝶化与中国外贸发展方式的选择 [J]. 经济学家，2012（2）：22-29.

❷ 高煜，赵培雅. 差异还是趋同：经济高质量发展下区域技术进步路径选择——基于东中西部地区要素禀赋门槛的经验研究 [J]. 经济问题探索，2019（11）：1-13.

❸ 贾晓丹，李煜鑫. 人口老龄化、要素禀赋与出口贸易结构——基于中国老龄化进程的实证研究 [J]. 劳动经济评论，2019，12（2）：163-181.

❹ 侯俊军，钟灵子. 要素禀赋结构与标准供给——基于中国制造业行业面板数据的实证研究 [J]. 湖南大学学报（社会科学版），2019，33（4）：66-72.

贸合作方式越具有显著的正向调节效应。❶

　　郭凯明等建立产业结构转型模型，分析了生产要素禀赋的相对数量、使用效率和配置效率如何影响产业结构，评估和比较生产要素禀赋变化对我国产业结构转型的影响。❷彭静和何蒲明从投入产出的视角，基于典型相关分析的方法，运用2001—2016年的我国数据，研究了要素禀赋变量组与农业转型升级变量组的相关性，并发现，要素禀赋升级能够促进农业转型升级，要素禀赋中的劳动力、中间投入、科技投入、环境及土地都在促进农业转型升级中占重要地位，而固定资产投资的作用相对较小。❸

1.3.3.2　要素投入方面的研究

　　从直接投入要素角度进行的研究包括：克鲁格曼（Krugman）认为技术创新源于新产品的开发之中，在对外贸易活动中，技术创新为一国企业生产带来了某种比较优势，进而影响该国的贸易结构。沃兹（Worz）分别研究了进口低、中、高技术密集型产品对一国的经济所产生影响效果，结果显示进口产品的技术密集型程度越高，技术溢出效应越大，同时越有利于该国贸易规模的扩大和外贸结构的提升。叶飞文研究了要素投入与中国经济增长的关系，研究表明劳动、资本、知识积累、技术进步和制度创新都是促进中国经济增长的重要源泉。❹

　　樊琦认为自主创新是推动一国动态比较优势转换、促进出口贸易结构优化升级的最根本动力，并通过实证证明加大自主创新的研发（R&D）投入能够有效地促进产业结构升级和出口贸易结构优化。❺刘蕾从外商直接投资的角度研究了其对中国出口贸易结构的影响，他认为外商直接投资对于东道国贸易结构的影响分直接和间接两个方面，同时通过实证检验显示外商直接投资对中国出口贸易结

────────────

❶　尹美群，盛磊，吴博. "一带一路"东道国要素禀赋、制度环境对中国对外经贸合作方式及区位选择的影响［J］. 世界经济研究，2019（1）：81-92+136-137.

❷　郭凯明，颜色，杭静. 生产要素禀赋变化对产业结构转型的影响［J］. 经济学，2020，19（4）：1213-1236.

❸　彭静，何蒲明. 要素禀赋与农业转型升级研究——基于典型相关分析［J］. 中国农业资源与区划，2020，41（2）：116-121.

❹　叶飞文. 要素投入与中国经济增长［D］. 厦门：厦门大学，2003.

❺　樊琦. 战略性R&D补贴政策、自主创新与中国出口贸易结构优化研究［D］. 武汉：华中科技大学，2010.

构的提升作用小于其对中国出口贸易规模的影响效果。❶ 胡方等利用 DFS 模型，研究外国直接投资对中国出口贸易结构的影响，并通过实证检验证明，对于一个以出口劳动密集型商品为主的国家，获得大量的外国直接投资有助于该国贸易模式从以出口劳动密集型产品为主向既出口劳动密集型产品又出口资本密集型产品转变，进而向更高的贸易结构方向发展。❷ 庄芮等从 FDI 对中国外贸进出口的重要影响效果入手，分析 FDI 的变化对中国外贸转型升级的影响，认为 FDI 促进了中国外贸方式结构的均衡发展，带动了中国服务业的发展，并推动了中国外贸区域布局更加合理。❸ 隋月红对中国出口贸易结构的形成机理进行研究，实证分析结果显示产业结构、贸易开放度、外商直接投资以及汇率的变动对中国出口贸易结构的变化产生正的作用效果，而对外直接投资对中国外贸结构不产生影响。❹ 楚明钦认为我国的供给和需求结构失衡，带来了一系列经济和社会问题，如制造业产能过剩，但其核心技术与自主创新能力滞后；生活性服务业和生产性服务业需求旺盛，但是供给严重不足。并从产业发展视角分析了我国产能过剩行业的供给侧改革、现代服务业的供给侧改革、先进制造业的供给侧改革和现代农业的供给侧改革。同时进一步从要素投入视角分析了劳动力要素、资本要素、土地和自然资源要素、制度和创新要素等方面的供给侧改革。❺ 张红霞等就三次产业要素投入对产业结构合理化和高级化的影响进行了实证检验，结果发现，劳动力、资本和技术三要素对山东省产业结构合理化和高级化均存在显著影响，但劳动力和技术投入的增加会推动产业结构合理化和高级化，而资本投入的增加不利于产业结构合理化和高级化。❻

　　以上是学者们从影响中国外贸转型升级的要素因素入手，分别分析了技术创

---

❶　刘蕾. 外商直接投资对中国出口贸易结构影响的实证研究 [D]. 沈阳：辽宁大学，2011.

❷　胡方，连东伟，徐芸. 外国直接投资对中国出口贸易结构的影响 [J]. 国际商务——对外经济贸易大学学报. 2013（1）：19-27.

❸　庄芮，白光裕，方领. FDI 在华布局变化对中国外贸转型升级的影响 [J]. 中国经贸，2013（1）：15-21.

❹　隋月红. 出口贸易结构的形成机理：基于中国 1980—2005 年的经验研究 [J]. 国际贸易问题，2008（3）：9-16.

❺　楚明钦. 产业发展、要素投入与我国供给侧改革 [J]. 求实，2016（6）：33-39.

❻　张红霞，王丹阳. 要素投入、产业结构合理化与产业结构高级化——基于山东省面板数据的动态 GMM 检验 [J]. 华东经济管理，2016，30（3）：57-62.

新、外商直接投资等要素对中国外贸结构的影响，并探寻其中的不足，提出了相关的政策建议以促进中国外贸转型升级。

还有学者从间接投入要素角度进行研究。豪斯曼等修正了出口复杂度指数的计算方法，并对影响出口产品技术结构的因素进行了研究，结果显示人均国内生产总值、人力资本及国家规模与出口技术结构的提高正相关，而法律规则对出口技术结构提升没有显著的影响。[1] 崔丽丽从环境与外贸的关系入手进行研究，认为中国应顺应国际环保大趋势，走外贸与环境可持续发展之路，促进中国贸易与环境协调发展，进而推动中国外贸转型升级。[2] 汤碧从产品内分工的角度出发，采用贸易余额贡献率指数方法，对中国产品内贸易各个生产环节进行测算，分析了中国近年来产品内贸易的发展情况，并以此为基础提出中国外贸转型升级的路径。[3] 张曙霄和张磊从需求的角度入手研究中国外贸的转型升级，研究发现中国无论进口还是出口都主要受国外需求的影响，忽视了国内需求对中国外贸结构的影响作用，正是这个原因导致了中国外贸结构长期低级化的状态，因此建议应从内外需的良性互动入手，促进中国外贸转型升级。[4] 关利欣研究发现贸易中介是影响外贸数量和质量的重要因素，但是在中国，贸易中介并没有发挥出积极的作用促进中国外贸发展，中国应提升贸易中介实力以加快中国外贸转型升级。[5] 郑荷芬等以基础设施投入这一因素为切入点，从理论和实证角度验证了基础设施投入会引致资本要素的积累进而对外贸结构产生影响。[6] 陈丽静认为技术创新和技术转移的溢出效应是分别提升中国出口和进口商品结构优化的关键，而知识产品保护是保障两者得以实现的重要制度安排。[7] 因此，中国加强对知识产品的保护，可以间接影响中国的比较优势并改变中国的外贸结构。童健等认为要素投入

---

[1] HAUSMANN R, HWANG J, RODRIK D. What You Export Matters? [J]. Journal of Economic Growth, 2007(12): 74-89.

[2] 崔丽丽. 全球视角下贸易与环境的协调发展研究 [D]. 大连：东北财经大学，2012.

[3] 汤碧. 基于产品内分工视角的中国贸易转型升级路径研究 [J]. 国际贸易问题，2012 (9)：16-27.

[4] 张曙霄，张磊. 中国对外贸易结构转型升级研究——基于内需和外需的视角 [J]. 当代经济研究，2013 (2)：55-60.

[5] 关利欣. 以贸易中介入手加快中国对外贸易转型升级 [J]. 中国经贸，2012 (3)：33-37.

[6] 郑荷芬，马淑琴，徐英侠. 基础设施投入对服务贸易结构影响的实证研究 [J]. 国际贸易问题，2013 (5)：115-127.

[7] 陈丽静. 知识产权保护、技术创新与贸易结构优化 [D]. 杭州：浙江大学，2012.

结构的差异决定着行业应对环境规制行为的差异，研究发现环境规制对工业行业转型升级的影响呈现 J 型特征，J 型曲线的拐点取决于环境规制的资源配置扭曲效应和技术效应在污染密集行业和清洁行业间的相对大小。❶ 钱学锋和王备分析了企业进口中间投入品及其产品转换行为对企业要素禀赋结构的影响。结论表明高生产率企业更倾向于进口中间投入品；企业会根据中间投入品要素密度调整进口种类的数量与规模，发生产品转换行为；通过进口产品转换，中间投入品生产要素流动引起企业要素密度的变动，最终提升企业的要素禀赋结构。他们认为通过进一步的贸易自由化、便利化，减少企业中间投入品进口及其进行产品转换的外部政策约束，将有助于提升企业的要素禀赋结构，进而改善整个经济体的生产与贸易结构，最终推动中国贸易发展的转型与升级。❷

1.3.3.3 要素价格和要素成本方面的研究

杨青龙认为要素的成本应该包括生产成本、交易成本、环境成本和代际成本的动态开放系统，应当从全成本观的角度考察比较优势中的成本，进而参与国际分工。❸ 刘厚俊和王丹利对中国劳动力成本的变化情况进行了研究，实证结果显示中国劳动力成本的上升没有引起中国出口量和 FDI 流入量的显著减少，并且中国由于劳动生产率提高引起劳动力工资水平的上升，因此，劳动成本上升没有降低中国的国际竞争比较优势。❹ 王怀民认为，中国劳动力成本的大幅度提升使得中国东部地区以劳动密集型产品为主的加工贸易的比较优势丧失，对于加工贸易企业面临的困境，国家应当鼓励其向中西部地区转移，从而获得劳动力成本优势。❺ 傅东平认为要素价格的变化使得中国产品的低成本优势正在丧失，也影响了中国的出口产品结构和出口方式，在此情形下中国应加快产品结构升级。❻ 杨

---

❶ 童健，刘伟，薛景. 环境规制、要素投入结构与工业行业转型升级 [J]. 经济研究，2016，51
(7)：43-57.
❷ 钱学锋，王备. 中间投入品进口、产品转换与企业要素禀赋结构升级 [J]. 经济研究，2017，52
(1)：58-71.
❸ 杨青龙. 国际贸易的全成本观 [J]. 国际经贸探索，2011 (2)：21-27.
❹ 刘厚俊，王丹利. 劳动力成本上升对中国国际竞争比较优势的影响 [J]. 世界经济研究，2011
(3)：9-33.
❺ 王怀民. 加工贸易、劳动力成本与农民工就业 [J]. 世界经济研究，2009 (1)：15-18.
❻ 傅东平. 要素价格变化对中国出口的影响分析 [J]. 当代经济，2009 (5)：76-77.

晓龙和葛飞秀研究了人民币升值和要素价格上涨对调整我国贸易失衡的作用，结果显示人民币升值不能调整失衡，而要素价格上涨可以减少中国贸易顺差，由此证明胡晓炼的观点，即中国生产要素价格的调整有利于中国粗放式经济增长和外贸发展方式的转变，并能推动中国出口产业转型升级。❶ 钱雪亚和缪仁余认为要素相对价格左右着要素配置效率，是影响 TFP 的重要因素，要素价格是影响要素配置效率的直接原因。为此，要重视市场环境建设并让市场在资源配置中起决定作用，从要素配置效率上推动 TFP 增长。❷ 任志成等认为，随着国内各类生产要素成本进入集中上升期，传统低成本优势逐步弱化却并未逻辑地催生新型比较优势的形成，在产业层面上面临价值链低端锁定特征明显、产品品质提升困难等断档风险。外贸发展产业基础遭受严重侵蚀，正是近年来中国外贸增速从高速转向中低速乃至负增长的重要动力。❸ 因此，在经济全球化进一步深度演进的大背景下，外贸仍然是驱动经济稳步增长的重要力量。

综上所述，要素成本上升既是挑战更是契机，虽然要素成本的上升影响了中国部分产品的国际竞争力，但这些产品主要是劳动密集型产品，所以总体上来看中国要素成本的上升有利于中国外贸方式的转变，从劳动密集型产品转向资本密集型产品。但是，本书认为要素成本的提升对中国外贸产生的影响只是一个表面现象，影响中国经济发展和国家贸易竞争力提升深层次的原因应当从要素市场扭曲中寻求答案。

1.3.3.4 要素市场扭曲对外贸的影响

要素扭曲现象一直存在于现实经济社会中，意指要素在国民经济中的非最优配置，其表现就是要素价格与要素机会成本的背离。帕帕吉奥瑞乔等（Papageor-giou，et al.）对 15 个参与贸易自由化的发展中国家进行研究，发现大多数发展中国家的自由贸易活动并未对各国的生产结构和要素的流动产生显著的影响，他认为产生这种结果的原因是发展中国家存在着严重的要素市场扭曲，而要素市场

❶ 杨晓龙，葛飞秀. 人民币升值、要素价格上涨与外部失衡调整 [J]. 上海金融，2012 (11)：9-13.

❷ 钱雪亚，缪仁余. 人力资本、要素价格与配置效率 [J]. 统计研究，2014，31 (8)：3-10.

❸ 任志成，刘梦，戴翔. 要素成本上升、产业优势断档与我国新型比较优势培育 [J]. 国际贸易，2017 (10)：17-21.

扭曲影响了自由贸易下各国福利的提高。❶ 库姆博哈卡（Kumbhakar）利用成本函数对美国政府规制行业进行了研究，发现政府规制导致了该行业要素价格扭曲，因而使得该行业出现资本和劳动要素投入过度。❷ 帕特逊（Patterson）对东欧国家进行研究，发现这些国家存在的价格扭曲导致了这些国家社会总福利水平的下降。❸ 斯科卡（Skoorka）将扭曲分为技术扭曲和配置扭曲，而技术扭曲来源于要素市场，配置扭曲来源于产品市场，他对 61 个国家的市场扭曲程度进行了测度，发现这些国家市场扭曲随着各国的经济周期的波动变化，而且大多数国家产品市场扭曲程度高于要素市场扭曲程度。❹

随后，中国学者也对于中国要素市场是否存在扭曲现象以及要素价格扭曲所产生的经济效益进行了研究。林毅夫等的研究结果显示，中国的国有企业和集体企业的劳动力价格存在扭曲现象。❺ 盛仕斌和徐海侧重于研究要素价格扭曲对于中国就业的影响，研究显示中国资本要素和劳动力要素都存在价格扭曲，且对中国的就业产生了负的效益。❻ 林毅夫认为要素价格的扭曲会导致资源使用结构的扭曲，进而影响资源配置效率，最终会影响一国的总体经济发展水平。❼ 盛誉通过实证研究证明中国要素市场扭曲既影响了中国的资源配置效率，也降低了中国在对外开放过程中应获得的福利水平。❽ 赵自芳和史晋川运用数据包络分析（Data Envelopment Analysis，DEA）方法对中国要素市场扭曲所导致的产业效率损失进行了实证分析，研究结果发现中国产业组合的技术效率存在不同程度的损失，如果消除要素市场扭曲对技术效率损失的影响，至少可使中国的制造业生产

❶ PAPAGEORGIOU D，CHOKS M，MICHAELY M. Foreign Economic Liberalization：Transformations in Socialist and Market Economies[M]. 1991.

❷ KUMBHAKAR S C. Allocative Distortion，Technical Progress，and Input Demand in U. S. Airline[J]. International Economic Review，1992(3)：121-136.

❸ PATTERSON D M. Reform in Eastern Europe：A General Equilibrium Models with Distortions in Relative Price and Factor Market[J]. Canadian Journal of Economics，1996(2)：76-89.

❹ SKOORKA B M. Measuring Market Distortion：International Comparisons，Policy and Competitive[J]. The Applied Economics，2000(3)：34-42.

❺ 林毅夫，蔡昉，李周. 竞争、政策性负担与国有企业改革 [J]. 经济社会体制比较，1998 (5)：1-5.

❻ 盛仕斌，徐海. 要素价格扭曲的就业效益研究 [J]. 经济研究，1999 (5)：66-72.

❼ 林毅夫. 自生能力、经济发展与转型 [M]. 北京：北京大学出版社，2004，9.

❽ 盛誉. 贸易自由化与中国要素市场扭曲的测定 [J]. 世界经济，2005 (6)：29-36.

率提高 11%。❶

　　赵自芳对中国要素市场扭曲的形成机制进行了研究，并对要素价格的扭曲程度进行了测算，认为是要素价格的扭曲导致了"用工荒"现象，同时要素市场的扭曲引起了中国产业结构的扭曲、就业与经济增长不一致及地区间收入差距的扩大等经济效益。❷窦勇认为发展中国家同发达国家相比，要素禀赋中的资本要素处于劣势，而发展中国家为了发展经济，发挥其国内的比较优势以获得经济的增长，往往会人为地扭曲要素市场；同时认为在中国，正是要素市场价格扭曲导致了宏观经济的内外失衡。❸陈永伟和胡伟民认为中国对于产业结构的调整只是通过行政命令对落后产能企业进行资源整合，而没有对要素价格扭曲进行有效的治理，使得剩余的企业获得了更加扭曲的价格。同时通过测算扭曲对于产出的影响效应发现，资源的错配导致中国制造业产出降低了 15%~20%。中国要实现制造业的转型升级，改变原有发展模式，必须通过优化要素在各行业间的配置来实现。❹王必锋对劳动力和资本的价格扭曲进行了测算，发现中国资本要素价格扭曲比劳动力要素价格扭曲更为严重，并且通过实证检验证明是要素市场扭曲导致了中国经济的外部失衡。❺

　　除此之外，一些学者开始初步研究要素价格扭曲同中国贸易间的关系。刘名远和林民书从要素价格扭曲与中国区域贸易之间关系的角度进行了研究，研究表明中国要素价格总扭曲程度一直较高，且东部地区扭曲程度高于中西部地区，同时要素价格扭曲所带来的直接利益损失是中国区域经济利益失衡的重要原因。❻

　　更多学者从要素市场扭曲是否促进了中国企业出口的角度出发进行研究。张杰等研究发现，要素市场扭曲促进了中国本土企业和外资企业的出口，但是中国要素市场扭曲给企业带来的低成本并没有被中国本土出口企业获得，而且要素市

　　❶ 赵自芳，史晋川. 中国要素市场扭曲的产业效率损失：基于 DEA 方法的实证分析 [J]. 中国工业经济，2006（10）：40-48.

　　❷ 赵自芳. 生产要素市场扭曲的经济效益 [D]. 杭州：浙江大学，2007.

　　❸ 窦勇. 开放进程中要素市场扭曲与宏观经济失衡 [D]. 北京：中共中央党校，2010.

　　❹ 陈永伟，胡伟民. 价格扭曲、要素错配和效率损失 [J]. 经济学，2011（7）：1401-1422.

　　❺ 王必锋. 要素市场扭曲对中国经济外部失衡的影响研究 [D]. 沈阳：辽宁大学，2013.

　　❻ 刘名远，林民书. 区际贸易、要素价格扭曲与区域经济利益空间失衡 [J]. 财经科学，2013（2）：56-64.

场扭曲程度越高，本土出口企业的利润率越低。❶ 施炳展和冼国明从要素价格扭曲与中国企业出口之间关系的角度进行研究，发现中国企业要素价格存在严重的扭曲并呈现出增长的态势，东部地区扭曲高于中西部地区，资本价格扭曲高于劳动价格扭曲，而且中国要素价格的扭曲促进了中国企业的出口。但是中国这种依靠要素价格扭曲的出口竞争模式使得中国丧失了应得的利益，提高了进口国的福利水平，只有改变这种方式才能从根本上提高中国的外贸利益，转变中国的外贸发展模式。❷ 冼国明和程娅昊在原有的研究基础之上，通过实证检验发现，中国要素市场的确推动了企业出口倾向，使得企业的成本优势转化成了出口优势，但是这妨碍了中国资源的有效配置，致使中国宏观经济不均衡。❸ 相反，耿伟的观点较为乐观，认为要素价格扭曲从总体水平上提升了中国企业出口产品多样化水平，要素价格扭曲具有一定的积极意义，但是同时也提到要素价格扭曲降低了国内要素价格，影响了国民福利水平。因此，要素价格扭曲提升中国贸易多元化水平是有条件的，只有在特定的企业中，要素价格扭曲的提升作用才比较明显。❹

刘竹青和佟家栋基于要素市场市场化进程严重滞后的特征事实，利用2001—2007年中国制造业企业的数据，检验了要素市场扭曲与异质性因素对中国企业出口行为的不同影响。研究结果发现：企业的出口决策总体上遵循"自选择效应"，但要素市场扭曲显著改变了外资企业的出口-生产率关系，提高了劳动密集型外资企业的出口倾向，只有控制要素市场扭曲的影响，外资企业的"生产率悖论"现象才能消失。企业存在持续的出口学习效应，但要素市场扭曲显著削弱了出口贸易对企业生产率的积极作用，降低了本土新进出口企业的学习效应。❺高翔和刘啟仁的研究结果发现，要素市场扭曲显著提高了中国企业出口国内附加

---

❶ 张杰，周晓燕，郑文平，等. 要素市场扭曲是否激发了中国企业出口 [J]. 世界经济，2011（8）：134-160.

❷ 施炳展，冼国明. 要素价格扭曲与中国工业企业出口行为 [J]. 中国工业经济，2012（2）：47-56.

❸ 冼国明，程娅昊. 多种要素扭曲是否推动了中国企业出口 [J]. 经济理论与经济管理，2013（4）：23-32.

❹ 耿伟. 要素价格扭曲是否提升了中国出口企业多元化水平 [J]. 世界经济研究，2013（9）：134-160.

❺ 刘竹青，佟家栋. 要素市场扭曲、异质性因素与中国企业的出口-生产率关系 [J]. 世界经济，2017，40（12）：76-97.

值率，并且企业异质性特征显著。此外，要素市场扭曲造成出口国内附加值率上升的"相对价格效应"大于其对中国企业出口国内附加值率"成本加成效应"带来的不利影响，这就从要素市场扭曲视角解释了中国企业出口国内附加值率提升的事实与机制。[1]

戴魁早利用中国高技术产业 1995—2013 年的面板数据实证考察了中国各地区普遍存在的要素市场扭曲如何影响出口技术复杂度。研究发现：要素市场扭曲主要通过扭曲收益效应、研发抑制效应、技术锁定效应和人力资本效应等途径对高技术产品出口技术复杂度产生抑制效应，而要素市场扭曲对东部沿海地区的抑制效应相对较弱；不同时期要素市场扭曲的这种抑制效应也存在明显的差异，中国加入 WTO 和金融危机后要素市场扭曲状况的逐步改善降低了对出口技术复杂度的抑制效应。在技术密集度、外向度和垂直专业化程度不同的高技术企业中，要素市场扭曲的影响存在明显差异。[2]

宋大强和皮建才认为我国生产要素的市场化进程长期落后于产品的市场化进程，由此出现了资源错配现象。他们对国内外关于要素价格扭曲的文献进行了梳理，发现要素价格扭曲是经济发展过程中出现的阶段性问题，生产要素的价格扭曲会造成生产活动的低效率；具体来看，要素价格扭曲的经济效应主要包括五个方面，即长期来看降低了生产率，不利于社会的充分就业，妨碍了企业创新，损害了出口竞争力以及抑制了高质量 FDI 的流入；对我国来说，加快要素市场化改革，由市场来配置生产要素，是经济高质量发展的内在要求；并尝试性地提出了一些相关政策建议。[3]

从已有学者的研究中可以发现，现有文献对要素市场扭曲对中国外贸转型升级的影响的研究是极为欠缺的。现有关于要素市场扭曲的研究大多数都局限于对要素价格扭曲的程度测算及对要素市场扭曲所产生的经济效益的研究，很少基于要素市场扭曲的视角对外贸转型升级作用机理和传导机制进行研究。而且对于要

［1］　高翔，刘啟仁，黄建忠. 要素市场扭曲与中国企业出口国内附加值率：事实与机制 ［J］. 世界经济，2018，41（10）：26-50.

［2］　戴魁早. 要素市场扭曲如何影响出口技术复杂度？——中国高技术产业的经验证据 ［J］. 经济学，2019，18（1）：337-366.

［3］　宋大强，皮建才. 要素价格扭曲的经济效应：一个文献综述 ［J］. 经济社会体制比较，2020（3）：171-181.

素市场扭曲的研究也存在一定的局限性，学者们往往只是强调要素价格的扭曲，而忽略了要素供给的扭曲和要素配置效率的扭曲。中国要素市场扭曲的特点及分类，以及要素市场扭曲的测度，要素市场扭曲对外贸转型升级产生了哪些重要影响？其作用机理是如何？针对影响机理，中国外贸转型升级在哪些方面需要进行改变？这些都是本书所要研究的问题。

1.4　研究的主要内容与结构安排

本书通过对现有研究的梳理，以要素市场扭曲对外贸转型升级的影响为研究主题，共包括六章：第 1 章是绪论，主要阐述了本书的研究背景和研究意义，并在对现有研究进行梳理的基础上，确定了本书研究的主题思路与框架；第 2 章是要素市场扭曲与外贸转型升级的理论分析，在对要素市场扭曲和外贸转型升级理论分析的基础上，对中国要素市场扭曲对外贸转型升级的影响机理进行分析，并通过对中国要素市场扭曲现实的分析，从理论层面对要素市场扭曲的内涵进行扩展；第 3 章是中国外贸转型升级的现状与影响因素，从外贸转型升级的表现以及影响因素等方面对中国外贸转型升级的现状进行分析，揭示了中国外贸转型升级存在的问题；第 4 章中国是要素市场现状与扭曲测度，通过文献检索、考察调研对要素市场的现状与问题进行了归纳总结，并采用先进的数理方法和工具对要素市场扭曲所包括的要素供给扭曲、要素价格扭曲及要素配置扭曲程度进行了系统的测度；第 5 章是要素市场扭曲对外贸转型升级的影响实证，选取劳动力要素和资本要素为代表，运用 VAR 模型对要素市场扭曲对外贸转型升级的影响进行实证研究，对前文所提及的影响机理进行了检验和验证；第 6 章是政策建议，综合前文关于外贸转型升级存在的问题、要素市场扭曲的现实规律，以及要素市场扭曲对外贸转型升级的影响机理，从要素供给、要素价格、要素配置三个层面提出修正要素市场扭曲，促进外贸转型升级的有针对性的对策建议。

1.5　研究方法

①归纳分析方法。通过大量的文献检索和分析，针对本书的研究主题进行文献述评，发现现有研究在要素市场扭曲与外贸转型升级问题上的优点和不足，作

为本书的借鉴，然后对要素与外贸发展相关理论进行回顾，为本书奠定坚实的理论基础。

②定量与定性分析结合的方法。通过对中国转型升级与要素市场扭曲的现实进行客观分析，形成对要素市场扭曲与外贸转型升级规律的定性认识，通过大量的现实数据的收集，构建计量模型，对要素市场扭曲与外贸转型升级进行量化测评，最后通过 VAR 模型和脉冲响应分析，对要素市场扭曲对外贸转型升级的影响机理进行实证研究。

③理论与实际相结合的分析方法。提出要素市场扭曲对外贸转型升级影响机理的蛛网模型，分析中国要素市场扭曲与外贸转型升级之间的互动关系，使在此基础上提出的对策建议更具科学性和可操作性。

1.6　创新点与不足

1.6.1　创新点

①研究的视角新。本书以要素市场扭曲为视角，对外贸转型升级所表现出来的滞缓性、非均衡性等特点进行分析，摒弃了以往对外贸转型升级这一复杂而又模糊的概念从宏观国家战略层面、中观产业规划层面、微观企业投入产出层面进行分析。

②研究的内容新。一方面，从中国要素市场发展的现实出发，将原有扭曲理论关于要素市场价格扭曲的概念进行拓展，引入因外生政策障碍所导致的要素供给扭曲与因企业配置能力所导致的要素配置扭曲的概念，并通过建模，对三种要素市场扭曲程度进行了测度。另一方面，以边际思想对要素市场扭曲对外贸转型升级的影响机理进行分析，构建了要素市场扭曲对外贸转型升级影响的蛛网模型。

③研究的结论新。通过构建 VAR 模型进行脉冲响应分析，验证了要素市场扭曲对外贸转型升级的影响机理，揭示了要素市场扭曲影响外贸转型升级的内在规律，得出要素市场扭曲是长期以来中国外贸转型升级滞缓和非均衡发展的根本原因的结论。

1.6.2 不足

①由于数据年份的不足，本书在测算资本供给扭曲、劳动价格扭曲、资本价格扭曲程度时，运用的是全国性的时间序列数据，而非省际面板数据，忽略了省际要素市场扭曲的结构性不平衡，使得资本供给扭曲、劳动价格扭曲和资本供给扭曲程度的测算没有体现出各省（自治区、直辖市）的具体情况。

②由于篇幅限制，对于外贸转型升级的评价，援引了官方对于外贸转型升级的目标作为评价指标，没有构建统一的评价指标体系，使得在构建 VAR 模型时，只能通过若干个具体指标进行单体分析，系统性分析有所欠缺。

第 2 章

要素市场扭曲与外贸转型升级的理论分析

2.1 要素市场扭曲的理论分析

国际贸易扭曲理论是国际贸易理论的重要研究范畴之一，该理论主要论述和分析了各种阻碍市场机制达到帕累托最优状态的扭曲形式，并在此基础上提出矫正这些扭曲、恢复帕累托最优状态的政策建议，其最终目的是要恢复自由贸易的地位。扭曲理论是国际贸易政策理论的重要组成部分，具有丰富内涵以及深刻的政策含义，对于中国外贸政策的制定和外贸转型的实现都有一定的借鉴意义。

2.1.1 市场扭曲的内涵与分类

2.1.1.1 市场扭曲的内涵

国际贸易扭曲理论的起源较早，在肯斯（Kens）、马诺瓦莱斯克（Manovalesk）以及俄林（Ohlin）等的著作中都可以找到关于经济扭曲的相关思想。扭曲理论是第二次世界大战后从国际贸易理论中分离出来的。20 世纪 50 年代是扭曲理论的初步发展时期，哈勃勒、哈根以及刘易斯等对扭曲理论进行了专门的研究。20 世纪 60 年代是扭曲理论的逐渐形成时期，其中费雪洛（Fischelo）和戴维·约翰逊（David Johnson）、巴格瓦蒂（Bhagwati）和斯林尼瓦逊（Slini Watson）等对于扭曲理论的研究做出了重要贡献。

要素扭曲现象一直存在于现实经济社会中，但是学者们对于要素价格扭曲的研究开始于第二次世界大战后，因为在传统国家贸易理论研究的前提假设是完全竞争市场，而要素价格扭曲现象的出现是以不完全竞争市场为前提的。杰森

（Johnson）认为完全竞争市场只是一种理想状态，现实中市场势力及不完全信息等因素的存在使得要素价格扭曲成为常态。❶ 随后国外学者从要素市场扭曲和要素价格扭曲角度出发，开始研究到底什么是要素扭曲及要素市场扭曲会对经济产生何种影响。巴格瓦蒂在论文《扭曲与福利的一般理论》中给出了扭曲的含义和类型，提出当两国国内生产边际转换率不等时，要素市场就会发生扭曲。❷ 查科利亚德斯（Chacholiades）在其基础上，将要素扭曲定义为要素在国民经济中的非最优配置，其表现就是要素价格与要素机会成本的背离。❸

2.1.1.2 市场扭曲的分类

在市场经济发达的国家，市场是一种机制或制度，如果市场不能有效地发挥作用，则称之为市场失灵或扭曲，市场扭曲的一般性描述可以概括为市场没有发挥其应有的出清作用。随着国际贸易的发展，扭曲的含义及包括的内容也越来越复杂和丰富。不同的经济学家对市场扭曲进行了不同的分类。

（1）外部市场扭曲和内部市场扭曲

外部市场扭曲的研究始于 20 世纪 80 年代，指在进行自由贸易时，即使一个国家的国内市场不存在扭曲，但由于该国的贸易规模特别大，它必然具有一种类似国内垄断的力量，由此导致一种市场扭曲。这是因为当一国在国际贸易中具有垄断能力时，商品进口的单位成本不再由全球平均成本来衡量，国内生产者投入原料决策的依据不再是全球平均价格，而是边际价格。这显然出现了垄断的典型特征，表现出了市场失灵。此时的贸易大国有可能获得最佳关税条件，出现贸易利益的不公平分配现象。

内部市场扭曲是指在经济运行中，市场机制中"看不见的手"没有充分地发挥作用。这种现象成为经济学家反对自由贸易的一个理论前提。例如，穆勒（Muller）在他的《政治经济学原理》中提出要对幼稚产业实行保护性关税时，就提到国内生产市场失灵或劳动生产市场失灵。1930 年，凯恩斯（Keynes）在他的《货币论》中简述了新的理论观点，表明了他由自由贸易立场向新保护主

---

❶ JOHNSON H G. Factor Market Distortion and the Shape of the Transformation Curve[J]. Econometrica,1966(3).

❷ BHAGWATI J. The generalized theory of distortions and welfare [C]//Trade, balance of payments and growth,1971:69-90.

❸ CHACHOLIADES. International Trade Theory and Policy[M]. Auckland;Singapore;McGraw-Hill,1978.

义立场的转变。他认为，关税虽然不能作为一种反期的政策，但可以在短期内有效地遏制衰退。凯恩斯及后来形成的凯恩斯学派坚持，当国内总需求不足而出现大量失业时，应实施保护主义的观点。在巴格瓦蒂看来，其逻辑就是国内的市场失灵导致存在普遍失业时，劳动力的社会成本低于劳动力的工资，从而阻碍了自由贸易的发展，而关税则使需求由国外商品转向了国内商品，增加了国内的总需求。❶

（2）国内生产扭曲、国内消费扭曲、贸易扭曲及国内要素市场扭曲

按照市场不完全竞争的内容将扭曲分为国内生产扭曲、国内消费扭曲、贸易扭曲以及国内要素市场扭曲四种。由于能够达到或满足帕累托最优条件的市场是完全竞争市场形态，因此，市场扭曲也就变为了不完全竞争市场即市场不完全的扭曲。用公式来表示，即对帕累托最优条件 $FRT = DRT = DRS$ 的背离。其中 FRT 表示的是国外生产边际转换率，DRT 表示的是国内生产边际转换率，DRS 表示的是国内消费边际替代率。

当不存在国民经济扭曲时，DP 表示的国内两种商品的价格之比与消费边际替代率 DRS 相同；MC_2/MC_1 表示的国内两种商品的边际成本之比与国内边际转换率 DRT 相同；FP 表示的要素价格之比与国外生产边际转换率（FRT）相同。因此，帕累托最优状态可以进一步表示为：$FRT = FP = DRT = MC_2/MC_1 = DRS = DP$。

市场扭曲则是在国内商品市场、生产要素市场和国际市场上，市场的作用没有充分发挥，由此使得帕累托最优条件中出现了不相等的情况。依据不相等的内容来区分，扭曲类型如下：❷

①国内生产扭曲。国内生产扭曲又分为三种情形：第一种是 $DRS = DP \neq MC_2/MC_1 = DRT$，表示在国内生产存在垄断时，虽然边际成本与生产边际转换率相一致，但是出现了国内价格不一致的生产扭曲；第二种是 $DRS = DP = MC_2/MC_1 \neq DRT$，表示在国内生产存在外部性时，虽然边际成本与国内价格相一致，但是出现了与生产边际转换率不一致的生产扭曲；第三种是 $DRS \neq DP \neq MC_2/MC_1 = DRT$，表示在国内生产垄断与消费的外部性同时存在的情况下，边际成本与国内价格比以及生产边际转换率都不一致时的生产扭曲。

---

❶ 贾格迪什·巴格瓦蒂. 现代自由贸易 [M]. 北京：中信出版社，2003.
❷ 焦军普. 国内市场扭曲和对外贸易利益关系 [M]. 北京：知识产权出版社，2008.

②国内消费扭曲。$DRS \neq DP = DRT = MC_2/MC_1 = FRT = FP$。指在国内消费存在消费的外部性时，虽然国内消费品的价格之比（DP）与生产的边际成本之比（MC_2/MC_1），以及生产的边际转换率（DRT）相同，但是由于国内消费品的价格之比（DP）与消费的边际替代率（DRS）不相同而产生国内消费扭曲。

③国内要素市场扭曲。MRS_{LK}^1（产品 1 劳动对资本的技术替代率）$\neq MRS_{LK}^2$（产品 2 劳动对资本的技术替代率）。指在生产要素外部性存在时，或者说是生产要素在不同产品间存在价格差异时，所产生的国内要素市场扭曲。

④贸易扭曲。$DP = DRT = MC_2/MC_1 \neq FRT = FP$。指当一国在国际贸易中具有垄断力量时，国内价格之比不等于国际价格之比，虽然生产的边际转换率等于生产成本之比，但不等于国外边际转换率时所产生的对外贸易扭曲。

（3）政策性扭曲和内生性扭曲

从扭曲形成的原因来看，可分为政策性扭曲和内生的扭曲两种。政策性扭曲是因受到独立于经济运行之外的国家政策所引起的。威廉姆森（Williamson）将政策引起的扭曲又称为间接扭曲或二次扭曲。将政策性扭曲进一步细分，还可分为自发性的政策引起的扭曲和工具性的政策引起的扭曲。以征收关税政策引起的政策扭曲为例，如果征收关税是历史原因造成的，那这种扭曲就是由自发性的关税引起的，称为自发性政策扭曲；如果一国政府是为了坚守进口从而调整本国的国际收支不平衡，或者说是为了实现特定目标对进口税率进行了调整而引起的扭曲，那这种扭曲就是由工具性的关税引起的，称为工具性政策扭曲。

内生的扭曲是在自由放任的政策下，由于经济运行中存在市场的不完全性所产生的扭曲。如在自由的贸易条件下，由于贸易中存在垄断力量引起的对外扭曲，由于生产的外部性引起的生产扭曲，或者是由于要素价格的产业间差异引起的要素市场不完全，进而导致扭曲，等等，都可以被称作是内生性扭曲。

（4）随机扭曲和择定扭曲

张幼文是中国对市场扭曲进行较早研究的经济学者。他在《双重体系的扭曲与外贸效益》中为了阐明为什么扭曲理论既属于自由贸易主义，同时又属于干预主义，将扭曲分为随机扭曲和择定扭曲进行了分析。❶ 如果一国采取的经济政策

---

❶ 张幼文. 双重体系的扭曲与外贸效益 [M]. 上海：上海三联书店出版社，1995.

导致了某种产业或产品的扭曲，同时采取该政策的目的是发展该产业或抑制该产业的发展，那么这种扭曲就是择定扭曲，即为某种目的的实现而选择的。择定扭曲具有定向的性质，扭曲的程度和方向受一国政策控制。如果一国扭曲的形成是由经济中的非政策因素决定的，或者说政策造成的扭曲是全面的而非定向的，那么这种与产业政策目标没有必然联系的扭曲称为随机扭曲。

择定扭曲是出于某种政策目的，如果该项政策目的是正确的，那么现在的扭曲造成的损失是可以由未来发展所获得的收益补偿。而随机扭曲导致的损失则是净损失，造成了整个国家经济信号的错误和效率的损失。所以说，随机扭曲是普遍扭曲，而择定扭曲是局部扭曲。

同时，普遍扭曲和局部扭曲与发展战略也具有紧密的联系。例如进口替代战略的实现要求采取全面的保护政策，如高关税、高汇率及管制，这必然导致普遍的扭曲。而出口导向战略从本质上来看是自由贸易政策的一种，其不要求全面的外贸干预，扭曲仅仅来源于定向的产业政策和出口鼓励，因此是局部的扭曲。

2.1.2 要素市场扭曲理论的形成与发展

2.1.2.1 要素市场扭曲理论的初步形成

1971 年，巴格瓦蒂在《扭曲与福利的一般理论》中对扭曲理论进行了归纳总结，从真正意义上代表着扭曲理论的形成。巴格瓦蒂的扭曲理论主要包括以下几个方面：

第一，是不完全市场下的自由放任的次优理论。即在市场存在不完全竞争时，自由放任并不是最优的政策。这种不完全市场有四种主要形式：其一，要素市场不完全，如在不同的部门工资待遇不同；其二，产品市场不完全，如生产的外部性；其三，消费不完全，如消费的外部性；其四，贸易不完全，指在国际贸易中存在着垄断的力量。这四种主要的市场不完全形式就是西方学者研究的市场扭曲的主要问题，扭曲的存在使得国家在对外贸易中不能实现最大的贸易利益，这是发展中国家在对外贸易政策制定时非常重要的理论依据。

第二，是悲惨性增长理论。该理论描述了伴随一国的经济增长，经济福利变得更差的一种现象。

第三，是在不完全竞争市场下可供选择的政策顺序。在第一个方面描述的四种不完全市场形式中，不同的经济学家对不同形式的政策选择进行了研究，给出了最优政策选择。

第四，是对关税高低的优劣排序。提出了阻碍贸易和福利达到最优化的政策排序。

第五，是自由贸易和自给自足的优劣排序。主要涉及对自由贸易和自给自足在不同情况下的利益比较。

第六，是贸易限制和自给自足的优劣排序。提出了关税限制贸易之外的其他措施（生产税、补贴等）的限制贸易和自给自足的优劣问题。

第七，是非经济目标和政策排序的选择问题。许多经济学家都研究了当一些不同变量的值作为非经济目标受到约束从而使充分最优不能实现时的最优政策干预问题。以上7个方面共同构成了最初的扭曲理论。

2.1.2.2 要素市场扭曲理论的发展

在扭曲理论的扩展阶段，扭曲理论被作为单独的经济学概念出现，不仅被用来分析国际贸易问题，还被用来分析一国经济运行中出现的其他问题。此时，扭曲理论的概念可以被概括为，由于市场失灵，市场没有发挥其应有的出清作用，市场机制的运行不能使资源在经济中实现最优配置，使得经济活动偏离了帕累托最优状态。其主要表现为市场垄断、公共产品、市场的外部性及信息的不对称。

在此阶段，学者们对市场扭曲开始进行了细致的研究并寻求不同的方法来测度市场扭曲。拉乌（Lau）和阿特金逊（Atkinson）将要素市场的扭曲分为绝对扭曲和相对扭曲分别进行测算。绝对扭曲是指单个生产要素市场价格偏离其边际生产力的程度。而相对扭曲指的是两种或两种以上生产要素的市场价格与边际生产率的偏离。马吉和斯蒂芬（Magee，Stephen）指出，要素市场扭曲包括三种主要的形式：要素流动障碍、要素价格刚性以及要素价格差别化。学者们也开始不断寻求对于上述三方面扭曲的测度。❶

已有的对于要素市场扭曲的测度方法，主要包括生产函数法、成本函数法、

---

❶ MAGEE,STEPHEN P. Factor Market Distortions,Production,Distribution,and the Pure Theory of International Trade[J]. The Quarterly Journal of Economics,1971,85(4).

随机前沿分析法，影子价格法等，其中运用最多的是生产函数法和随机前沿分析法。以下对这两种方法进行简单的介绍。

（1）生产函数方法

该方法的主要思想是，在完全竞争市场下，要素市场的价格等于边际生产力，如果市场存在扭曲，则市场价格就会偏离边际生产力。因此，只要能得到要素的边际生产力和市场的价格，就能测算出市场的扭曲程度，因而测算要素的边际生产力成为测算要素市场扭曲的关键。

（2）随机前沿分析方法（SFA）

随机前沿分析方法是通过对各国的最优要素生产可能性曲线同实际生产可能性曲线间的偏离程度来衡量市场扭曲的程度，也就是从效果的角度衡量扭曲的一种方法。其计算过程用到的建模方法包括两种，即非参数包络法（DEA）和参数化随机前沿分析法。其中，非参数包络法不需要设定函数的具体形式，可以有效地避免函数的误设问题，但却忽略了随机因素对于生产行为的影响。而参数化随机前沿分析法，考虑了随机因素的影响，使得经济含义更加丰富，但对生产函数进行了相关的设定，也存在一定的偏误。

随着各国对要素市场扭曲的研究更加深入，市场扭曲理论包含的内容越来越丰富，含义也越来越复杂。在这个阶段中，市场扭曲理论的外延逐渐扩大，所有市场不能有效发挥作用的全部情况全部融入了该理论之中。国内学者对于要素市场扭曲也进行了较多的研究。

张幼文从中国的实际出发，对要素市场扭曲理论进行了深入的研究。他认为西方的扭曲是基于市场不发达的扭曲和市场经济的调节政策的角度而言的，对于双重体系而言具有很大的局限性，最根本的问题在于没有涉及消除来源于体制扭曲的政策选择。也就是说，对西方扭曲理论来说，更加倾向于否认扭曲，但是这与现实中很多国家实施的一些导致扭曲的经济政策相违背。他对双重体系下的扭曲进行了分析，认为在双重体系中存在着一对矛盾，即原计划体制下的价格扭曲同已经开始形成的利益原则间的矛盾。前者决定了扭曲的完全消除要依赖于价格体系改革，而后者决定了直接针对扭曲性的可能，但也仅仅是消除了该种扭曲。换句话说，就是对扭曲而言，为了消除一种扭曲很可能已经产生了另一种副效的扭曲，因此从微观角度来说扭曲的消除和福利的提高过程中包含了宏观的成本和约束，对于国家而言就是要如何选择出一个最利于本国当前形势发展的宏观政策。

同时，张幼文提出了经济扭曲和价格扭曲两个概念，并对两个概念间的关系进行了详细的阐述。他认为，经济扭曲包含的内容比价格扭曲更加广泛，经济扭曲包括了价格扭曲，同时经济扭曲的最终表现结果为价格扭曲。价格扭曲指的是价格与价值的背离或者是价格比背离了成本比。而经济扭曲指的是一切能够最后导致价格扭曲的经济原因，如垄断、资源配置失调、生产和消费的外部性等。因此，经济扭曲是从原因的角度来说的，而价格扭曲是从结果的角度出发来说的。对于要素扭曲而言，既可以来源于要素的不完全流动，也可以来源于要素的直接定价。❶

焦军普在《国内市场扭曲和对外贸易利益关系》一书中，将要素市场扭曲定义为市场失灵和政府失灵的集合。从市场的不完全导致资源配置脱离帕累托最优状态，引起社会福利尤其是外贸福利损失的扭曲角度来看，市场扭曲包括三方面的内容。第一是外部性问题，包括生产外部性和消费外部性。因为外部性的存在既可能包含有益的经济外溢作用，也可能包含无益的经济外溢作用，所以有外部经济和外部不经济之分。第二是成本与市场因素，既包括不完全竞争市场上的垄断所导致的价格与成本的背离，又包括要素价格扭曲所导致的生产扭曲。第三是非经济目标因素，包括最低工资、最低福利保障等。

因此，焦军普认为，市场扭曲与西方经济学的市场失灵理论中的不完全竞争、外部性和不完全信息有着紧密的联系。但不同之处在于，市场扭曲除了包括市场不完全竞争引起的成本与价格的背离等市场自身无法克服的问题外，还包括政府的过度干预或干预不均等所引起的后果。市场扭曲就是市场失灵和政策失灵的集合。❷

张杰对要素市场的扭曲的测度方法进行了扩展，运用了新的测度方法——市场化进程法。该方法所采用的地区间的要素市场扭曲的测度指标为（各地区产品

---

❶ 张幼文. 双重体系的扭曲与外贸效益 [M]. 上海：上海三联书店出版社，1995.
❷ 焦军普. 国内市场扭曲和对外贸易利益关系 [M]. 北京：知识产权出版社，2008.

市场化进程指数-要素市场化进程指数）/产品市场化进程指数，和（各地区总体市场化进程指数-要素市场化进程指数）/总体市场化进程指数。该方法的优点在于，可以避免因中国各省级地区要素市场发育程度的差异所导致的要素市场扭曲程度指标的失真，同时还可以准确地反映中国要素市场发展滞后于产品市场发展的典型事实，该指标可以准确反映出要素流动障碍、要素价格刚性及要素价格差别化三方面的信息。❶

魏庆文和杨蕙馨认为，部门间相同要素产出弹性的假设在以地域为部门时或许成立，但是在以行业为部门时却并不适用，因此在布兰迪特等（Brandit, et al.）理论模型的基础上，引入行业间异质性要素产出弹性，构建了用于测算分行业要素市场扭曲程度的核算框架，并应用该框架实证测算了中国 2004—2016 年 18 个非农行业的要素市场扭曲程度。❷

吴国松和姚升通过引入农村人力资本、农村金融发展规模、农产品贸易开放度、农业规模经营水平、地区工业化水平、涉农政策调整 6 个变量作为控制变量，借助空间面板模型进行资本、劳动力、土地等要素市场扭曲的测度。❸

2.1.3　要素市场扭曲的扩展

以往学者对于要素市场扭曲的研究，要么是从要素市场扭曲对经济影响的整体效果来进行分析的，要么是从要素价格扭曲所产生的经济效应的角度进行研究，很少有学者将要素市场的扭曲进行细化，进而研究细化后的各部分对于经济和外贸的影响。本书认为，要素市场扭曲不应仅仅局限于要素价格。在市场经济条件下，所有商品以及要素均可被价格量化，并进行交易。但完全的市场经济条件是一个严格的假设，真正完全的市场经济并不存在（西方自由经济也同样受到诸多非市场条件的约束）。就一国而言，要素市场除受到企业需求外，还受到诸如要素偏好、政府管制、区域要素天然禀赋等诸多非经济因素的影响。

要素在市场中无法实现资源的最优配置，既包括要素供给层面无法实现要素

---

❶ 张杰. 要素市场扭曲是否激发了中国企业出口 [J]. 世界经济，2011（8）：134-160.

❷ 魏庆文，杨蕙馨. 中国分行业要素市场扭曲与 TFP 损失 [J]. 经济问题探索，2019（9）：9-18.

❸ 吴国松，姚升. 要素市场扭曲下农业绿色全要素生产率测度及效应研究 [J]. 生态经济，2021，37（1）：96-102，115.

的有效流动，又包括要素在供给交易时无法实现价格与价值的一致性，还包括在企业对要素的使用过程中，无法使要素的真实产出效率得到有效释放。本书认为对中国国内要素市场扭曲的分析应当从要素供给扭曲、要素价格扭曲和要素配置扭曲三方面来进行研究。

从要素供给的角度看，经济系统外要素天然的禀赋扭曲状态，是一国天然的要素禀赋劣根性。这种天然扭曲与一国长期以来的要素存量和增量相关，表现出来的就是要素的多寡、要素的空间集聚结构、要素本身的价值蕴含量。以中国为例，长期以来，中国的劳动力要素相对丰富，资本要素的积累率也越来越高，但这并不是要素供给结构良好的全部表现。在劳动力方面，出现了全国范围的劳动大军迁徙，资本方面存在投机市场庞大，产业资本短缺等特点，这些特点是中国国情决定的，但却是企业要素配置不可忽略的因素。这种因历史条件、政府管制等非经济因素所造成的要素流动性障碍和市场分割，出现的使用要素成本与要素真实产出价值不匹配的现象，我们称之为要素供给扭曲。

从要素价格的角度看，由于经济系统内的不完全竞争等内生性因素的存在，要素的价格不能真实反映要素边际产品价值的现象也经常存在。产生这种扭曲的原因有两个：①经济系统内的不完善性，如要素的供求均衡所确定的价格与要素的边际产品价值不一致，垄断厂商的存在，信息的不对称等；②经济政策的影响。不管是什么原因引起了要素价格扭曲，要素价格扭曲的表象是确定的，即要素价格与要素边际产品价值的背离，用公式表达，即：$W \neq \mathrm{VMP}$。

从要素使用效率来看，要素的使用效率不同，也意味着要素市场的扭曲。单一的要素无法实现产出，一种要素只有和其他要素结合才能形成竞争力。要素配置扭曲是要素与要素之间结合有效性的表现。相同要素在不同的国家、行业、企业，表现出不同的结合有效性，即要素配置效率不同，这一现象在经济领域广泛存在。究竟是什么导致了这种差异？笔者认为是企业要素配置能力的差别，这有可能与企业家精神、企业管理能力等相关。要素的边际产出可以是企业要素配置能力的函数，即，$\mathrm{VMP}_l = f(c, l)$，当要素价格不变时，企业要素配置能力 c 的变化将导致要素结合效率的变化，从而导致要素边际产品价值的变化，最终导致两者的背离。不管是什么原因造成的，要素配置效率的不同是一个不争的事实。这种要素潜在产出能力之外的企业配置能力引致要素结合效率不同，导致要素边际产品价值与其价格背离的现象，我们称之为要素配置扭曲。

2.2　外贸转型升级的理论分析

2.2.1　外贸转型升级的内涵

从文献研究来看，目前国内学者对于外贸转型升级还没有一个明确的界定，中央政府及各地方政府所出台的文件中也没有对外贸转型升级进行过系统定义。仅有的界定来自赵小琼："……外贸转型升级是通过外贸发展方式由以密集边际为主向以扩展边际为主的根本转化，进一步优化外贸结构，最终实现提升外贸竞争力目标的进程……"❶ 所谓的密集边际，指的是贸易规模的扩张，扩张边际指的是新技术、新产品、新市场的开发。简言之，该定义是指由实现量的扩张向质的提升的转变，并没有对外贸转型升级的内涵做出系统、准确的诠释。

究竟什么是外贸转型升级？仍旧是一个悬而未决的问题。结构经济学认为，发展可以理解为结构变动，经济发展可以理解为经济结构的全面转变。结构决定功能，外贸结构是其外贸在长期发展过程中所形成的固有特点的系统集成，包含了外贸发展各方面、各层次的属性，既是微观企业主体行为的综合反映，也是国家外贸转型升级的作用杠杆，是各外贸政策上通下达的纽带。由此可见，外贸转型升级的内涵，其实就是外贸结构的优化升级。

2.2.2　外贸转型升级的目标

为了适应新形势的发展变化和外经贸发展实践的需要，中国在对外经济贸易发展的历程中，曾先后提出了四个发展对外经济贸易的重大战略。❷ 1991 年，中国政府针对出口商品质量不高，竞争力较弱以及国际市场狭窄等问题，提出了以质取胜战略和市场多元化战略。1994 年，为适应中国改革进一步深化和对外开放不断扩大的需要，政府提出了大经贸战略。1998 年，为了适应科技、经济全球化形势下的国际经贸发展新形势，并有效贯彻科教兴国战略，政府又提出了科技兴贸战

---

❶　赵小琼. 加快浙江外贸转型升级的路径与对策研究［D］. 杭州：浙江工商大学，2010.

❷　石广生. 中国对外经济贸易的发展历程和伟大成就［EB/OL］.（2002－07－17）. http://www. mofcom. gov. cn/aarticle/bg/200207/20020700032817. html.

略。以上战略的提出和实施，有效地推动了中国外经贸的持续快速增长，并促进了外经贸质量和水平的提高，但与此同时，也积累了一系列难以解决的问题。

长期以来，中国的外贸发展方式以粗放型贸易为主，贸易条件不断恶化，出口产品结构层次还以低端要素集成品为主，仍处于全球产业链低端，高端工业制成品比重较低，产品附加值低，没有实现"中国制造"向"中国创造"的跨越，以及贸易大国向贸易强国的转变。根据笔者的研究，"外贸转型升级"的概念，始终没有得到官方正式的界定，但这并不意味着"外贸转型升级"是一个伪命题。

2011年的"十二五"规划明确提出："要加快转变外贸发展方式，推动外贸发展从规模扩张向质量效益提高转变、从成本优势向综合竞争优势转变，培养竞争新优势，保持现有出口竞争优势，加快培育以技术、品牌、质量、服务为核心竞争力的新优势。提升劳动密集型出口产品质量和档次，扩大机电产品和高新技术产品出口，严格抑制高耗能、高污染、资源性产品出口。完善政策措施，促进加工贸易从组装加工向研发、设计、核心元器件制造、物流等环节拓展，延长国内增值链条。大力发展服务贸易。"

2016年的"十三五"规划明确提出："要实施优进优出战略，推动外贸向优质优价、优进优出转变，加快建设贸易强国。促进货物贸易和服务贸易融合发展，大力发展生产性服务贸易，服务贸易占对外贸易比重达到16%以上。巩固提升传统出口优势，促进加工贸易创新发展。优化对外贸易布局，推动出口市场多元化，提高新兴市场比重，巩固传统市场份额。鼓励发展新型贸易方式。发展出口信用保险。积极扩大进口，优化进口结构，更多进口先进技术装备和优质消费品。"

2021年的"十四五"规划明确提出："要立足国内大循环，发挥比较优势，协同推进强大国内市场和贸易强国建设，以国内大循环吸引全球资源要素，充分利用国内国际两个市场两种资源，积极促进内需和外需、进口和出口、引进外资和对外投资协调发展，促进国际收支基本平衡。优化国内国际市场布局、商品结构、贸易方式，提升出口质量，增加优质产品进口，实施贸易投资融合工程。"

从最近的三个"五年规划"关于外贸发展的战略部署和要求来看，无不体现出国家对于外贸转型升级的重视，我国外贸转型已被提升到国家战略高度。只不过在不同时期，国家对于外贸发展的重心有不同的战略部署，是适应当时的国内外环境的合理安排。本书研究的外贸转型升级不是历史范畴内的广义外贸转型升级，而是重点针对中国现阶段对外贸易发展凸显出来的矛盾。

2.2.3 外贸转型升级路径的理论分析

2.2.3.1 基于产品生命周期理论的视角

产品生命周期论是美国经济学家雷蒙德·弗农（Raymond Vernon）在1966年发表的《产品周期中的国家贸易》论文中提出的。雷蒙德·弗农认为技术差异的变化在国际贸易中起着重要的影响作用，因而运用模型从技术变化的角度解释国际贸易的动态变化。

该理论认为，随着技术的变化，产品会像生命体一样呈现出出生、成长、成熟、衰退的循环过程。而在不同技术水平的国家中，产品的这一周期发生的时间和包含的阶段也是不同的，因此国家间的技术差距决定了在生产同一种产品中所处的国际竞争地位不同，从而也影响了国际分工的不同。

产品生命周期理论将产品的发展过程分为四个阶段：

第一阶段是初始期，即产品的研究与开发阶段。在这一阶段，产品的研发还没有完成，新技术也没有形成，因而需要投入大量的技术和研发费用，对于那些技术水平较高的发达国家而言，资金实力雄厚且拥有大量的科技人员，为了追求较高的收益回报，他们可以并且愿意集中大批高素质人员投入到研究过程。因此，在这一阶段，这些国家具有比较优势，能够成为新产品的出口国。同时，由于新产品拥有比一般产品更高的品质，因而价格较高，所以此时该产品的贸易主要发生在一些发达国家之间。

第二阶段是成长期。在产品进入这个阶段之后，生产新产品的技术已经确定下来，对于新进入的厂商而言，不再受限于技术上的创新水平，因而此时该产品在国际上的销售竞争大大地增强了，生产该产品的国家为了销售产品，要投入大量的资金在产品的营销上。此时，新产品已经从以技术密集型为主转变成了以资本密集型为主。根据要素禀赋理论，在此阶段主要是发达国家具有生产该产品的比较优势，因而国际贸易的发生是由发达国家生产销售到发展中国家。

第三阶段是成熟期。在此阶段产品已经实现了标准化生产，劳动力成本成为该阶段生产的主要投入，因此该产品从资本密集型产品转变成了劳动密集型产品，拥有丰富劳动力的发展中国家此时具有了比较优势，因而国际贸易的发生是由发展中国家生产销售到发达国家。

第四个阶段是衰退期。在此阶段，产品进入了淘汰期，催着科技的发展和人民偏好习惯的改变，产品的销量和利润率持续下降，产品在市场上已经不能适应市场需求，此时很多企业由于无利可图会陆续停止生产，该类产品的生命周期也陆续结束。

从上述产品生命周期的四个阶段来看，产品的第一个阶段投入最多，利润回报率也是最高，其次是第二个阶段，投入相对较少，利润回报率适中，而第三个阶段投入是最少的，同样利润率也是最低的。而中国生产的大多数产品至今仍处于第三个阶段即成熟期，劳动密集型产品是中国出口的最主要产品。随着中国外贸向高层次的发展，和中国自身比较优势的动态变化及同发展中国家间竞争的加强，中国要实现由"贸易大国"向"贸易强国"的转变，提高外贸利润率，必须实现外贸产品和外贸产业的升级。产品生命周期为中国的外贸产品发展提供了升级的路径。

中国的外贸出口产品应按照逆向产品生命周期的路径进行波浪式升级，沿着成熟期→成长期→初始期的升级路径发展，从依赖出口劳动密集型产品为主，逐步向出口资本密集型产品，出口技术密集型产品方向转变。现在中国出口的产品属于成熟期的产品，为了提高产品的技术含量和利润率，中国应大量加大资金投入，鼓励技术创新，首先使中国出口的产品实现从生产劳动密集型向资本密集型的跨越，接下来实现从资本密集型向依靠创新为主的技术密集型的跨越。

2.2.3.2　基于微笑曲线理论的视角

微笑曲线理论是由中国台湾宏基集团创始人施振荣先生于1992年提出的，作为宏基的策略方向。随后十多年间，施先生将微笑曲线加以修正，推出了施氏产业微笑曲线，为台湾各产业的中长期发展策略指引方向。微笑曲线是一条两端朝上的曲线，代表产业链，左边是研发和设计，中间是制造，右边是销售（图2-1）。处于微笑曲线中间环节的制造附加值最低，而且全球制造也已经供过于求；处于微笑曲线两端的研发和设计及销售环节附加值较高。因此产业应朝微笑曲线两端的高附加值发展，在左边加强研发创造，在右边加强营销与服务。微笑曲线反映出企业和产业应坚持动态发展的一面，突破瓶颈，将研发、生产和营销有效结合，实现产品价值的提升。

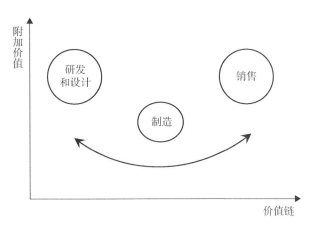

图 2-1 微笑曲线

这一理论同样也适用于外贸企业和产业。对于外贸企业而言，应当加快外贸产业的转型和升级，在全球产业价值链分工的微笑曲线中寻求有利位置。微笑曲线理论为中国外贸要实现转型升级提供了良好的借鉴意义。中国的外贸发展正处于微笑曲线的低端，要想实现从中国制造到中国创造，贸易大国到贸易强国的转变，应当按照微笑曲线的发展路径，促进外贸产业向微笑曲线两端的高附加值方向发展，一方面加大研发投入，注重产品的创新，另一方面注重营销，开发销售渠道，提高售后服务水平，最终有效地提高外贸产业的附加值，促进外贸转型的实现。

2.2.3.3 基于新生产要素理论的视角

第二次世界大战后，发展起来的新生产要素理论赋予了生产要素新的内涵，生产要素也从最初的土地、劳动、资本，发展到包括技术、人力资本、研究与开发、信息、管理等新型的生产要素。因此新生产要素理论涵盖了人力资本理论、研究与开发学说及信息管理说等。

例如，人力资本理论承认了人力资本的内生性，证明了人力资本的积累是经济持续增长的决定因素。同时该模型还强调了人力资本对于国家贸易结构的影响，表明发展中国家要想提高本国国际竞争力，必须加大对于本国人力资本的投资，提高人力资本水平；研究与开发学说强调了研究与开发要素的重要性，一个国家要想提高自主创新能力，在国际分工中获得比较优势，必须加大研究与开发力度；信息要素说认为信息已成为衡量各国国际竞争力的重要因素，一个国家的信息要素的发展程度和规模极大影响了该国在国际贸易中的地位。因此发展中国家更应重视信息的开发和利用，促进外向型经济的发展。

新生产要素理论从新要素的角度说明了国际贸易的基础和贸易格局的变化，一个国家出口商品的国际竞争力和这些新型要素之间存在着很高的正向相关关系。新要素理论的确立标志着新国际贸易环境下，影响对外贸易发展的要素更为丰富，因此我们需要对只注重传统要素的贸易发展方式进行转型升级，延长价值链及产业链，实现对外贸易的可持续发展。因此，中国要实现外贸转型升级，应当沿着新要素的发展路径，加大对于人力资本、技术创新、信息管理要素的投入，提高外贸产品的核心竞争力。

2.2.3.4 基于新增长理论的视角

经济学家们一直在寻求影响经济增长的主要因素，运用各种增长理论解释经济增长的过程。最具有代表性的增长理论按照时间先后分别是古典增长理论，新古典增长理论和新增长理论。第一类是古典增长理论，其强调的是以劳动价值为基础的生产函数，认为劳动力的投入是经济增长的动力来源；第二类是新古典经济增长理论（以索罗模型为代表），强调的是劳动和资本对于经济增长的贡献，而技术进步被看作外生因素，用于说明劳动和资本对于增长贡献后的剩余部分，即索罗残值；第三类是新增长理论，又称为内生增长理论［以罗默（Romer）和卢卡斯（Lucas）为代表］，产生于20世纪80年代中期的一个西方宏观经济理论分支。

新增长理论的共同观点是：经济增长不是外生因素作用的结果，而是由经济系统的内生变量决定的。新增长理论用于国际贸易领域中主要为规模经济理论和均衡增长理论等。新增长理论的本质是强调内生增长动力，其对于中国转变外贸发展方式具有重要借鉴意义。

实践证明，以追求速度与数量为核心的传统经济增长模式是不可取的。改革开放三十多年来，中国在取得较快经济增长的同时，也带来了一系列严重的问题，如经济波动频繁，经济结构不尽合理，经济效益低下，环境污染加剧，生态环境破坏严重等。因此，实现对外贸易的协调增长和创新增长是当前中国转变对外贸易发展方式，从真正意义上实现外贸转型升级的根本出发点。❶

按照创新增长理论国家经济发展的主要观点，国家经济增长的源泉主要在于技术进步，一国竞争优势的形成关键在于能否提高劳动生产率，而创新机制的形成和创新能力的培养是关键。技术的进步和创新的增长为一国的发展克服了资源有限的约束，为该国的经济增长打开了更加广阔的发展空间。因此，中国要提高国际竞争力，实现向贸易强国的转变，必须依赖科技投入的增加来提高全要素生产率，这样才有利于中国发展技术密集型产业，推动技术进步，实现对外贸易的创新增长和转型升级。

2.3　要素市场扭曲对外贸转型升级的影响机理

本节将在前文相关理论分析的基础之上对要素市场扭曲对外贸转型升级的影响的理论框架进行分析，进而对要素市场扭曲对外贸转型升级的影响机理进行探索，以期发现中国要素市场扭曲对中国外贸转型升级的影响规律。

2.3.1　要素市场扭曲对外贸转型升级的传导机理

2.3.1.1　要素供给扭曲对外贸转型升级的传导机理

要素供给扭曲被限定为外部特定条件刺激下，天然要素禀赋条件的空间聚集，以及要素价值构成的动态变化，也就是要素供给的空间、时空、内生结构发生了分割扭曲。外贸企业的生产过程依然遵循企业生产的基本规律。企业生产的目的在于获取利润，利润是产出相对成本的溢出。假定产出不变，利润的提升在于成本的控制。成本控制是企业的天然偏好。当不存在要素供给扭曲时，企业将选择相对成本更低的要素进行生产。但在要素供给扭曲条件下，企业期望的低成本投入无法实现，原因在于这种供给扭曲以更大的短缺期望收益（包括经济的、

---

❶　张莉. 构建转变外贸发展方式的理论体系探讨［EB/OL］.（2012-12-26）. http://www. caitec. org. cn/c/cn/news/2012-12/26/news_3735. html.

非经济的），将原本应流入外贸企业的要素锁定在了经济的其他领域，导致企业不得不以更高的成本进行要素配置。

对于外贸企业而言，要素供给扭曲，将导致企业要素投入的被动扭曲，企业要素投入的被动扭曲反映到产品市场上就是产品结构的扭曲，反映到产业上就是产业结构的低端化，最终造成外贸转型升级的不可持续或停滞不前。外贸转型升级的恶化反过来将进一步恶化企业的经营条件，企业将依赖于使用更加低廉的要素，产出水平进一步降低，最终形成类似于蛛网的恶性循环，如图 2-2 所示。其中，S_1 为要素供给扭曲，S_2 为外贸企业要素投入被动扭曲，S_3 为外贸产品扭曲，S_4 为外贸方式结构扭曲，S_5 为外贸转型升级恶化。S_1'、S_2'、S_3'、S_4'、S_5' 分别为随着时间推移的新一轮的要素供给扭曲、外贸企业要素投入被动扭曲、外贸产品扭曲、外贸方式结构扭曲、外贸转型升级恶化。S_1''、S_2''、S_3''、S_4''、S_5'' 的含义依此类推。

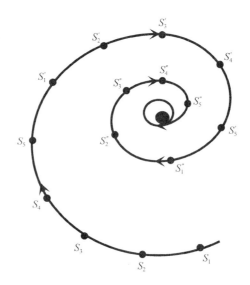

图 2-2　要素供给扭曲的外贸转型升级传导机制

2.3.1.2　要素价格扭曲对外贸转型升级的传导机理

与要素供给扭曲不同，要素价格扭曲侧重于经济体系内，或者说要素使用过程中，要素使用方主动压低要素价格所形成的要素价格与其真实价值背离。从它的定义来看，市场主动压低要素价格是要素价格扭曲的显著特征。

按照新古典经济学的理论，在完全竞争的市场条件下，厂商使用生产要素的"边际收益"称为边际产品价值 VMP，使用要素的"边际成本"称为要素价格 W，厂商实现利润最大化的长期均衡可以表示为：要素的边际产品收益＝边际成本，即 $VMP = W$。如果 $VMP > W$，那么增加一单位要素的使用所带来的收益就会大于所引起的成本，于是厂商决定增加要素使用以提高利润。随着要素使用量的增加，要素的价格不变，而要素边际产品价值下降，从而最终使得 $VMP = W$。根据帕累托最优理论，完全竞争条件下的要素均衡价格恰好实现了生产的帕累托最优状态。

然而，真实的情况却是，绝大多数时候，要素需求市场基本上是买方市场。❶ 为求得一份工作，劳动者在很大概率下必须接受企业主更多苛刻的条件。资本市场也是这样，企业有好的项目时，风投、创投、银行、产业资本等各类资金将蜂拥而至。这时，企业主必将开出惊人的条件，以压低这些资金的回报率。要素作为一种中间产品，在其他市场表现亦是如此。技术市场上，各类技术在实验室被研发后，必须进行市场化、产业化，才能真正带来收益，这也就决定了技术市场上同样是买方市场。

当要素市场为不完全竞争而产品市场为完全竞争时，要素市场平均成本曲线 AFC 与要素边际成本曲线 MFC 相分离，而厂商的边际产值曲线 VMP 与边际生产收入曲线 MRP 则是重合的。如图 2-3 所示，厂商需求曲线 VMP 与 MFC 相交于点 F，确定均衡劳动量为 L_1，过 F 点作垂线，与劳动的供给曲线 AFC 交于 E 点，得到均衡价格 W_1。

一旦买方要素市场形成，以利润为终极目标的企业主将会尽其所能地维持这种垄断地位所带来的超额利润（更确切地说应是超额低成本），即 $VMP > W$。从而形成路径依赖，也就是所谓的"要素扭曲锁定"。在外贸市场上，随着低价要素的使用量增加，低价外贸商品将持续增加，一定程度上将使外贸商品的价格下降，反馈到出口国，导致企业 VMP 的下降。面对 VMP 的下降，为了维持利润规

---

❶ 所谓的双向择业在真实经济领域中的有效性会大打折扣，特别是在经济萧条的情况下。

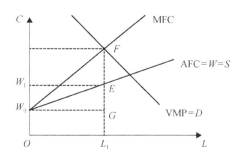

图 2-3   不完全竞争要素市场的要素决定

模，企业有两种选择，一是在要素市场上购买更高价格的要素（一般而言，更高价格的要素意味着更高的产出效率），二是以原有价格购买更多的要素进行生产。在绝大多数情况下（至少在中国是这样），企业选择了后者。因为选择购买更高价格的要素进行生产具有风险：一方面企业对于新要素的产出能力不确定，有可能新的高价要素的边际产出效率还不如低价要素；另一方面，高价要素的引入必须使其带来的边际产品价值高于原有边际产品价值，才能够保证原有的利润。再有，外部市场的价格已经到了较低水平，由于价格黏性，想提高产品价格并不容易。因此，购买更多的廉价要素进行生产是必然选择。最终导致外贸商品的低价、低质量、无品牌效应，以及外贸产业的低端化和外贸条件的整体恶化，转型升级失败。

在要素价格扭曲下，要素市场处于不完全竞争状态，企业获得要素市场买方地位，其为了获取垄断利润，扩大生产，导致外贸商品价格下降，从而企业利润下降；由于路径依赖的存在，企业惯性地采取扩大低价要素的购买，再次扩大产能，最终导致外贸商品结构扭曲，外贸产业结构低端，以及外贸转型升级的恶化。外贸升级恶化，又将加剧企业经营的恶化，从而减缩成本，形成恶性的蛛网传导机制。图 2-4 清楚地描绘了要素价格扭曲对外贸转型升级的蛛网传导机制。其中，P_1 为要素价格扭曲，P_2 为外贸企业要素市场垄断地位，P_3 为扩大生产导致外贸商品价格下降，P_4 为外贸商品与产业结构扭曲，P_5 为外贸转型升级恶化。P_1'、P_2'、P_3'、P_4'、P_5' 分别为随着时间推移的新一轮的要素价格扭曲、外贸企业要素市场垄断地位、扩大生产导致外贸商品价格下降、外贸商品与产业结构扭曲、外贸转型升级恶化。P_1''、P_2''、P_3''、P_4''、P_5'' 的含义依此类推。

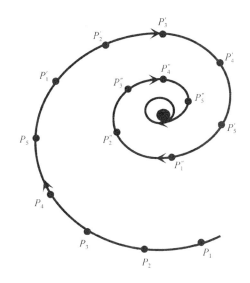

图 2-4 要素价格扭曲的外贸转型升级传导机制

2.3.1.3 要素配置扭曲对外贸转型升级的传导机理

要素配置是经济学和管理学两大学科共同关注的核心问题。新古典经济学的要素配置理论从劳动、资本、土地的供给和需求的动态变化出发，通过价格机制、均衡分析和边际分析，研究了既保证要素的效用最大化、也保证企业利润最大化的最优要素组合配置。新古典经济学的要素配置理论巧妙地避开了几个无法回避的问题，即市场的不完全竞争、信息的不完美、个体的有限理性，以及无法用价格机制解释的经济"软要素"：管理、技术、信息。在不完全竞争市场上，信息不完美所导致的个人有限理性在要素配置过程中的作用是无法被忽视的。笔者以"要素配置效率"为关键词进行文献检索，发现学者们对于要素的配置效率更多地倾向于要素在区域之间的合理配置的中观问题。之所以出现这样的现象，可能是由于企业这一微观经济主体的"黑箱"特点导致的。

科斯（Coase）发现，企业内部存在着大量的资源配置过程，并且这些配置过程与价格没有关系，它是由权威通过命令的方式来实现的。因此，科斯断定，企业是一种有别于价格机制的资源配置方式，它与价格配置机制一定是相互替代的。现代企业理论从企业本质、企业组织、企业产权、企业管理、企业治理、企业家、企业保持长久竞争力等多方面对企业进行了系统研究，突出了现代企业作为一种替代市场配置经营要素的手段，强调管理在其中的重要性。管理是企业实现要素配置过程的作用方式。企业管理能力的强弱直接决定了企业要素配置的效率。

根据新古典经济学的要素配置理论，企业对两种要素进行配置均衡条件是：$\frac{MP_l}{MP_k} = \frac{w}{r}$，假定资本的成本和边际产出不变，进行简单的变化得到，$\frac{r_k}{MP_k} \cdot MP_l = w = VMP$，$\frac{r_k}{MP_k}$可以当作企业产品定价的原则（当然还有别的要素需要兼顾）。

当考察要素的有效结合时，外贸企业要素配置能力或管理能力，可以作为要素的边际产出的函数，即，$VMP_l = f(c, l)$，其中 c 为外贸企业管理能力，且 $\frac{\partial VMP_1}{\partial c} > 0$。外贸企业管理能力缺乏，要素结合有效性下降，从而要素的真实产出效率得不到释放。在这种情况下，为了保持利润的绝对水平和相对水平，外贸企业有两种选择，即提高商品价格，或者降低要素成本。就当前的外贸市场整体形势而言，外贸企业在不提高产品技术与价值含量的情况下，提高产品价格必然导致企业失去原有的市场份额。外贸企业没有动力提高产品价格，现实也不允许其提价。外贸企业唯有降低要素成本，购买更多更低价格的要素进行生产，从而使低价产品产量持续增加。❶ 反过来将形成外贸市场上的产品竞争压力，企业产品进一步降价，从而导致外贸产业的低端。反过来，外贸转型升级的恶化将进一步恶化企业的经营条件。上述分析过程如图 2-5 所示。其中，V_1 为要素配置扭曲，V_2 为外贸企业产出效率的下降，V_3 为外贸企业为保持利润而压缩成本，V_4 为产品市场产能扩展导致外贸商品降价的压力，V_5 为外贸转型升级的恶化。$V_1{'}$、$V_2{'}$、$V_3{'}$、$V_4{'}$、$V_5{'}$分别为随着时间推移的新一轮的要素配置效率扭曲、外贸企业产出效率的下降、外贸企业为保持利润而压缩成本、产品市场产能扩展导致外贸商品降价压力、外贸转型升级的恶化。$V_1{''}$、$V_2{''}$、$V_3{''}$、$V_4{''}$、$V_5{''}$的含义依此类推。

---

❶ 一般而言，要素价格是要素供应方对自身价值的预期，更低价格的要素意味着更低产出价值的要素。

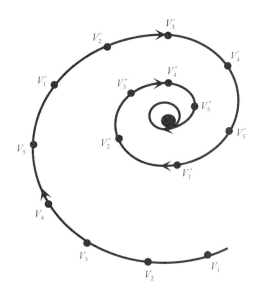

图 2-5　要素配置扭曲的外贸转型升级传导机制

2.3.2　中国要素市场扭曲对外贸转型升级的影响

长期以来，中国的外贸转型升级一直是政府及业界普遍关心的问题。党的十八大报告甚至将其提升到国家战略的高度。从目前转型升级的现实来看，有了一些积极的改变，但真正意义上的质的改变还没有发生。

目前，学者们对这一问题从不同的视角进行了分析，但大多数都是从产业结构、外部环境等角度进行的探索，从要素市场扭曲的角度进行的研究还很少见。本书将尝试从要素市场扭曲的视角分析其对外贸转型升级的影响。在 2.3.1 节中，本文从要素供给扭曲、要素价格扭曲、要素配置扭曲对外贸转型升级的传导机理进行了经济学视角的分析，并确定了蛛网结构的分析框架。本节将在 2.3.1 节的理论分析的基础上，从中国要素市场的现实出发，分析中国的要素市场扭曲是如何影响中国的外贸转型升级的。

2.3.2.1　要素供给扭曲对中国外贸转型升级的影响

相比发达国家，中国的要素供给扭曲有其特殊的历史经济背景。中国的经济经历了从计划经济向现代市场经济的根本性转变。在经济领域，人们已习惯以投入产出、价格机制、市场决定等市场经济理念来指导经济行为。但我国一些特殊的制度安排与特殊国情的结合加剧了中国的要素供给扭曲。

（1）劳动供给扭曲对外贸转型升级的影响

中国劳动力市场扭曲的基本特点是城乡二元分割、东西部分割、技术结构不平衡等特点。

改革开放之后，随着城镇化的推广，原本附着在耕地上的农村劳动力被解放出来，依靠外出务工来实现闲暇的收益最大化配置是广大新产业工人的普遍追求。大量的农村务工人员走进城市，其中很大一部分人成为改革开放初期东南部沿海外贸加工工厂的工人。初始的这部分劳动力为中国外贸竞争力的提升做出了巨大的贡献，同时也带来了东南部沿海地区的经济快速发展。由于户籍制度以及中国传统的家的观念的限制，他们从来都不是沿海地区的主要消费群体，打工赚够一部分钱以后，在新产业工人中间出现了"返乡潮"。通过调查，笔者发现"返乡"的原因有很多，有的年纪大了无法适应高强度的劳动，有的需要回家照顾子女，有的则就近进行就业等。通过分析，笔者发现，促使他们返乡的最主要原因有三个，第一随着东南部沿海发达地区向中西部地区的产业转移，中西部地区出现了更多的就业岗位，相比千里迢迢外出打工，他们愿意接受相对更低的工资就近工作；第二，原本的加工贸易企业对于简单劳动力的要求更高，需要他们提供更加专业的劳动（虽然工资报酬会更高），但他们由于自身文化水平较低，无法达到企业的要求；第三，外部环境的恶化导致外贸企业接到的订单存在不稳定性，订单多的时候，员工需要日夜加班，订单少的时候，员工则赋闲。由于员工的工资基本上是底薪加计件工资，因此，员工的总体收入不稳定。

对于外贸企业而言，尽管大批以往的新产业工人返乡，但后续新产业工人在持续补充，企业其实并不缺乏这种从事简单加工劳动的劳动者。外贸企业为了能够适应激烈的市场竞争，急需的是带有一定技术水平的技工，但这部分人在劳动力市场上比较稀缺，充斥市场的是大量的拥有高学历的大学毕业生。大学生没有工作经验，但对于工作的期望较高，对于车间里的简单劳动"不屑一顾"（尽管有时候工资待遇相比办公室文员要好很多）。

劳动力市场的这种畸形和扭曲，并不是外贸企业所能控制的，外贸企业只能被动适应这种被扭曲的要素供给。当劳动力市场技术工人稀缺、普通工人又出现大规模返乡潮，大学生对外贸加工存在歧视的时候，外贸企业的用工荒就必然出现（现实也证明了这一点）。为了维持生产，外贸企业不得不在劳动力市场上高薪聘请技术工人（据调查，东莞的一个木匠，年收入能达到 30 万元，已经超过了大多数白领的工资水平），或者维持现有工资水平，聘用劳动生产率更低的普工。最终结果就是企业劳动力投入成本加剧或者边际产品价值下降，即 $VMP<W$。如此一来，根据要素供给扭曲的蛛网传导机理，外贸企业产品价值无法得到有效的提高，产品的技术含量、品质、竞争力得不到提高，企业的品牌价值追求落空，反映到产业结构上就是外贸产业结构的低端化，外贸转型升级难以实现。

（2）资本供给扭曲对外贸转型升级的影响

中国的资本供给扭曲主要体现在，对企业主体的政策性歧视、资本市场监管缺位、跨区域融资渠道不足等方面。

改革开放之初，中国的资本市场滞后，资金基本在国有企业之间流转，市场资金短缺。为了改善市场资金紧张的局面，中央及地方政府加大了对外资的引进力度，将"引进来"作为国家战略实施。为了能够吸引外资进入中国，国家以及各地方政府均制定了一系列非常优惠的资金政策，包括降低贷款利率，享受贴息贷款等。这种制度安排，使得外资外贸企业以绝对的资金成本进行生产，在要素成本上提升了外资外贸的竞争力。另外，由于国有企业资金渠道相对丰富，而对资金需求最为迫切的民营外贸公司的融资渠道和融资成本异常高，导致了在中国外贸主体的竞争中，民营企业发展难度系数相对较大。

中国的资本市场发展时间短，监管层缺乏监管经验和制度性安排。中国资本市场充斥着投机性需求（比如房地产、股市等），并且，投机所带来的资金回报率往往极高（其中不乏监管漏洞和寻租的发生）。在完全市场上，各行各业的资金回报率应该是一致的，并且存在自动平衡修复的功能。但在中国的资本市场，各行业间及虚拟资本市场与产业资本市场间，资金的回报率存在巨大的差距。这个差距是资金市场不完善所导致的。市场资金以资金回报率为标准进行投放，必然导致大量资金追逐投机市场。另外，外贸市场随着多年的激烈竞争，本身的资金回报率就不高，低附加值的整体特征也加剧了资金对外贸行业的背离。资金回报率的非平衡性，导致了外贸企业获取资金的成本加剧，其结果就是VMP<r。为了维持企业投入与产出的均衡，外贸企业将被动降低资金价格，使得外贸企业开出的融资条件毫无竞争优势，外贸企业融资难成为必然。因此，外贸企业，将最大限度地控制资本的使用。在市场经济条件下，缺乏资金无异于"无米之炊"，高技术水平的人才招不到，高技术含量的设备买不起，巨大的营销投入无法实现，创新投入不足，最终将外贸企业定格在外贸产业的低端，企业产品失去竞争力。

（3）技术供给扭曲对外贸转型升级的影响

中国的技术供给同样存在扭曲，主要表现在技术交易市场的不完善、技术研发的产业化率不高、产权保护不完善等方面。

目前，各省（自治区、直辖市）都在积极地搭建技术交易平台，但由于地区经济、文化发展水平的差异，以及各省（自治区、直辖市）对于技术交易的重视程度不同，技术交易市场建设出现结构性非均衡发展的特点。外贸企业以技术购买形式实现跨区域的技术产权获取，将推高企业的技术引进成本。而且，技术交易市场基本都由政府牵头，缺乏相应的技术评价机制。目前基本上都是采取专家评审的办法，一方面，新技术本身就是最前沿的知识应用，技术研发团队才是其技术方面最权威的专家，技术市场所聘请的专家是不是行业内的权威专家，对于新技术的评判是不是客观是值得商榷的。另一方面，新技术的产权保护也使得外聘专家进行评审成为难题。若技术无法被真实评价，企业购买的技术在生产实践中所带来的真实产出增长就会存在不确定性。这种不确定性，将使得企业引进技术就存在高风险性。这种高风险性将推高企业技术引进的成本，导致VMP<t，其结果将抑制企业的技术引进。企业技术引进得不到释放，企业技术创新的渠道只有依靠企业自身的研发投入。研发是有风险的，研发投入不一定就能带来利润的增加，目前中国企业对于研发失败的容忍度异常低，为了能够维持原有的利润，外贸企业将会有节约研发投入的计划，进而通过扩大产能保持利润，带来的是企业产品技术含量和产品附加值低下，外贸产业始终处于产业链低端，外贸转型升级失败。

中国的技术研发主体主要是高校科研院所，本身接触市场较少，对于企业的技术需求不了解，研发出来的技术市场转化率不高。技术研发的产业化率低下使得那些能够为企业吸收的实用技术分外珍贵。有需求的企业，趋之若鹜，导致实用技术的价格高涨，推高了企业引进技术的成本，也把一大批有转型升级需求但缺乏资金的企业挡在了门外。企业得不到应有的技术，转型升级也就很难实现。

（4）资源供给扭曲对外贸转型升级的影响

资源是经济发展乃至社会发展的物质基础。资源的国家控制有其特殊的战略意义。但其中合适的控制度实难把握。资源供给存在定向投放的特点，导致资源定价机制无效，滥用资源与环境污染普遍存在。价格机制的失效导致了资源定价过低，企业可以以较低成本使用环境资源，使得资源的使用效率不高，高污染、高能耗的产业特点显现，外贸转型升级恶化。

2.3.2.2　要素价格扭曲对中国外贸转型升级的影响

要素价格扭曲是要素价格与要素实际价值的偏离，根源上决定于要素市场的非完全性。由于中国转型经济的特殊性和对内改革的渐进性，为了实现经济增长，生产要素价格可能被人为压低。要素价格扭曲对于中国的外贸产业乃至经济发展的影响广泛而深远。

（1）劳动价格扭曲对中国外贸转型升级的影响

长期以来，中国的劳动力价格都遭受着极其不公平的歧视性对待。改革开放之前，中国基本上是一个农业大国，农业人口占总人口的绝大部分比重。改革开放之后，市场经济体制逐渐在经济中发生作用。当农民离开土地，走进城市，企业给他们开出的工资条件并不以企业产品价值为依据，而是以他们在原农地生产收入为标准，只要工资高于农业生产的单位工资水平，初期农民就有足够的动力进城务工，企业以廉价的劳动力投入成本获取巨大的利润，外贸企业只需维持生产规模的扩大，就能够获取所谓的外贸竞争力。

随着市场经济体制的逐渐成熟，我国外贸行业的竞争不断加剧，缺乏技术创新的外贸企业经营环境日益恶化，企业的边际产品价值开始下降。但外贸企业边际产品价值 VMP>W 的基本生产条件仍旧没有发生逆转。外贸企业为了生存只有两个选择，其一：加强创新投入，提升产品附加值或品牌价值，从而提升产品盈利能力（这也是外贸转型升级的目标）；其二，在利润空间萎缩时，相应地压低劳动成本。另外，在劳动力市场上，中国广大劳动力的激烈竞争强化了企业选择控制劳动力投入成本成为可能。为了稀释单位产品的劳动力成本，企业将扩大生产规模，从而得以维持单纯以劳动力扩张赚取利润的企业盈利模式。这种盈利模式使得外贸企业的产品附加值得不到任何提高，最终导致外贸转型升级的失败。

(2) 资本价格扭曲对中国外贸转型升级的影响

在中国现行的金融体制下，国有外贸企业对国有商业银行刚性的依赖短期内不会改变，非国有外贸企业在资金市场上仍受到歧视性待遇，导致民间借贷利息高涨，对于中小企业来说也只是望洋兴叹。外贸企业跨地区投资受到较多限制，跨地区融资总体规模很小。有研究表明，官方利率比信贷市场利率低 50% ~ 100%，国有银行在向中小外贸企业提供信贷时采用比官方利率高 10% ~ 50%。外贸企业的融资成本居高不下，导致企业资金面紧张。节约资金投入成为绝大部分外贸企业的选择，导致了外贸企业在研发投入、品牌营销等方面的拮据，从而降低了企业产品的附加值，外贸转型升级失败。

(3) 技术价格扭曲对中国外贸转型升级的影响

中国整体的创新环境并不乐观，外贸企业引进的技术在生产过程中带来的产出价值并没有想象中的大。基于这种现状，多数企业在若干次技术引进提升产品技术含量的尝试之后，发现技术投入带来的利润增长缓慢，短期内无法改变企业商品附加值低下的现状。对于资金实力雄厚的外贸企业，只要企业家具有超凡的创新意识，在长期来看，外部引进的技术在企业内部产生技术溢出效应，从而企业整体技术水平得以提升。但对于资金实力不强的企业，承受创新失败的能力比较弱，残酷的竞争环境也不会留给企业足够的时间去学习、提升技术水平，企业的产品技术含量也得不到提升，从而外贸转型升级失败。

(4) 资源价格扭曲对中国外贸转型升级的影响

在完全的市场经济条件下，商品的价格由其边际成本决定。由于市场的不完全，市场无法在无外部调控和政府干预的条件下完成定价。自然资源的定价在现实中存在大量的"市场失效"现象，其中最典型的是自然资源在开采和使用过程中的外部性问题，其主要表现为环境污染的成本未被纳入定价机制。正常的资源品价格应该是开发的边际成本，及在开发过程中造成的环境污染成本之和。而现实是环境污染的外部性成本基本由政府买单。由于市场定价失效，在资源品定价中，一般需要政府干预，但政府干预资源品定价并不一定真实有效。管理者缺乏信息和远见；缺乏有效的政策工具或政策工具使用不当；管理体制僵硬；以单一的"GDP增长"为指标，忽略自然资源的浪费和使用低效率；财政收入压力导致地方政府利用手中掌握的资源支持财政收入的高速增长等现实问题的存在，加剧了资源定价的扭曲。

资源定价扭曲，或者说资源定价过低，直接后果是对环境的无度破坏和污染，企业的资源浪费和缺乏节能动力。资源品定价过低，使得企业在资源投入上存在外部性利润空间，企业边际产品价值大于资源品价格，即 VMP>M，刺激了资源需求的过快增长，特别是不正常的投机性资源需求的快速增长，反映在外贸企业就是高能耗、高污染的产业特征。这种依靠资源的过度投入获取利润的盈利模式导致企业产品附加值被锁定在较低水平，最终导致外贸转型升级的失败。

2.3.2.3 要素配置扭曲对中国外贸转型升级的影响

在要素市场扭曲的三种类型中，要素供给扭曲和要素价格扭曲是要素本身内生性特点决定的，而要素配置扭曲则是要素与要素之间结合有效性的表现。在任何经济系统内，单一的要素是无法形成有效产出的，一种要素必须与其他要素结合才能形成生产力。要素配置扭曲被定义为要素结合有效性得不到释放所引致的要素产出效率得不到最大化释放。要素结合的有效性由要素使用者的配置能力决定，这种配置能力集中表现为企业的要素管理能力。与外资外贸企业管理水平相比，中国外贸企业的要素管理存在诸多问题和不足，集中的体现就是企业要素配置能力的不足。在外贸企业实践中，要素成本管理、绩效管理随意性很大，管理层多凭经验指挥，制度规范流于形式，有的甚至无章可循，这些企业的要素配置管理基本上仍处于经验管理阶段。主要表现有：

（1）要素配置不规范

大多数中国外贸企业的要素配置管理体制不健全，并没有形成一套规范系统的要素配置标准，这使得企业在要素配置上是被动反应的，或者是通过试错的方法进行改正以提高效率。同时，随着要素配置新问题的出现，经营者并没有对新的问题进行深入的研究，而是简单的随着其他外贸企业要素配置标准和制度规范的采用而加以效仿，忽视了企业之间的异质性问题。

（2）要素配置不科学

大多数中国外贸企业的要素配置不科学，一味追求所谓的高端人才。有的企业明明只需要高中学历的人就能满足企业的需求，而在招聘上却提高对学历的要求，一方面高学历未必就能真正胜任工作，另一方面也是对高学历人才的极大浪费。在各要素使用配比上就更加随意了，劳动力与资本的配比基本由企业家主观臆想决定。

（3）人才培养被忽略

大多数中国外贸企业忽视对人才梯队的培养和建设，企业只注重如何用人，并不重视对人才的培养。我们通过比较内外资外贸企业的人力资源管理，发现两者最大的区别就在于对员工的培训投入上的差距。外资企业的培训完善而系统，而且同该企业的文化和企业的实际发展密切相关。因为将员工看作是最宝贵的人力资本，外资企业的培训投入相应也产生了很高的收益。相比之下，中国企业对员工的培训，大多数是为了应急或是被动式的。大多数企业管理者没有将培训当作是企业的一项长久投资，只使用、不培养的方式无法建立起员工与企业间良好的归属关系，更别提形成企业自身的凝聚力或知识学习型组织了。

（4）激励机制缺乏

激励效果会极大地影响团队和个人的工作积极性和创造性。虽然大多数中国外贸企业已经开始建立起一套内部激励机制，但是其激励效果并不理想。另外，部分外贸企业在确定薪酬水平和结构之前，没有根据本企业的实际情况进行科学的论证和分析，无法确定岗位的真正价值，从而使得企业在评价员工对企业的贡献时，没有科学公平的依据，因此产生了很多不公平的现象。

外贸企业要素配置能力的缺乏，使得外贸企业的要素配置失衡，要素与要素之间的配比不科学，制约了要素最优产出效率的释放，存在帕累托改进空间，企业的边际产品价值被低估，也就意味着企业的要素成本被人为抬高。在有限资源的条件下，企业有节约成本的冲动，其中首当其冲的应当是研发投入。研发投入的减少必然导致企业产品技术含量的下降，从而导致企业附加值下降，外贸转型升级失败。

2.4　小结

本章对要素市场扭曲的理论和外贸转型升级的相关理论进行了回顾，并在此基础之上总结归纳出要素市场扭曲对外贸转型升级的影响机理。本章主要从三个方面分析了要素市场扭曲对外贸转型升级的作用机理。要素供给扭曲将导致企业要素投入的被动扭曲，反映到产品市场上就是产品结构的扭曲，反映到产业上就是产业结构的低端化，最终导致外贸转型升级的不可持续或停滞不前。外贸转型升级的恶化反过来将进一步恶化企业的经营条件，企业将依赖于使用更加低廉的要素，产出水平进一步降低，最终形成类似于蛛网的恶性循环。

从要素价格扭曲来看，在要素价格扭曲下企业获得要素市场买方地位，其为了获取垄断利润，扩大生产，导致外贸商品价格下降，企业利润下降；由于路径依赖的存在，企业惯性地采取扩大低价要素的购买，再次扩大产能，最终导致外贸商品结构扭曲，外贸产业结构低端，以及外贸转型升级的恶化。外贸升级恶化，又将加剧企业经营的恶化，从而减缩成本，形成恶性的蛛网传导机制。

从要素配置扭曲来看，外贸企业管理能力的缺乏，要素结合有效性下降，使得外贸企业产出效率下降，外贸企业为保持利润而压缩成本，只能购买更多更低价格的要素进行生产，从而低价产品产量持续增加，产品市场产能扩展导致外贸商品产生降价压力，企业产品进一步降价，从而导致外贸产业的低端发展，最终导致外贸转型升级的恶化。而外贸转型升级的恶化将进一步恶化企业的经营条件，形成恶性的蛛网传导机制。

第 3 章

中国外贸转型升级的现状与影响因素

3.1 外贸转型升级的现状

改革开放以来，中国的对外贸易一直保持着稳定增长的发展势头，尤其是在加入 WTO 后，中国的贸易规模更是不断扩大。2002—2018 年，中国进出口总额已经从 6207 亿美元增长到 41 071 亿美元，增长了 5.6 倍。其中出口额从 2002 年的 3256 亿美元增长到 2018 年的 24 866 亿美元，进口额从 2002 年的 2951 美元增长到 2018 年的 21 357 亿美元。在中国的对外贸易规模迅速扩大的同时，中国的对外贸易地位也取得迅速提升。早在 2009 年，中国就已经成为世界第一大出口国和第二大进口国，2012 年中国的贸易总量首次超过美国，成为世界上贸易规模最大的国家。在中国对外贸易规模不断扩大的同时，中国的外贸结构也发生了一定程度的优化。

3.1.1 外贸商品结构

从依据商品的加工程度划分的出口商品结构来看，现在中国工业制成品出口在中国出口商品总额中占有绝对地位。1980 年，中国初级产品出口额为 91.14 亿美元，占出口商品总额的 50.30%，中国工业制成品出口额为 90.05 亿美元，占出口商品总额的 49.70%，初级产品出口和工业制成品出口处于平分秋色的地位。随着中国对外开放的深入和经济的不断发展，到 2001 年中国出口商品总额从 1980 年的 181.19 亿美元上升至 2660.98 亿美元，增长了 13.7 倍。其中初级产品从 91.14 亿美元上升至 263.38 亿美元，增长了 1.9 倍，工业制成品从 90.05 亿美

元上升至 2397.60 亿美元, 增长了 25.6 倍。此时, 初级产品占出口商品总额的
比重下降至 9.90%, 工业制成品占出口商品总额的比重上升至 90.10%。中国在
加入 WTO 后的十多年间, 对外贸易规模持续增长, 初级产品和工业制成品出口
差距继续扩大。截至 2019 年, 中国出口商品总额上升至 24 994.82 亿美元, 与
2001 年相比, 增长了 8 倍多, 初级产品出口额上升至 1339.36 亿美元, 仅增长了
4 倍, 占出口商品总额的比重下降至 5.36%, 而工业制成品出口额上升至
23 599.88 亿美元, 增长了 8.8 倍, 占出口商品总额的比重上升至 94.42%, 如
表 3-1 所示。与此同时, 中国工业制成品中的高新技术产品出口额和所占出口比
重也不断增加, 高新技术产品出口额为 7318 亿美元, 占出口商品总额的比重从
1981 年的不到 1.00% 增长到 2018 年的 31.40%。一般来说, 工业制成品出口额占
出口总额比重的高低是衡量一国出口商品结构重要的指标之一, 在中国出口商品结
构中, 初级产品所占比重不断降低, 工业制成品所占比重不断提高, 且其中机电产
品和高新技术产品占比越来越高, 反映出中国出口商品结构呈现不断优化的态势。

表 3-1　中国出口商品结构的变动趋势 (依据商品的加工程度划分)

年份	出口商品总额 /亿美元	初级产品		工业制成品	
		出口额/亿美元	占出口商品总额 比重/%	出口额/亿美元	占出口商品总额 比重/%
1980	181.19	91.14	50.30	90.05	49.70
1981	220.07	102.48	46.57	117.59	53.43
1982	223.21	100.50	45.02	122.71	54.98
1983	222.26	96.20	43.28	126.06	56.72
1984	261.39	119.34	45.66	142.05	54.34
1985	273.50	138.28	50.56	135.22	49.44
1986	309.42	112.72	36.43	196.70	63.57
1987	394.37	132.31	33.55	262.06	66.45
1988	475.16	144.06	30.32	331.10	69.68
1989	525.38	150.78	28.70	374.60	71.30
1990	620.91	158.86	25.59	462.05	74.41
1991	718.43	161.45	22.47	556.98	77.53
1992	849.40	170.04	20.02	679.36	79.98

年份	出口商品总额 /亿美元	初级产品		工业制成品	
		出口额/亿美元	占出口商品总额比重/%	出口额/亿美元	占出口商品总额比重/%
1993	917.44	166.66	18.17	750.78	81.83
1994	1210.06	197.08	16.29	1012.98	83.71
1995	1487.80	214.85	14.44	1272.95	85.56
1996	1510.48	219.25	14.52	1291.23	85.48
1997	1827.92	239.53	13.10	1588.39	86.90
1998	1837.09	204.89	11.15	1632.20	88.85
1999	1949.31	199.41	10.23	1749.90	89.77
2000	2492.03	254.60	10.22	2237.43	89.78
2001	2660.98	263.38	9.90	2397.60	90.10
2002	3255.96	285.40	8.77	2970.56	91.23
2003	4382.28	348.12	7.94	4034.16	92.06
2004	5933.26	405.49	6.83	5527.77	93.17
2005	7619.53	490.37	6.44	7129.16	93.56
2006	9689.36	529.19	5.46	9160.17	94.54
2007	12 177.76	615.09	5.05	11 562.67	94.95
2008	14 306.93	779.57	5.45	13 527.36	94.55
2009	12 015.95	631.12	5.25	11 384.83	94.75
2010	15 777.55	816.86	5.18	14 960.69	94.82
2011	18 983.81	1005.45	5.30	17 978.36	94.70
2012	20 487.14	1005.58	4.91	19 481.56	95.09
2013	22 090.04	1072.68	4.86	21 017.36	95.14
2014	23 422.93	1126.92	4.81	22 296.01	95.19
2015	22 734.68	1039.27	4.57	21 695.41	95.43
2016	20 976.31	1051.87	5.01	19 924.44	94.99
2017	22 633.71	1177.33	5.20	21 456.38	94.80
2018	24 871.07	1350.86	5.43	23 520.21	94.57
2019	24 939.24	1339.36	5.37	23 599.88	94.63

数据来源：国研网宏观经济统计数据库。

从依据要素投入划分的出口商品结构来看，在 20 世纪 80 年代，中国资源密集型产品在出口商品中具有明显的比较优势并占有绝对地位。在 1981 年，资源密集型产品的出口额为 102.48 亿美元，占出口总额的 46.56%；资本密集型产品出口额为 24.29 亿美元，占出口总额的 11.04%；劳动密集型产品出口额为 84.31 亿美元，占出口总额的 38.31%（表 3-2）。在随后的 30 多年里，中国资源密集型产品出口额占出口总额的比重持续下降，2000 年，资源密集型产品出口额占出口总额的比重下降至 10.22%，到 2012 年所占比重下降至 4.91%。与此同时，得益于中国吸引外资的等政策的实施，中国资本密集型产品的比重逐年上升，2000 年，资本密集型产品出口额占出口总额的比重上升至 38.00%，2012 年所占比重上升至 52.61%。目前，在中国出口商品中，资本密集型产品占有主导地位，而中国的劳动密集型产品出口额占出口总额的比重呈现出先上升后缓慢下降的趋势。1981 年至 1994 年，劳动密集型产品出口额占中国出口商品总额的比重整体上是增加的，1994 年，中国劳动密集型产品出口额占出口总额的比重达到历史的最高点，为 60.46%。同时在接下来的九年间，劳动密集型产品所占比重一直较高，截至 2002 年，中国劳动密集型产品出口额占出口总额的比重为 47.33%，资本密集型产品出口额占出口总额的比重为 43.70%，资源密集型产品出口额占出口总额的比重为 8.77%。然而在 2002 年之后，中国劳动密集型产品出口额所占比重开始低于资本密集型产品，2003 年劳动密集型产品出口额所占比重为 44.52%，资本密集型产品为 47.32%，且在接下来的年份中，劳动密集型产品出口额所占比重总体呈现出逐年缓慢下降趋势，至 2010 年所占比重下降到 39.72%。至 2019 年年末，资源密集型产品出口额占比为 5.36%，资本密集型产品出口额占比为 54.30%，劳动密集型产品出口额占比为 39.62%。然而，尽管中国劳动密集型产品出口额占比低于资本密集型产品出口额占比，但是劳动密集型产品出口额在中国出口商品总额中仍占有较高的比重。

表 3-2　中国出口商品结构的变动趋势（依据要素投入划分）

年份	出口商品总额/亿美元	资源密集型产品		资本密集型产品		劳动密集型产品		其他产品	
		出口总额/亿美元	占出口商品总额比重/%	出口总额/亿美元	占出口商品总额比重/%	出口总额/亿美元	占出口商品总额比重/%	出口总额/亿美元	占出口商品总额比重/%
1981	220.07	102.48	46.57	24.29	11.04	84.31	38.31	8.99	4.09
1982	223.21	100.50	45.02	24.59	11.02	80.07	35.87	18.05	8.09
1983	222.26	96.20	43.28	24.72	11.12	81.69	36.75	19.65	8.84
1984	261.39	119.34	45.66	28.57	10.93	97.51	37.30	15.97	6.11
1985	273.50	138.28	50.56	21.30	7.79	79.79	29.17	34.13	12.48
1986	309.42	112.72	36.43	28.27	9.14	108.34	35.01	60.09	19.42
1987	394.37	132.31	33.55	39.76	10.08	148.43	37.64	73.87	18.73
1988	475.16	144.06	30.32	56.66	11.92	187.57	39.48	86.87	18.28
1989	525.38	150.78	28.70	70.75	13.47	216.52	41.21	87.33	16.62
1990	620.91	158.86	25.59	93.18	15.01	252.62	40.69	116.25	18.72
1991	718.43	161.45	22.47	109.67	15.27	310.76	43.26	136.55	19.01
1992	849.40	170.04	20.02	175.67	20.68	503.69	59.30	0.00	0.00
1993	917.44	166.66	18.17	199.05	21.70	551.73	60.14	0.00	0.00
1994	1210.06	197.08	16.29	281.31	23.25	731.55	60.46	0.12	0.01
1995	1487.80	214.85	14.44	405.01	27.22	867.88	58.33	0.06	0.00
1996	1510.48	219.25	14.52	441.89	29.25	849.22	56.22	0.12	0.01
1997	1827.92	239.53	13.10	539.36	29.51	1048.99	57.39	0.04	0.00
1998	1837.09	204.89	11.15	605.38	32.95	1026.77	55.89	0.05	0.00
1999	1949.31	199.41	10.23	692.09	35.50	1057.72	54.26	0.09	0.00
2000	2492.03	254.60	10.22	946.98	38.00	1288.24	51.69	2.21	0.09
2001	2660.98	263.38	9.90	1082.53	40.68	1309.23	49.20	5.84	0.22
2002	3255.96	285.40	8.77	1423.01	43.70	1541.08	47.33	6.47	0.20
2003	4382.28	348.12	7.94	2073.54	47.32	1951.06	44.52	9.56	0.22
2004	5933.26	405.49	6.83	2946.20	49.66	2570.44	43.32	11.13	0.19
2005	7619.53	490.37	6.44	3880.06	50.92	3233.04	42.43	16.06	0.21

续表

年份	出口商品总额/亿美元	资源密集型产品		资本密集型产品		劳动密集型产品		其他产品	
		出口总额/亿美元	占出口商品总额比重/%	出口总额/亿美元	占出口商品总额比重/%	出口总额/亿美元	占出口商品总额比重/%	出口总额/亿美元	占出口商品总额比重/%
2006	9689.36	529.19	5.46	5008.73	51.69	4128.30	42.61	23.14	0.24
2007	12 177.76	615.09	5.05	6373.67	52.34	5167.22	42.43	21.78	0.18
2008	14 306.93	779.57	5.45	7526.76	52.61	5983.51	41.82	17.09	0.12
2009	12 015.95	631.12	5.25	6522.92	54.29	4845.63	40.33	16.28	0.14
2010	15 777.55	816.86	5.18	8678.41	55.00	6267.60	39.72	14.68	0.09
2011	18 983.81	1005.45	5.30	10 165.62	53.55	7789.30	41.03	23.44	0.12
2012	20 487.14	1005.58	4.91	10 779.27	52.61	8688.13	42.41	14.16	0.07
2013	22 090.04	1072.83	4.86	11 589.05	52.46	9421.02	42.65	7.14	0.03
2014	23 422.93	1127.05	4.81	12 052.25	51.45	10 225.49	43.66	18.14	0.08
2015	22 734.68	1039.77	4.57	11 890.44	52.30	9794.64	43.08	9.83	0.04
2016	20 976.31	1050.70	5.01	11 064.00	52.75	8808.20	41.99	53.41	0.25
2017	22 633.71	1177.09	5.20	12 242.34	54.09	9158.21	40.46	56.07	0.25
2018	24 871.07	1350.86	5.43	13 755.81	55.31	9705.67	39.02	58.73	0.24
2019	24 939.24	1339.36	5.37	13 572.77	54.42	9903.02	39.71	124.09	0.50

数据来源：国研网宏观经济统计数据库。❶

另外，多年来，中国高科技产品出口额占中国工业制成品出口总额的比重也取得较快增长。根据世界银行世界发展指标数据库的统计数据（表3-3），中国的高科技产品出口额占中国工业制成品出口总额的比重总体呈现出上涨趋势，从1995年的10.43%快速增长到2006年的30.51%，随后受2008年金融危机的影响出现了短暂的下滑和波动，一直保持在30.00%左右，2018年达到31.44%。

---

❶ 为了方便研究，本书按照相关学者的分类方法，又将初级产品（SITC0~SITC4）划分为资源密集型产品类，工业制成品中的化学品及有关产品（SITC5）和机械及运输设备（SITC7）划分为资本技术密集型产品类，而将轻纺产品、橡胶制品、矿冶产品及其制品（SITC6）和杂项制品（SITC8）划分为劳动密集型产品类。

表 3-3　高科技产品出口额占中国工业制成品出口总额的比重❶

年份	高科技产品出口 /亿美元	占工业制成品出口 总额的比重/%	年份	高科技产品出口 /亿美元	占工业制成品出口 总额的比重/%
1995	132.80	10.43	2007	3426.10	30.17
1996	160.33	12.42	2008	3909.94	29.39
1997	208.46	13.12	2009	3592.74	31.95
1998	250.65	15.36	2010	4745.22	32.15
1999	300.98	17.20	2011	5401.95	30.50
2000	424.76	18.98	2012	5938.94	30.86
2001	502.45	20.96	2013	6559.96	31.58
2002	703.01	23.67	2014	6538.70	29.70
2003	1104.53	27.38	2015	6522.37	30.43
2004	1661.87	30.06	2016	5945.52	30.25
2005	2198.90	30.84	2017	6541.88	30.89
2006	2795.18	30.51	2018	7318.91	31.44

数据来源：世界银行世界发展指标数据库。

由此可见，改革开放以来，中国出口商品结构发生了重大的变化，第一次是资源密集型产品向劳动密集型产品的转变，第二次是劳动密集型产品向资本密集型产品的转变。虽然中国还没有完全实现从劳动密集型产品向资本密集型产品的转换，因为中国劳动密集型产品出口在中国出口总额中仍占有比较重要的地位，但是，中国出口产品国际竞争力不断增强，产品所含的资本和技术要素不断提高，说明中国的出口商品贸易结构处于不断优化的过程之中。

3.1.2　外贸方式结构

中国对外贸易的方式包括为一般贸易、加工贸易和其他贸易方式。其中一般贸易和加工贸易占中国进出口贸易总额的 90% 以上。因此，本书主要从一般贸易和加工贸易两方面分析中国的外贸方式结构。

---

❶　根据世界银行统计标准，高新技术出口产品是指具有高研发强度的产品，如航空航天、计算机、医药、科学仪器、电气机械等。

中国一般贸易和加工贸易出口保持高速的增长，从 1990 年至 2019 年，中国一般贸易出口额从 355 亿美元增长到 14 440 亿美元；加工贸易出口额从 254 亿美元增长到 7357 亿美元。从两种贸易方式的增速来看，2004 年之前两种贸易方式的增长速度互有交替（表 3-4）；2005 年起，这种趋势发生改变，中国一般贸易出口额的增长速度开始略快于加工贸易出口额的增长速度。另外，从两种贸易方式占中国出口贸易总额的比重来看，1997 年之前加工贸易所占比重处于上升趋势，1997—2004 年维持高位震荡，2005 年开始呈现下降趋势。1999 年之前一般贸易占比处于下降趋势，2000—2005 年维持低位震荡，2005 年开始呈现上升趋势。至 2019 年一般贸易所占比重增加到 57.77%，加工贸易所占比重减少到 29.43%。一般贸易和加工贸易出口增速和所占比重的变化趋势也反映出中国在 2004 年 12 月提出的 "转变外贸增长方式" 的新的外贸发展思路对于中国外贸方式的影响。

表 3-4　一般贸易和加工贸易的出口额增速和占比变化

年份	一般贸易			加工贸易			其他		
	出口额/亿美元	增速/%	占出口总额比重/%	出口额/亿美元	增速/%	占出口总额比重/%	出口额/亿美元	增速/%	占出口总额比重/%
1990	355.00	0.00	57.11	254.00	0.00	40.94	12.00	0.00	1.95
1991	381.00	7.32	53.01	324.00	27.56	45.10	14.00	12.07	1.89
1992	437.00	14.70	51.42	396.00	22.22	46.64	16.00	21.37	1.94
1993	432.00	-1.14	47.08	443.00	11.87	48.23	43.00	161.02	4.69
1994	616.00	42.59	50.87	570.00	28.67	47.09	25.00	-42.60	2.04
1995	714.00	15.91	47.97	737.00	29.30	49.54	37.00	50.03	2.49
1996	628.00	-12.04	41.60	843.00	14.38	55.83	39.00	4.68	2.57
1997	780.00	24.20	42.66	996.00	18.15	54.49	52.00	34.31	2.85
1998	742.00	-4.78	40.40	1044.00	4.92	56.87	50.00	-3.78	2.73
1999	791.00	6.60	40.59	1108.00	6.12	56.88	49.00	-1.67	2.53
2000	1052.00	33.00	42.21	1377.00	24.17	55.24	64.00	28.90	2.55
2001	1119.00	6.37	42.04	1475.00	7.12	55.41	68.00	6.80	2.55
2002	1362.00	21.72	41.83	1799.00	21.97	55.25	95.00	40.08	2.92
2003	1820.00	33.63	41.51	2418.00	34.41	55.16	146.00	53.56	3.33
2004	2436.00	33.85	41.05	3280.00	35.65	55.27	218.00	49.57	3.68

年份	一般贸易			加工贸易			其他		
	出口额/亿美元	增速/%	占出口总额比重/%	出口额/亿美元	增速/%	占出口总额比重/%	出口额/亿美元	增速/%	占出口总额比重/%
2005	3151.00	29.35	41.35	4165.00	26.98	54.66	304.00	39.23	3.99
2006	4163.00	32.12	42.96	5104.00	22.55	52.67	423.00	39.28	4.37
2007	5386.00	29.38	44.22	6176.00	21.02	50.71	618.00	45.83	5.07
2008	6626.00	23.02	46.38	6753.00	9.31	47.27	907.00	46.91	6.35
2009	5298.00	-20.04	44.09	5870.00	-13.06	48.85	848.00	-6.48	7.06
2010	7207.00	36.03	45.67	7404.00	26.12	46.92	1169.00	37.84	7.41
2011	9171.00	27.25	48.30	8355.00	12.85	44.00	1462.00	25.03	7.70
2012	9880.00	7.73	48.22	8628.00	3.28	42.11	1981.00	35.52	9.67
2013	10 875.00	10.07	49.23	8611.00	-0.21	38.98	2604.00	31.45	11.79
2014	12 037.00	10.68	51.39	8847.00	2.74	37.77	2539.00	-2.51	10.84
2015	12 157.00	1.00	53.47	7980.00	-9.79	35.10	2599.00	2.35	11.43
2016	11 310.00	-6.96	53.92	7157.00	-10.30	34.12	2509.00	-3.47	11.96
2017	12 301.00	8.76	54.35	7589.00	6.04	33.53	2743.00	9.35	12.12
2018	14 010.00	13.89	56.34	7975.00	5.06	32.07	2882.00	5.07	11.59
2019	14 440.00	3.07	57.77	7356.00	-7.74	29.43	3199.00	11.01	12.80

数据来源：国研网对外贸易数据库。

3.1.3　外贸主体结构

从外贸经营企业的性质来看，中国对外贸易经营主体分为国有企业、外资企业和民营企业。改革开放之初，中国对外贸易经营主体为国有企业，1981年，中国国有企业进出口额占中国进出口总额的99.47%，外资企业和民营企业进出口额分别仅占0.30%和0.23%。随着中国外贸经营准入制度的放宽，中国对外贸易的主体结构开始发生变化。在中国鼓励吸引外资的政策推动下，外资企业进出口额在中国对外贸易主体结构中所占的比重逐年增加，从1981年的0.30%增长到1992年的26.43%，随着1994年国家推出新的吸引外资政策，外资企业进出口额占中国进出口总额的比重继续扩大，至2002年所占比重已增加到53.19%，在中国外贸主体结构中占有绝对的优势地位，随后该比重一直稳定保持。而在中国加入 WTO 之后，随着进出口经营权的全部放开，中国的民营企业才获得了较快发展，在贸易主体结构中的地位也取得快速提升。随后，我国民营企业发展不断加快，2019 年，中国民营企业进出口额占进出口总额的比重首次超越外资企业比重，从 2001 年的 6.65% 上升至 41.06%，而外资企业进出口总额所占比重由 2001 年的 50.83% 下降至 39.86%。如今中国的贸易主体已经从改革开放之初的国有企业独大，发展到以民营和外资企业为主导的多元化主体并存的模式。但是，从外贸主体各部分的所占比重来看，中国外贸主体结构仍然不平衡，民营企业虽然发展较快，但外资企业仍在我国进出口总额中占有较高比重（表 3-5）。

表 3-5　中国贸易主体结构及比重（1981—2019 年）

年份	国有企业		外资企业		民营企业	
	进出口额/亿美元	占进出口总额比重/%	进出口总额/亿美元	占进出口总额比重/%	进出口总额/亿美元	占进出口总额比重/%
1981	437.87	99.47	1.33	0.30	1.00	0.23
1982	411.34	98.86	3.29	0.79	1.47	0.35
1983	426.18	97.70	10.01	2.29	0.01	0.00
1984	521.71	97.42	13.72	2.56	0.07	0.01
1985	669.70	96.22	23.60	3.39	2.70	0.39
1986	695.20	94.15	30.10	4.08	13.10	1.77
1987	771.03	93.29	47.21	5.71	8.26	1.00
1988	934.52	90.92	83.43	8.12	9.95	0.97
1989	970.40	86.89	139.21	12.47	7.19	0.64
1990	946.08	81.95	201.15	17.42	7.17	0.62
1991	1059.10	78.05	289.51	21.34	8.30	0.61
1992	1200.60	72.53	437.50	26.43	17.20	1.04
1993	1249.70	63.86	670.70	34.27	36.60	1.87
1994	1450.50	61.30	876.40	37.04	39.30	1.66
1995	1646.52	58.62	1098.18	39.10	63.90	2.28
1996	1452.23	50.10	1371.06	47.30	75.51	2.60
1997	1636.63	50.33	1526.21	46.94	88.76	2.73
1998	1567.15	48.38	1576.78	48.67	95.57	2.95
1999	1726.67	47.88	1745.12	48.39	134.51	3.73
2000	2153.70	45.41	2367.10	49.91	222.30	4.69

年份	国有企业		外资企业		民营企业	
	进出口额/亿美元	占进出口总额比重/%	进出口总额/亿美元	占进出口总额比重/%	进出口总额/亿美元	占进出口总额比重/%
2001	2167.80	42.53	2591.00	50.83	338.90	6.65
2002	2373.50	38.23	3302.10	53.19	532.20	8.57
2003	2805.10	32.95	4722.50	55.48	984.50	11.57
2004	3300.40	28.58	6631.80	57.43	1615.70	13.99
2005	3660.10	25.74	8317.20	58.48	2243.90	15.78
2006	4165.80	23.66	10 364.50	58.87	3076.50	17.47
2007	4945.30	22.75	12 549.30	57.73	4243.76	19.52
2008	6110.00	23.85	14 106.00	55.07	5400.00	21.08
2009	4795.00	21.72	12 174.00	55.16	5103.00	23.12
2010	6220.00	20.92	16 003.00	53.83	7506.00	25.25
2011	7606.00	20.88	18 601.00	51.07	10 212.00	28.04
2012	7517.00	19.44	18 939.00	48.98	12 211.00	31.58
2013	7479.72	19.03	19 190.18	48.83	12 633.37	32.14
2014	7475.48	18.08	19 844.24	48.00	14 022.02	33.92
2015	6502.27	16.80	18 347.25	47.40	13 853.82	35.79
2016	5764.34	16.03	16 872.86	46.92	13 327.31	37.06
2017	6686.71	16.66	18 393.58	45.83	15 057.07	37.51
2018	8046.08	17.78	19 685.15	43.50	17 522.17	38.72
2019	7724.66	17.26	18 240.81	40.76	18 787.62	41.98

数据来源：国研网对外贸易数据库。

3.1.4 外贸空间结构

3.1.4.1 中国对外贸易外部市场结构

如今中国对外贸易伙伴范围广泛，已经有230多个，几乎涵盖了世界所有的国家和地区。但是，长期以来，中国外贸市场结构比较集中，在外贸市场结构上比较依赖发达国家，发达地区的贸易量占中国外贸总量的70%~80%，并长期维持在一个较高的水平。根据国家统计局数据，笔者发现排在中国进出口贸易总额前几位的主要有美国、日本、韩国、德国。2001—2019 年，中国同这几个国家的进出口贸易总额占中国整个进出口贸易总额的平均比重高达 60%。

3.1.4.2　中国对外贸易内部市场结构

改革开放以来，中国的经济和对外贸易发展取得了举世瞩目的进步，但是中国各地区之间的经贸发展却非常不平衡。东部沿海地区是中国对外贸易的主要国内市场。从内部市场结构来看，一直以来进出口规模保持在中国排名前九的省（自治区、直辖市）分别为广东、浙江、江苏、上海、北京、天津、福建、山东和河北，这些省（自治区、直辖市）大部分都位于中国东部沿海地区，虽然每年的进出口规模排名略微有所变动，但是其规模和竞争力远远超过中国中部和西部地区，在中国对外贸易中占有绝对的主导地位。随着中国改革开放的不断深入，以及国家实施的一系列促进中西部地区外贸发展的政策，伴随着中国东部沿海地区外贸的蓬勃发展，中国中西部地区的外贸也取得了一定程度的进展，但是中国外贸的内部市场格局并没有发生大的变化。从表3-6 中可以看到，1991—2019 年全国进出口规模保持较快的增长，同时中国东部 9 省（自治区、直辖市）进出口额在中国进出口总额中所占的比例一直保持将近 80.00% 的较高水平，中国国内区域结构失衡局面并没有得到有效的改善，东西部外贸结构失衡问题依旧非常严峻。

表3-6　中国外贸内部空间构成（1991—2019 年）

年份	全国进出口总额/亿美元	东部9省（自治区、直辖市）进出口额/亿美元	占进出口总额比重/%
1991	392.49	295.67	75.33
1992	561.41	436.63	77.77
1993	829.87	671.60	80.93
1994	1169.35	977.57	83.60
1995	1432.88	1202.67	83.93
1996	1472.13	1254.21	85.20
1997	1783.45	1531.14	85.85
1998	1798.01	1575.77	87.64
1999	1910.76	1689.46	88.42
2000	2443.01	2152.18	88.10

年份	全国进出口总额/亿美元	东部9省（自治区、直辖市）进出口额/亿美元	占进出口总额比重/%
2001	2609.23	2321.81	88.98
2002	3190.21	2856.94	89.55
2003	4301.82	3868.62	89.93
2004	5829.27	5267.09	90.36
2005	7500.43	6787.81	90.50
2006	9529.33	8609.75	90.35
2007	11 967.38	10 740.84	89.75
2008	14 026.59	12 409.29	88.47
2009	11 756.08	10 597.34	90.14
2010	15 388.07	13 761.05	89.43
2011	18 333.40	16 211.39	88.43
2012	20 487.14	16 979.06	82.88
2013	22 090.04	18 018.20	81.57
2014	23 422.93	18 801.81	80.27
2015	22 734.68	18 494.30	81.35
2016	20 976.31	17 365.22	82.78
2017	22 633.71	18 517.69	81.81
2018	24 866.82	20 111.66	80.88
2019	24 994.82	19 927.47	79.73

数据来源：国研网对外贸易数据库。

注：各省（自治区、直辖市）进出口总额数据是按经营单位所在地划分的数据。

3.1.5 贸易条件❶

根据数据显示（图3-1），从1980年至2018年，中国贸易条件指数在1981年达到历史最高，为120，随后贸易条件指数持续恶化，1986年下降至85，随后

---

❶ 贸易条件是指一国出口商品价格指数与出口商品价格指数之比，反映了一国的出口盈利能力。如果该指数大于100则表示该国本期贸易条件与基期相比，贸易条件改善，小于100则表示该国本期贸易条件同基期相比恶化了。

出现了缓慢的上升，至 1998 年才上升至 110；而从 1999 年开始，除个别年份外，中国的贸易条件指数又进入了下跌的趋势之中，至 2018 年，中国的贸易条件指数下跌至 84。贸易条件指数的持续恶化意味着中国出口的商品能够换回国外生产的商品的能力越来越差，也就是说出口相同数量的产品所能换回的国外商品数量在逐年减少。从出口结构来看，总体上中国出口商品结构呈现初级产品比例下降，工业制成品比例上升的优化态势。但是从深层次看，中国工业制成品出口的高涨并不是贸易价格的上升所导致的，而是规模扩张所致。中国外贸产品的国际竞争力来自低成本优势。从进口结构来看，中国进口商品中工业制成品比重逐渐减少，但减少的部分主要是劳动密集型产品，资本密集型产品的进口比重并未降低，这说明中国进口的商品偏向资本密集型产品。在发达国家实行技术垄断的当今社会，高新技术产品的进口价格更加昂贵。另一方面，随着世界资源争夺加剧，而中国初级产品进口比重逐渐增大，工业原料进口大幅提升，由于国际商品定价由发达国家把持，导致中国进口不得不接受国际高价。

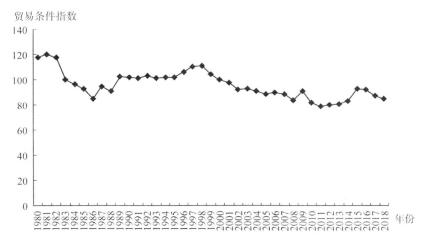

图 3-1　中国贸易条件指数（1980—2018 年）

数据来源：世界银行世界发展数据库。

因此，在中国进口商品价格受国外影响不断提升，而出口商品又以低端化为主时，中国外贸的高速发展却带来了贸易条件的持续恶化。

3.1.6 外贸竞争力

3.1.6.1 货物贸易竞争力水平提高不明显，且极度不平衡

贸易竞争力指数（TC 指数）是一国进出口贸易的差额与进出口总额之比，该系数越大表明该种商品出口优势越大。该指数为正值，表明该类商品为净出口，具有较强的国际竞争力；若指数为负值，表明该类商品为净进口，不具备国际竞争力；若指数为零，表明此类商品为产业内贸易，竞争力与国际水平相当。该指数数值介于[1,-1]之间，当值为 1 时表示该国完全出口专业化，贸易竞争力很强，当值为-1 时表示该国完全进口专业化，贸易竞争力很弱。

从图 3-2 中可知，中国的外贸竞争力整体水平呈现上升趋势，但是波动较大。1995 年之前，中国货物 TC 指数在 0 值上下范围内波动，1995 年之后，中国货物 TC 指数以 0.075 为均值上下波动，上升趋势并不明显。

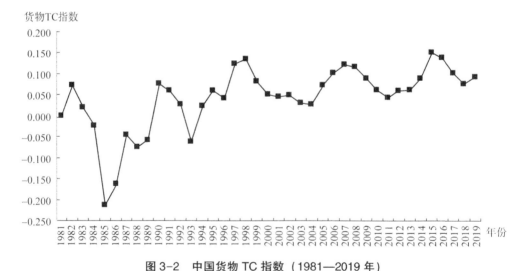

图 3-2　中国货物 TC 指数（1981—2019 年）

数据来源：基于国研网宏观经济数据库相关数据指标的计算。

从 1995 年开始，中国初级产品 TC 指数（表 3-7）一直处于负值，且负值比例不断增大，至 2012 年初级产品 TC 指数已达-0.727，随后的 7 年间，初级产品 TC 指数有轻微程度下降，到 2019 年仍达-0.690。这说明随着工业化进程的加

快，中国对于原材料和燃料等产品的需求越来越大，且国内供应无法满足国内需求，要靠大量进口来维持本国需求，资源短缺、资源依赖越来越严重。从工业制成品的贸易竞争指数来看，中国工业制成品国际竞争力不断增大，中国成为以出口工业制成品为主的国家，工业制成品指数逐渐上涨，从 2001 年的 0.096 上升至 2019 年的 0.274。但是在资本和技术含量较高的 5 类产品和 7 类产品中，5 类产品的 TC 指数仍为负值，7 类产品的 TC 指数也不高。相比之下，以劳动密集型产品为主的 6 类和 8 类产品的 TC 指数较高，尤其是以服装、鞋类等产品出口为主的 8 类产品的 TC 指数一直高于 0.500，这说明中国凭借劳动密集型产品较高的 TC 指数拉高了整体中国货物 TC 指数。

表 3-7　中国货物贸易商品的 TC 指数（1995—2012 年）

年份	货物贸易 TC 指数	初级产品 TC 指数	工业制成品 TC 指数	SITC 5 类商品 TC 指数	SITC 6 类商品 TC 指数	SITC 7 类商品 TC 指数	SITC 8 类商品 TC 指数
1995	0.059	−0.064	0.084	−0.311	0.057	−0.253	0.737
1996	0.042	−0.074	0.065	−0.342	−0.048	−0.216	0.739
1997	0.124	−0.089	0.165	−0.307	0.033	−0.094	0.784
1998	0.134	−0.057	0.164	−0.323	0.022	−0.062	0.785
1999	0.081	−0.148	0.115	−0.397	−0.016	−0.083	0.764
2000	0.051	−0.295	0.113	−0.428	0.009	−0.053	0.742
2001	0.044	−0.269	0.096	−0.413	0.022	−0.060	0.705
2002	0.049	−0.266	0.094	−0.436	0.044	−0.038	0.673
2003	0.030	−0.353	0.085	−0.429	0.038	−0.013	0.585
2004	0.028	−0.486	0.109	−0.426	0.153	0.030	0.514
2005	0.072	−0.502	0.164	−0.370	0.228	0.096	0.523
2006	0.101	−0.559	0.205	−0.323	0.336	0.122	0.539
2007	0.121	−0.596	0.237	−0.281	0.363	0.166	0.545
2008	0.116	−0.646	0.274	−0.201	0.420	0.208	0.550
2009	0.089	−0.642	0.228	−0.288	0.263	0.183	0.557
2010	0.061	−0.683	0.217	−0.262	0.310	0.174	0.538
2011	0.043	−0.715	0.224	−0.224	0.360	0.177	0.565
2012	0.060	−0.727	0.244	−0.224	0.391	0.193	0.594

续表

年份	货物贸易 TC 指数	初级产品 TC 指数	工业制成品 TC 指数	SITC 5 类商品 TC 指数	SITC 6 类商品 TC 指数	SITC 7 类商品 TC 指数	SITC 8 类商品 TC 指数
2013	0.062	−0.719	0.239	−0.228	0.417	0.188	0.614
2014	0.089	−0.703	0.259	−0.179	0.398	0.193	0.633
2015	0.150	−0.640	0.285	−0.139	0.492	0.216	0.627
2016	0.138	−0.615	0.269	−0.147	0.485	0.199	0.616
2017	0.102	−0.661	0.259	−0.156	0.463	0.191	0.606
2018	0.076	−0.677	0.242	−0.144	0.455	0.180	0.595
2019	0.092	−0.690	0.274	−0.150	0.488	0.206	0.604

数据来源：基于国研网对外贸易数据库相关数据的计算。

中国货物贸易整体竞争力水平较低，截至 2019 年末，货物 TC 指数为 0.092。但从表 3-8 可以看出，资本密集型产品 TC 指数依旧较低，劳动密集型产品 TC 指数却非常高，近十年一直保持在 0.500 以上。这表明中国的贸易竞争力水平完全是依靠劳动密集型的较高出口来带动起来的，由此可见，中国货物贸易竞争力极度不平衡。

表 3-8　TC 指数分类

年份	资源密集型 TC 指数	资本密集型 TC 指数	劳动密集型 TC 指数
	SITC0~SITC4（初级品）	SITC 5、SITC 7	SITC 6、SITC 8
1981	0.120	−0.554	0.295
1982	0.137	−0.428	0.292
1983	0.247	−0.487	0.072
1984	0.392	−0.602	0.069
1985	0.447	−0.813	−0.267
1986	0.332	−0.758	−0.094
1987	0.314	−0.663	0.122
1988	0.177	−0.640	0.204
1989	0.124	−0.569	0.201
1990	0.234	−0.432	0.393
1991	0.197	−0.450	0.412

年份	资源密集型 TC 指数	资本密集型 TC 指数	劳动密集型 TC 指数
	SITC0~SITC4（初级品）	SITC 5、SITC 7	SITC 6、SITC 8
1992	0.124	−0.415	0.339
1993	0.080	−0.467	0.223
1994	0.089	−0.387	0.355
1995	−0.064	−0.267	0.402
1996	−0.074	−0.245	0.361
1997	−0.089	−0.144	0.440
1998	−0.057	−0.120	0.444
1999	−0.148	−0.149	0.412
2000	−0.295	−0.127	0.405
2001	−0.269	−0.125	0.393
2002	−0.266	−0.106	0.386
2003	−0.353	−0.077	0.336
2004	−0.486	−0.039	0.349
2005	−0.502	0.026	0.390
2006	−0.559	0.060	0.446
2007	−0.596	0.101	0.462
2008	−0.646	0.146	0.490
2009	−0.642	0.113	0.430
2010	−0.683	0.108	0.438
2011	−0.715	0.112	0.474
2012	−0.727	0.129	0.509
2013	−0.719	0.125	0.533
2014	−0.703	0.135	0.532
2015	−0.640	0.164	0.570
2016	−0.615	0.148	0.561
2017	−0.661	0.137	0.546
2018	−0.677	0.128	0.534
2019	−0.690	0.149	0.554

数据来源：基于国研网对外贸易数据库相关数据的计算。

3.1.6.2 服务贸易竞争力持续下降

20世纪80年代开始，世界的产业结构呈现从工业型经济向服务型经济转变的总趋势，全球服务贸易得到迅速发展。服务贸易成为国际贸易的重要组成部分，同时也成为衡量一国国际竞争力的重要标准。服务产品主要是技术和知识密集使用的生产部门，中国不具有比较优势。从服务贸易的整体上看，中国服务贸易竞争力呈现出持续下降的趋势。1982—1991年中国服务TC指数水平还较高，在0.100上下波动，但从1992年开始，中国服务TC指数一直维持在负指数范围内波动，2009年之后服务TC指数呈下降趋势，至2016年中国服务TC指数达到最低，仅为-0.360；随后三年，服务TC指数开始上升，但仍旧较低，至2019年服务TC指数为-0.278。这说明中国的服务贸易竞争力还比较低，在世界服务贸易格局中处于弱势地位（图3-3）。

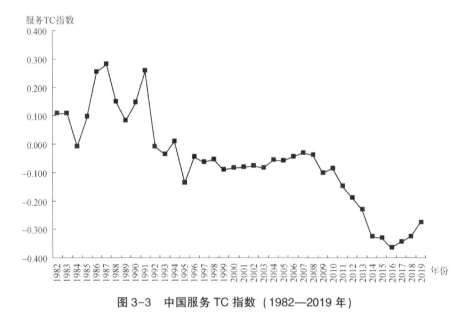

图 3-3　中国服务 TC 指数（1982—2019 年）

数据来源：基于国研网宏观经济数据库相关数据指标的计算。

3.1.6.3 显示性比较优势指数（RCA）非均衡发展

RCA指数是巴拉萨（Balassa）提出的测算比较优势的一种方法，是指一个国家某种商品的出口值占该国所有出口商品总值的份额，与世界该类商品的出口

值占世界所有商品出口总值的份额的比例。其本质是一种经过修正（标准化）的产业出口相对份额。计算公式为

$$\text{RCA} = \frac{X_{ia}/X_{it}}{X_{wa}/X_{wt}} \quad\quad (3-1)$$

其中，X_{ia} 表示国家 i 出口产品 a 的出口值，X_{it} 表示国家 i 的总出口值；X_{wa} 表示世界出口产品 a 的出口值，X_{wt} 表示世界总出口值。

根据 RCA 指数的计算方法，笔者根据 SITC 商品分类，结合前期学者们的研究成果，将产品分为资源密集型、资本密集型产品和劳动密集型产品，并计算了它们的 RCA 指数（表 3-9）。从 RCA 指数来看，资源密集型产品的 RCA 保持较为稳定，从 1995 年的 0.7147 下降到 2013 年的 0.1593，随后基本保持在较稳定的水平，2018 年为 0.2140；劳动密集型产品的 RCA 呈现出先抑后扬，再次下降的特点，从 1995 年的 2.0397 下降至 2004 年的 1.6773，之后上涨至 2013 年的 2.0787，2014 年开始下降，2018 年为 1.8282；而资本密集型产品的 RCA 得到了较大程度的提高。整体而言，外贸商品的显示性比较优势呈现出极不均衡的发展态势。

表 3-9　SITC 商品的 RCA

年份	资源密集型产品的 RCA	资本密集型产品的 RCA	劳动密集型产品的 RCA
1995	0.7147	0.5766	2.0397
1996	0.6863	0.6158	2.0101
1997	0.6449	0.6111	2.0465
1998	0.6287	0.6517	1.9807
1999	0.5592	0.6934	1.9739
2000	0.5098	0.7598	1.9800
2001	0.4974	0.8128	1.8716
2002	0.4453	0.8661	1.7940
2003	0.3917	0.9484	1.7120
2004	0.3244	1.0054	1.6773
2005	0.2732	1.0579	1.6887
2006	0.2248	1.0907	1.7047

续表

年份	资源密集型产品的 RCA	资本密集型产品的 RCA	劳动密集型产品的 RCA
2007	0.2091	1.1217	1.6906
2008	0.1939	1.1936	1.7556
2009	0.2047	1.2008	1.6716
2010	0.1935	1.2266	1.6750
2011	0.1801	1.2526	1.7520
2012	0.1636	1.2427	1.8413
2013	0.1593	1.2488	2.0787
2014	0.1652	1.1917	2.0336
2015	0.1928	1.1346	1.9281
2016	0.2237	1.1216	1.8739
2017	0.2114	1.1611	1.8625
2018	0.2140	1.1965	1.8282

数据来源：基于国研网宏观经济数据库、对外贸易数据库相关数据指标的计算。

3.2　外贸转型升级的影响因素

综上所述，随着中国改革开放步伐的深入和推进，中国的对外贸易结构无论是从外贸商品结构和外贸方式结构，还是从外贸主体结构和外贸市场结构上看，都取得了长足的发展，外贸国际竞争力显著提高。然而，通过对中国外贸结构现状的分析，笔者发现，尽管中国外贸发展取得了巨大的进步，但外贸结构优化升级还存在这样或那样的问题。长期以来，伴随出口导向型经济的刺激，中国传统的贸易增长模式形成了依靠数量扩张、价格竞争、高中间品进口投入、低技术附加创造、外资加工与生产支撑的粗放型发展特征；中国的外贸生产仍处于低端分工位次，出口产品技术含量低，加工贸易附加值低，以及国内外市场结构失衡等问题仍然比较突出；中国外贸竞争力与发达国家相比还有较大的差距，中国的外贸转型升级路途依旧任重而道远。这也是中国强化外贸结构调整，加快外贸转型升级趋势的动因所在。

3.2.1 要素供求结构

3.2.1.1 劳动力要素供需不平衡持续得不到解决

中国目前调整外贸结构，特别是出口结构主要有两个基本方向：一是不断提高服务出口的比例；二是提高商品技术含量，使出口从数量型增长向质量和效益型增长的方向转变。这就意味着中国在这一调整时期需要更多的从事高端服务业和技术型人才以及相对较少的一般劳动力，这与中国目前市场上劳动力供给的情况是不一致的。2017 年中国高校毕业生人数为 795 万人，2018 年为 821 万人，2019 年为 834 万人，2020 年为 878 万人，就业形势十分严峻。由于大学教育改革滞后于国家产业结构与外贸结构的调整，所以近年来高校培养出来的毕业生在专业方向与工作能力上有时难以满足市场上对于高端人才的需求，这在一定程度上抑制着企业的转型与升级。同时企业转型、升级对人才需求的变化又使社会上的大学毕业生出现结构性失业，加剧了全社会的就业压力。

从技术工人供需层面分析，企业技术工人的获得既需要大量的职业技术教育与培训机构的长期培养，同时也需要工人在特定的工作岗位上长时间的磨炼。当新产业工人因没有逐年职业晋升的通道而流动性很大的时候，企业技术工人缺乏就变成了一种常态。目前中国沿海地区大多数给国外代工的企业，用工往往都是短期行为，有订单就雇工，没订单就辞退工人，订单多了就多雇工，订单少了就裁员，没有给予职工职业定位与企业归属感。因此，很难培养出大量的企业需要的技术工人，直接影响到企业的创新能力和转型升级。

国内普工的供需情况则更加复杂。从每年春节过后各家媒体的报道来看，在全国范围内无论沿海还是内陆省（自治区、直辖市），无论是加工贸易企业还是餐饮、家政、保安等城市服务业，缺工似乎成了一个普遍和紧迫的问题，内陆与沿海省（自治区、直辖市）的企业与政府都在以各种方式争抢新产业工人。近几年，随着中西部地区的投资增速提升及制造业发展提速，当全国范围内用工的需求（主要是对 18~35 岁的用工需求）超过年轻外出新产业工人供给的时候，"缺工"，更准确地说是"缺青工"则成为必然。加之，东部地区生活成本增幅远高于西部地区，东部地区劳动密集型的加工贸易企业缺工日益严重，直至出现产业发展停滞，衰退的可能性在增加。这也在一定程度上加速了全国范围内产业转移和倒逼东部沿海地区的产业结构升级。

3.2.1.2　金融体系无法满足企业发展需求

随着出口信贷、出口信用保险等金融工具的创新，进出口银行、出口信用保险公司等政策性金融机构的成立，以及融资、担保和保险等多种形式的金融服务的出现，极大地减少了外贸企业的经营风险和融资成本，为中国外贸的转型发展和向贸易强国迈进奠定了坚实的基础。但是，随着国际环境的变化，国内外外贸行业的竞争日趋激烈，中国的金融政策和金融工具同国外相比，还存在着许多不足之处。

首先，中国对金融的支持力度同外贸转型发展的自身要求相比还存在一定差距。随着改革开放的深化，中国出口信贷和出口保险的规模的确发生了巨大的变化，但是与中国目前的进出口规模相比，这些金融工具的供给在相对比例上都较小，无法满足企业日益增加的融资需求和金融工具创新。

其次，中国贸易融资费用偏高，融资环境有待提高。外贸转型升级的目标就是要将劳动和资源密集型外贸产业向资金与技术密集型产业转型发展。这个过程中需要大量的资金投入。企业融资难已成为中国企业面临的一般性难题。笔者对中国企业在融资中的遇到的问题进行归纳后发现，影响企业贸易融资难的原因包括较高的申请要求和融资成本，复杂的申请手续及较低的融资效率等，对于中小企业而言，令其望而却步最关键的问题是融资门槛太高。

最后，中国的进出口金融服务发展非常不平衡，一直以来进口金融服务的发展都较差。中国从改革开放以来，一直是重视出口而轻视进口，这对中国的金融服务产生了很大的影响。受过去政策的影响，中国的进口信贷业务一直很少，进口金融服务也没有得到发展。随着中国进口需求的不断扩大，过去的进口信贷业务已不能满足中国的需求；再加上中国的出口信用保险公司一般只为出口商品提供保险服务，而为进口商品所提供的保险服务还处于空白状态。

3.2.2　企业管理效能

3.2.2.1　品牌附加值相对较低

中国企业只有做自己的品牌，行业只有拥有较多的自主品牌并在海外市场上开拓自己的销售渠道，即逐渐占据产业链的高端，在国际市场上才真正具有竞争力。品牌的设计、宣传、推广与国外销售渠道的建设，起步时就需要实力。一个国际知名品牌的培育，既需要时间（往往需要许多年）让国外消费者逐渐认知，也需要不断地增加资金投入，还需要相应的人才保障。纵观国际市场，每一个行业中国际知名品牌的数量都很少，如果每一个企业都能做出自己的品牌，就相当于谁也没有品牌。所以，中国目前也只有为数不多的有实力的大企业和知名企业，有能力依靠品牌战略和开拓海外的销售渠道提升竞争力，而大量的国内加工企业仍停留在微笑曲线的底部。

3.2.2.2　企业创新能力不强

首先，长期以来中国外贸企业在出口导向型战略的刺激下，依靠国内密集的廉价劳动力进行对外贸易。企业以营利为目的，只要能带来同样规模的利润，企业家不会过多考虑这种利润是来自创新产品、技术、市场，还是来自因简单外贸订单的增加而扩展的劳动力密集生产。因此，企业发展战略中缺乏对于创新的追求动力。

其次，创新是一种高风险性活动，谁也不能保证创新的效率是百分之百。我们应该允许创新的失败。但在中国，随着市场经济的不断深化，企业的生存条件非常恶劣，某项创新的失败有可能导致企业的破产。在这种情况下，中国企业大胆尝试创新的动力不足。

最后，企业的创新管理能力不足。企业自主创新是指企业凭借自身力量创建研发机构，培育研发人员以形成一批研发队伍，同时增加研发投入，围绕其自身主业所涉及的核心技术，在企业内部组织中展开技术创新活动的行为。❶ 创新要素的投入是企业自主创新的重要环节。企业创新投入的要素包括资源、劳动力、资本、科学技术、管理、信息。如何进行有效的要素配置，提升创新的绩效，需要加快提升企业的创新管理能力。从目前的现实看，中国外贸企业的创新管理能力还有较大的提升空间。

---

❶　操龙灿. 企业自主创新体系及模式研究［D］. 合肥：合肥工业大学，2006.

3.3　小结

本章对中国外贸转型升级的现状及影响因素进行了归纳。研究结果显示，中国外贸商品结构与方式结构呈现逐渐优化态势，但外贸主体结构与内外部空间结构失衡仍然比较严重。同时，中国的外贸条件持续恶化，外贸竞争力有待提高，其中货物贸易竞争力水平提高不明显，且极度不平衡，而服务贸易竞争力也持续下降，中国外贸转型升级的实现依旧任重而道远。通过分析发现，影响中国外贸转型升级的因素主要为：①要素层面：劳动力要素供需不平衡持续得不到解决，金融体系无法满足企业发展需求；②企业层面：生产管理低效，产品竞争力弱，品牌附加值低等。

第 4 章

中国要素市场现状与扭曲测度

前文对目前中国外贸转型升级的现状进行了深入分析，也对中国外贸转型升级中存在的问题进行了梳理。这些分析，基本上是从企业、产业、国家层次的视角，对外贸产业发展的现实和结果进行了探索。笔者发现，这些研究对于帮助我们认识外贸转型是什么，外贸转型怎么样等问题有重要意义，但却无法回答为什么中国历经这么多年的外贸转型升级，到如今却依然问题重重。

本书认为，国家与区域是宏观层面，产业是中观层面，企业是微观层面，要素是微微观层面。要回答为什么中国外贸转型升级的进展如此缓慢，需要对影响外贸转型升级的深层次原因进行分析，需要从要素角度进行剖析。

4.1 要素的分类

随着时空的变化及生产力与生产关系的不断进步，人们对于生产规律的认识得到逐步提升，对于生产要素的划分也越来越细致、系统。从西方经济学的角度来看，对于生产要素种类的划分经历了若干个阶段。17 世纪英国古典经济学家威廉·佩蒂最早提出："……土地❶是财富之母，劳动则为财富之父和能动要素……"❷ 的二元要素论，从而奠定了西方经济学要素理论的基础。1776 年，现代经济学之父——亚当·斯密在《国民财富的性质和原因的研究》中提出："……无论是什么社会，商品的价格归根到底都分解成为劳动、资本和土地三个

---

❶ 这里所说的"土地"，是从广义上来说的，指包含土地在内的自然资源。

❷ 威廉·佩蒂. 赋税论（佩蒂经济著作选集）[M]. 北京：商务印书馆，1981.

部分或其中之一……"❶，从而确立了三元要素论的雏形。萨伊（Say）也在其《政治经济学概论》一书中对三元要素论进行了论证，明确提出"……劳动、资本和土地是最基本的三种生产要素……"。之后相当长的一段时间里，西方经济学对于经济规律的探索都以此三元要素为基础。1890 年，英国经济学家马歇尔（Marshall）在其著作《经济学原理》中将组织作为第四生产要素，与劳动、资本、土地共同构成生产要素四元论。进入 20 世纪之后，随着科学技术在推动经济发展中起着越来越重要的作用，经济学家们又将技术列为第五种生产要素，其中代表人物有罗伯特·索洛（Robert Solo）、罗默（Romer）等。罗伯特·索洛在其新古典增长理论中认为技术进步是经济长期增长的主要因素。随着知识经济的兴起和信息化的普及，经济学家将信息列为第六种生产要素。

马克思主义政治经济学对生产力和生产关系的分析，认为生产要素（又称为生产力因素）包括劳动者、劳动资料和劳动对象。其中，劳动者是指正在或能够在生产力系统运行过程中发挥劳动功能的人；劳动资料包括生产工具、能源设施和基础设施；劳动对象可分为天然存在的劳动对象和经过人类加工的劳动对象，具体包括自然物（如土地）、原料和材料等。后来随着经济的进步和经济理论的发展，科学技术、管理和信息也逐渐被列为生产要素的内容。❷

由于学术界对于要素的概念构成存在很大的分歧，所以不同的经济学家所研究的侧重点不同。本书认为资源（自然资源）、劳动力和资本是最基本的要素，不可忽略，而前文提到的六要素中的信息和技术，可以归为技术类要素。而人力资本和管理或者组织，是劳动力素质达到一定程度后，通过生产所展现出来的一种能力，因此将其归于劳动力范畴。对于环境因素，本书将其与自然资源要素放在一起，统称为资源环境要素。故本书所提及的要素分为劳动力、资本、技术、资源环境四方面。

4.2　要素市场现状与问题

随着中国经济社会的不断发展，中国的要素发生了翻天覆地的变化。在计划

---

❶ 亚当·斯密. 国民财富的性质和原因的研究［M］. 北京：商务印书馆，1983.
❷ 刘方械. 生产力经济学教程［M］. 北京：北京大学出版社，1998.

经济阶段，中国虽然自然资源丰富，但是经济基础极度贫弱。资金十分短缺，劳动力中受教育人口比例不高，农业人口规模巨大，科学技术落后，劳动者科学文化素质不高，缺乏组织现代化大生产的经营管理知识和经验。在改革开放市场转型阶段，中国实行对外开放政策，开始学习和引进外国的先进技术和管理经验，同时还鼓励招商引资，吸引了大量的国外资本，弥补了中国资金不足的缺点。同时国家实施转移农村劳动力政策，为中国经济的发展提供了大量的劳动力，既保证了城市发展对劳动力的需求，又降低了企业的生产成本，促进了城市工业化的发展。而随后国企改革为中国经济赢得了制度红利，无数的民营企业利用这一机会迅速发展壮大，民营资本展现出活力。从现代化转型阶段及信息化时代开始至今，中国经济取得了举世瞩目的发展，积累了大量物质资本和资金，科学技术取得飞快的进步，人力资本得到提升。但是中国人口老龄化加速，年轻劳动力数量开始减少，人口红利将逐渐消失，劳动力优势将不复存在。同时，中国过去的发展模式，给中国带来了环境污染、资源短缺等现实问题。

中国经济的发展史也是中国要素的变化史，要素的变化对中国经济的增长及外贸的发展都产生了重大的影响。在经济全球化进程中，一个国家和地区如何有效地从全球范围配置生产要素，如何不断提升本国的要素结构，实现经济的可持续发展，已经变得尤为重要。通过对中国要素市场现状的分析，笔者发现，中国的要素市场存在明显的扭曲。经济学中的扭曲是指现实的市场失灵与具有完善调节和准确价格信号的理想模型的背离。要素市场扭曲作为扭曲的一个方面，是指由于市场不完善导致的生产要素资源在国民经济中的非最优配置，或者说是要素市场价格与机会成本的偏差或背离。

4.2.1 劳动力要素市场

4.2.1.1 劳动力供给总量持续增加，但增速不断放缓

一国的劳动力资源会随着时间的变化而发生变化。1980 年至今，中国的劳动力要素无论是从总量、价格，还是从增速和结构上都发生了巨大的变化。如图 4-1 所示，中国劳动力供给总量从 1980 年的 4.2 亿人增长到 2019 年的 7.75 亿人，劳动力要素的供给量增长了将近 1 倍，这为中国经济的持续发展、国民经

济的发展提供了大量的劳动力要素。从图 4-1 可以看出，1980 年至 1990 年的 11 年间，中国就业人口数量增速较快，1991—2001 年劳动力供给稳步增加。2002—2019 年，劳动力供给增量增加变得越来越迟缓，供给总量接近于平稳。从劳动力增速来看，除 1990 年因特殊原因，劳动力供给出现较大幅度的增长外，1991—2019 年的 29 年间，中国劳动力供给年增速不断放缓，劳动力供给年增速已经从 1981 年的 2.9% 左右下降到 2011 年的 0.2%。2017 年我国劳动力供给量达到最高值，为 77 640 万人。随后，我国劳动力供给增速为负，劳动力供给总量开始下降，至 2019 年，我国劳动力供给量下降至 77 470 万人。

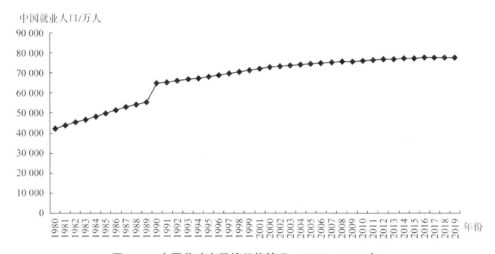

中国就业人口/万人

图 4-1　中国劳动力供给总体情况（1980—2019 年）

数据来源：国研网宏观经济数据库。

4.2.1.2　劳动力素养稳步提升，但劳动生产率不高

从改革开放至今，中国在经济取得快速发展的同时，劳动力素养也得到稳步提升，中国人力资本迅速增加。从 20 世纪 80 年代初期至今，全国人民文化水平取得较快提高，全国未上过学的人口数量减少了一半，初中文化程度人口数量经过快速增长后，目前已趋于平稳，具有高中教育水平的人数从 6800 万人增加至 1.69 亿人，大专以上教育水平的人口数量从 600 万人增加至 9100 万人。各类高等教育毕业生人数年年创新高，根据国家统计局网站数据统计，其中普通本专科毕业人数从 1980 年的 14.70 万人增长到 2019 年的 758.53 万人，增长了 50 多倍；

研究生毕业人数从 1980 年的 0.05 万人增长到 2019 年的 63.97 万人，增长了近 1279 倍；学成回国留学人员数量从 1980 年的 0.02 万人增长到 2018 年的 51.94 万人（表4-1）。众多的高学历人才，为中国人力资本注入了无限的生命力。

表 4-1　高等教育毕业生及学成回国留学人员数据统计　　　单位：万人

年份	研究生毕业人数	普通本专科毕业人数	学成回国留学人员人数
1980	0.05	14.70	0.02
1981	1.17	14.00	0.11
1982	0.41	45.70	0.21
1983	0.45	33.50	0.23
1984	0.28	28.70	0.23
1985	1.70	31.60	0.14
1986	1.70	39.30	0.14
1987	2.76	53.20	0.16
1988	4.08	55.30	0.30
1989	3.72	57.60	0.18
1990	3.54	61.40	0.16
1991	3.25	61.40	0.21
1992	2.57	60.40	0.36
1993	2.82	57.10	0.51
1994	2.80	63.70	0.42
1995	3.19	80.50	0.58
1996	3.97	83.90	0.66
1997	4.65	82.90	0.71
1998	4.71	83.00	0.74
1999	5.47	84.80	0.77
2000	5.88	95.00	0.91
2001	6.78	103.60	1.22
2002	8.08	133.70	1.79
2003	11.11	187.70	2.02
2004	15.08	239.10	2.47
2005	18.97	306.80	3.50

年份	研究生毕业人数	普通本专科毕业人数	学成回国留学人员人数
2006	25.59	377.50	4.20
2007	31.18	447.80	4.40
2008	34.48	511.95	6.93
2009	37.13	531.10	10.83
2010	38.36	575.40	13.48
2011	43.00	608.20	18.62
2012	48.65	624.70	27.29
2013	51.36	638.70	35.35
2014	53.59	659.40	36.48
2015	55.15	680.90	40.91
2016	56.39	704.20	43.25
2017	57.80	735.80	48.09
2018	60.44	753.31	51.94
2019	63.97	758.53	—

数据来源：国家统计局数据库年度数据。

注：2019 年的学成回国留学人员数截至 2020 年 11 月。

中央财经大学中国人力资本与劳动经济研究中心发布的《2019 年人力资本报告》中也指出中国人力资本总量增长速度迅猛。1985—2009 年，中国实际人力资本总量从 26.03 万亿元增长到 146.46 万亿元，增长了接近 5 倍，中国人力资本总量年均增长率为 7.20%。其中 1985—1994 年年均增长率为 2.26%，1994—2019 年，受中国教育水平提高的影响，中国人力资本总量增长加速，1995—2019 年，人力资本总量年均增长率达 10.00%。

1985—2017 年，全国劳动力人口（包括学生）的平均年龄从 32.2 岁上升到了 37.8 岁。1985—2017 年，全国劳动力人口的平均受教育程度从 6.2 年上升到了 10.2 年，其中城镇从 8.2 年上升到了 11.1 年，乡村从 5.6 年上升到了 9.0 年。2017 年，平均教育程度最高的前 5 个省（自治区、直辖市）是北京、上海、天津、江苏、辽宁；平均教育程度最低的 5 个省（自治区、直辖市）是甘肃、云南、贵州、青海和西藏。1985—2017 年，全国劳动力人口中高中及以上受教育程度人口占比从11.4%上升到了37.5%，其中城镇从24.7%上升到了50.3%，乡村从7.0%上升到了20.5%。1985—2017年，全国劳动力人口中大专及以上受教育程度人口占比从1.3%上升到了17.6%，其中城镇从4.7%上升到了26.7%，乡村从0.2%上升到了5.5%。

1985—2017年，中国人力资本总量增长10.37倍，年均增长率为7.58%。2007—2017年的年均增长率为7.34%。2017年，人力资本总量前5位的省（自治区、直辖市）为山东、江苏、河南、广东和浙江，后5位的省（自治区、直辖市）是甘肃、海南、宁夏、青海和西藏。

从世界各国人均GDP的数值比较来看，虽然中国的人均GDP有了明显加速提升，但与发达国家比差距甚远。从中国国内来看，各省（自治区、直辖市）的人均产出差距也很大，见表4-2。

表4-2　中国各省（自治区、直辖市）人均GDP（2000—2019年）　单位：万元

省（自治区、直辖市）	2000年	2004年	2008年	2012年	2015年	2016年	2017年	2018年	2019年
北京	22 460	37 058	63 029	87 475	106 497	118 198	128 994	140 211	164 220
天津	17 993	31 550	55 473	93 173	107 960	115 053	118 944	120 711	90 371
河北	7663	12 918	23 239	36 584	40 255	43 062	45 387	47 772	46 348
山西	5137	9150	20 398	33 628	34 919	35 532	42 060	45 328	45 724
内蒙古	5872	11 305	32 214	63 886	71 101	72 064	63 764	68 302	67 852
辽宁	11 226	16 297	31 259	56 649	65 354	50 791	53 527	58 008	57 191
吉林	6847	10 932	23 514	43 415	51 086	53 868	54 838	55 611	43 475
黑龙江	8562	13 897	21 727	35 711	39 462	40 432	41 916	43 274	36 183
上海	34 547	55 307	73 124	85 373	103 796	116 562	126 634	134 982	157 279
江苏	11 773	20 705	39 622	68 347	87 995	96 887	107 150	115 168	123 607
浙江	13 461	23 942	42 214	63 374	77 644	84 916	92 057	98 643	107 624
安徽	4867	7768	14 485	28 792	35 997	39 561	43 401	47 712	58 496
福建	11 601	17 218	30 123	52 763	67 966	74 707	82 677	91 197	107 139
江西	4851	8189	14 781	28 800	36 724	40 400	43 424	47 434	53 164

省（自治区、直辖市）	2000 年	2004 年	2008 年	2012 年	2015 年	2016 年	2017 年	2018 年	2019 年
山东	9555	16 925	33 083	51 768	64 168	68 733	72 807	76 267	70 653
河南	5444	9470	19 593	31 499	39 123	42 575	46 674	50 152	56 388
湖北	7188	10 500	19 860	38 572	50 654	55 665	60 199	66 616	77 387
湖南	5639	9117	17 521	33 480	42 754	46 382	49 558	52 949	57 540
广东	12 885	19 707	37 589	54 095	67 503	74 016	80 932	86 412	94 172
广西	4319	7196	14 966	27 952	35 190	38 027	38 102	41 489	42 964
海南	6894	9450	17 175	32 377	40 818	44 347	48 430	51 955	56 507
重庆	5157	9608	18 025	38 914	52 321	58 502	63 442	65 933	75 828
四川	4784	8113	15 378	29 608	36 775	40 003	44 651	48 883	55 774
贵州	2662	4215	8824	19 710	29 847	33 246	37 956	41 244	46 433
云南	4637	6733	12 587	22 195	28 806	31 093	34 221	37 136	47 944
西藏	4559	7779	13 861	22 936	31 999	35 184	39 267	43 398	48 902
陕西	4549	7757	18 246	38 564	47 626	51 015	57 266	63 477	66 649
甘肃	3838	5970	12 110	21 978	26 165	27 643	28 497	31 336	32 995
青海	5087	8606	17 389	33 181	41 252	43 531	44 047	47 689	48 981
宁夏	4839	7880	17 892	36 394	43 805	47 194	50 765	54 094	54 217
新疆	7470	11 199	19 893	33 796	40 036	40 564	44 941	49 475	54 280

数据来源：国研网宏观统计数据库。

4.2.1.3 劳动力要素年龄结构发生变化，老龄化所占比重加大

按照国际标准，当一个国家 60 岁以上人口占到总人口比例的 10% 以上或者 65 岁以上人口占到总人口比例的 7% 以上时，则称该国进入老龄化社会。本书根据国家统计局数据库中 1990—2019 年的人口年龄构成指标绘制出图 4-2，从图中可以看出，2001 年后，中国老龄化人口所占比重不断升高，2019 年 65 岁以上人口占总人口比例达到 12.57%。2020 年新华社授权发布的《中共中央关于制定国民经济和社会发展第十四个五年规划和二〇三五远景目标的建议》中指出："实施渐进式延迟退休法定年龄"。据估计，到 2050 年，中国老龄化人口将占到总人口的 30%。

各年龄段人口比重/%

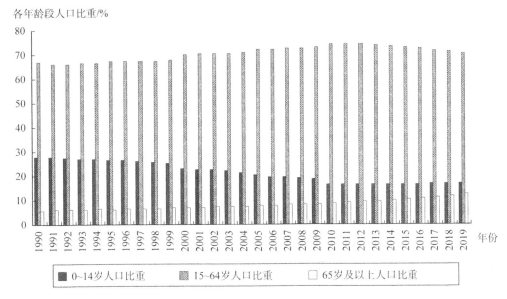

图 4-2　中国人口年龄分布比例（1990—2019 年）

数据来源：国研网宏观经济数据库。

人口老龄化趋势必会造成劳动力老龄化的现象，随着中国人口老龄化的速度不断加快，劳动力人口中老龄劳动力人口所占的比例也在逐年增加，中国的适龄劳动力数量及从农村转移出的劳动力数量将会不断减少。

4.2.1.4　劳动力价格不断提高，低端劳动力成本优势逐渐丧失

随着经济的快速增长，在中国劳动力供给增长不断减速的情况下，中国劳动力价格不断加速上升，从 1995 年至 2019 年间，就业人员平均工资水平上涨了15.9 倍（图 4-3）。城镇单位就业人员平均工资从 1995 年的 5348 元上升至 2019年的 90507 元，且增速越来越快。改革开放 40 年来，中国低价的劳动力要素为中国带了巨大的出口红利，劳动力要素价格长期以来被严重低估。根据图 4-3 的发展趋势进行预测，接下来的一段时期内，中国劳动力成本仍将处于上升阶段。

因此，在劳动力要素总量增加后劲不足，劳动力要素价格不断提高的背景下，中国过去依靠劳动力低价格实现经济高速增长和外贸快速发展的模式已经不再现实。唯有提高劳动力生产率，提高劳动者素质，从依靠人口红利转向依靠人力资本红利，才是中国必须走的一条道路。

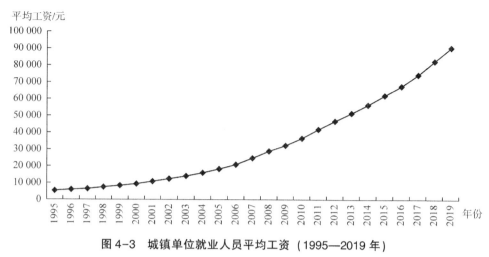

图 4-3　城镇单位就业人员平均工资（1995—2019 年）

数据来源：国研网宏观经济数据库。

4.2.2　资本要素市场

4.2.2.1　资本要素的规模逐年增加，但地区供给不平衡

改革开放以来，得益于中国经济持续高速发展，中国资本要素总量逐年增加。由于资本要素的概念涵盖范围较广，且各种资本所占的比重以及对中国经济的影响力不同，因此本部分将选取全社会固定资产投资、中国实际利用外资、货币供给量等作为资本要素的代表进行论述。

从全社会固定资产投资额来看，中国固定资产投资发生了翻天覆地的变化。改革开放后的前十年，固定资产稳步增长，从 1980 年的 911 亿元增长到 1992 年的 8080 亿元，增长了近 8 倍；1993 年全社会固定资产投资首次破万亿，达到 13 072 亿元；至 2003 年，固定资产投资额已达到 55 567 亿元。随后固定资产投资额呈对数曲线高速增长，2018 年达到 645 675 亿元。

中国实际利用外资额总体呈增长趋势。2003—2011 年，中国实际使用外资金额从 561 亿美元增长到 1176.9 亿美元，年均增长 9.2%。其中 2007 年实际利用外资额突破 700 亿美元，2008 年实际利用外资额直接升至 900 亿美元。在受金融危机影响较重的 2009 年，中国实际利用外资额仍然超过 900 亿美元，降幅远远低于世界平均水平。2010 年实际利用外资额继续增加，突破 1000 亿美元，达到 1088 亿美元。随后中国实际利用外资额继续增加,至 2019 年实际利用外资额为 1381 亿美元。2011 年中国实际利用外商直接投资额达 1160 亿美元,位居全球排名第二位,并连续 19 年位居发展中国家首位。2019 年中国实际利用外资额创历史新高,达 1381 亿美元,占全球吸收外资额总量的 10% 以上,全球排名仅次于美国。

中国货币供给量高速增长。改革开放以来,为满足经济发展的需要,中国货币供给量一直处于较高增长的状态。1990—2019 年,中国货币供给量年均增长率为 18.50%。1993 年甚至达到最高,为 37.30%。1998 年,中国货币供给量首次突破兆亿,达到 104 498.50 亿元。在随后的 10 年间,中国货币供给增长率一直维持在 16.00% 左右。2009 年受金融危机影响,中国货币政策从紧向适度宽松转变,货币供给增长率又出现新高,从 2008 年的 17.78% 上涨到 2009 年的 27.58%。2010 年之后,中国货币供给量增速逐渐放缓。截至 2019 年,中国货币供给量为 1 986 489 亿元。1990—2019 年中国各类资本额见表 4-3。

表 4-3　中国各类资本额(1990—2019 年)

年份	全社会固定资产投资/亿元	实际利用外资额/亿美元	实际利用外商直接投资金额/亿美元	货币供给量/亿元
1990	4517.00	102.89	34.87	15 293.40
1991	5594.50	115.54	43.66	19 349.90
1992	8080.10	192.03	110.08	25 402.20
1993	13 072.30	389.60	275.15	34 879.80
1994	17 042.10	432.13	337.67	46 923.50
1995	20 019.30	481.33	375.21	60 750.50
1996	22 913.50	548.05	417.26	76 094.90
1997	24 941.10	644.08	452.57	90 995.30
1998	28 406.20	585.57	454.63	104 498.50
1999	29 854.70	526.59	403.19	119 897.90
2000	32 917.70	593.56	407.15	134 610.30
2001	37 213.50	496.72	468.78	158 301.90

年份	全社会固定资产投资/亿元	实际利用外资额/亿美元	实际利用外商直接投资金额/亿美元	货币供给量/亿元
2002	43 499.90	550.11	527.43	185 006.97
2003	55 566.61	561.40	535.05	221 222.80
2004	70 477.43	640.72	606.30	254 107.00
2005	88 773.61	638.05	603.25	298 755.70
2006	109 998.16	670.76	630.21	345 603.59
2007	137 323.94	783.39	747.68	403 442.21
2008	172 828.40	952.53	923.95	475 166.60
2009	224 598.77	918.04	900.33	606 225.01
2010	251 683.80	1088.21	1057.35	725 851.80
2011	311 485.10	1176.98	1160.11	851 590.90
2012	374 694.70	1132.94	1117.16	974 148.80
2013	446 294.10	1187.21	1175.86	1 106 525.00
2014	512 020.70	1197.05	1195.62	1 228 375.00
2015	561 999.80	1262.67	1262.67	1 392 278.00
2016	606 465.70	1260.01	1260.01	1 550 067.00
2017	641 238.40	1310.35	1310.35	1 690 235.00
2018	645 675.00	1349.66	1349.65	1 826 744.00
2019	560 874.30	1381.35	1381.35	1 986 489.00

数据来源：国家统计局。

中国经济经历了几次大的变革，导致了资本要素天然禀赋的巨大变化。但各省（自治区、直辖市）的资本面却不完全一样，表现出极度的地区不平衡性（表4-4、表4-5）。从表4-4、表4-5数据及图4-4可知，中国资金最充裕的是山东，全省固定资产投资总额在2017年达到55 203亿元，排第二位的是江苏，为53 277亿元，而同期最低的是西藏，为1976亿元，最高的与最低的差距达到26倍以上。在外商直接投资方面，2019年资金面最充裕的是广东，为19 533亿美元，排第二位的是江苏，为11 735亿美元，第一位是第二位的1.66倍；最低的是西藏，为27亿美元，与最高的广东相差了722倍。

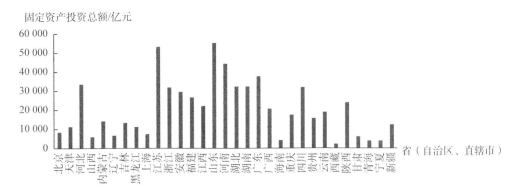

图 4-4　2017 年中国各省（自治区、直辖市）固定资产投资总额

数据来源：国研网宏观统计数据库

表 4-4　中国各省（自治区、直辖市）固定资产投资总额　　　　单位：亿元

省（自治区、直辖市）	2000 年	2004 年	2008 年	2011 年	2012 年	2013 年	2014 年	2015 年	2016 年	2017 年
北京	1280	2528	3815	5579	6112	6847	6924	7496	7944	8370
天津	611	1246	3390	7068	7935	9130	10 518	11 832	12 779	11 289
河北	1817	3219	8867	16 389	19 661	23 194	26 672	29 448	31 750	33 407
山西	548	1444	3531	7073	8863	11 032	12 355	14 074	14 198	6041
内蒙古	424	1788	5475	10 365	11 876	14 217	17 592	13 702	15 080	14 013
辽宁	1268	2980	10 019	17 726	21 836	25 108	24 731	17 918	6692	6677
吉林	604	1169	5039	7442	9512	9979	11 340	12 705	13 923	13 284
黑龙江	833	1431	3656	7475	9695	11 453	9829	10 183	10 648	11 292
上海	1869	3050	4823	4962	5118	5648	6016	6353	6756	7247
江苏	2570	6557	15 301	26 693	30 854	36 373	41 939	46 247	49 663	53 277
浙江	2350	5781	9323	14 185	17 649	20 782	24 263	27 323	30 276	31 696
安徽	804	1935	6747	12 456	15 426	18 622	21 876	24 386	27 033	29 275
福建	1112	1893	5208	9911	12 440	15 327	18 178	21 301	23 237	26 416
江西	516	1713	4745	9088	10 774	12 850	15 079	17 388	19 694	22 085
山东	2531	6971	15 436	26 750	31 256	36 789	42 496	48 312	53 323	55 203
河南	1378	3099	10 491	17 769	21 450	26 087	30 782	35 660	40 415	44 497

省（自治区、直辖市）	2000 年	2004 年	2008 年	2011 年	2012 年	2013 年	2014 年	2015 年	2016 年	2017 年
湖北	1339	2265	5647	12 557	15 578	19 307	22 915	26 564	30 012	32 282
湖南	1012	2073	5534	11 881	14 523	17 841	21 243	25 045	28 353	31 959
广东	3145	5870	10 869	17 069	18 751	22 308	26 294	30 343	33 304	37 762
广西	583	1237	3756	7991	9809	11 908	13 843	16 228	18 237	20 499
海南	199	317	705	1657	2145	2698	3112	3451	3890	4244
重庆	573	1537	3980	7473	8736	10 435	12 285	14 353	16 048	17 537
四川	1418	2818	7128	14 222	17 040	20 326	23 319	25 526	28 812	31 902
贵州	397	865	1865	4236	5718	7374	9026	10 946	13 204	15 504
云南	684	1292	3436	6191	7831	9968	11 499	13 501	16 119	18 936
西藏	64	162	310	516	671	876	1069	1296	1596	1976
陕西	654	1509	4614	9431	12 045	14 884	17 192	18 582	20 825	23 819
甘肃	395	734	1713	3966	5145	6528	7884	8754	9664	5828
青海	151	289	583	1436	1883	2361	2861	3211	3528	3884
宁夏	158	376	829	1645	2097	2651	3174	3505	3794	3728
新疆	610	1147	2260	4632	6159	7732	9448	10 813	10 288	12 089

数据来源：国研网宏观统计数据库。

表 4-5　中国各省（自治区、直辖市）外商直接投资总额　单位：亿美元

省（自治区、直辖市）	2000 年	2004 年	2008 年	2012 年	2013 年	2014 年	2015 年	2016 年	2017 年	2018 年	2019 年
北京	402	532	983	1494	1771	2010	3810	4274	4864	5477	5996
天津	331	470	938	1189	1274	1441	1813	2226	2548	2906	3105
河北	140	201	338	490	545	621	736	848	958	1087	1590
山西	48	69	180	320	342	391	411	422	497	630	701
内蒙古	25	108	222	258	229	264	351	411	460	449	584
辽宁	655	679	1248	1856	1832	1986	2066	2133	3159	3775	4028
吉林	77	194	175	239	318	333	352	356	389	490	643

省（自治区、直辖市）	2000 年	2004 年	2008 年	2012 年	2013 年	2014 年	2015 年	2016 年	2017 年	2018 年	2019 年
黑龙江	83	95	162	222	228	240	223	283	337	427	460
上海	985	1722	2940	4138	4579	5305	6613	7342	7982	8849	9552
江苏	750	2170	4159	6250	6664	7181	7822	8799	9658	10 560	11 735
浙江	293	834	1583	2178	2404	2629	2918	3199	3734	4458	5007
安徽	91	129	255	400	416	480	1065	673	866	1130	1656
福建	471	689	1121	1457	1565	1732	1967	2263	2607	2787	2975
江西	69	163	335	539	588	670	726	777	808	877	1010
山东	390	694	1012	1581	1765	1992	2193	2519	3042	3452	5754
河南	114	149	293	463	478	589	687	822	1045	1054	1163
湖北	167	227	340	583	654	777	892	993	1151	1423	1864
湖南	73	119	266	384	405	463	521	580	1634	1832	1841
广东	2165	2610	3726	4786	5126	5621	6443	7816	17 622	19 235	19 533
广西	108	127	258	311	319	374	425	437	562	627	916
海南	234	86	967	271	270	279	312	760	761	928	1045
重庆	66	72	238	537	588	675	788	881	946	1107	1111
四川	101	140	421	640	725	828	884	942	1128	1256	2891
贵州	15	22	32	77	119	155	181	237	313	453	487
云南	48	79	141	226	241	253	327	330	374	544	671
西藏	3	3	6	11	13	13	20	23	30	26	27
陕西	83	125	137	311	366	447	516	561	800	1188	1213
甘肃	26	31	38	70	65	68	77	75	202	236	256
青海	6	10	33	28	30	31	74	75	77	79	78
宁夏	9	41	24	31	35	52	90	87	304	185	265
新疆	11	14	46	67	65	76	85	97	133	212	241

数据来源：国研网宏观统计数据库。

4.2.2.2 资本要素的价格总体下降，而热钱却疯狂流入

一般而言，资本要素的价格就是利率，通常我们用贷款利率来表示资本要素的价格，所以这里笔者选取中国人民币一年期银行贷款利率代表中国的资本要素价格。图4-5显示，从1991至2015年，除个别年份外，人民币一年期银行贷款利率总体呈现出下降趋势。虽然国家的短期利率水平随着一国的货币政策的变化而变化，会出现短暂的上升或下降的波动，但是长期来看，一国的利率水平反映的是资本要素的价格。中国在改革开放初期，经济建设资金短缺，资本要素价格高昂；随着中国经济的高速发展，中国吸引的外资逐年增加，居民储蓄存款逐年增长，中国外汇储备雄踞世界第一，国内资金短缺的时代已经过去。因而中国资本要素的价格符合市场规律，随着中国资本市场资金供应量的增加，资本的价格大体表现出下降趋势。

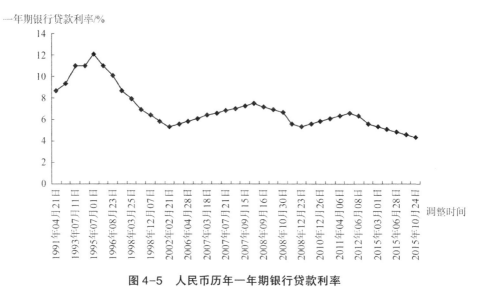

图4-5 人民币历年一年期银行贷款利率

数据来源：中国农业银行网站。

注：2015年10月24日至今未再调整。

"热钱"又称"逃避资本"，指的是充斥在世界上的无特定用途的流动资金。上海证券研发中心认为，传统意义上的热钱主要指国际短期资本，但是根据中国国情，热钱既包括国际短期资本，也包括中长期资本。这类流动资金为了追求最

高的报酬和最低的风险，迅速地在国际金融市场上流动，并进行短期的投机性活动。

从中国资本价格的趋势来看，表现出来的是一种逐渐降低的趋势，这与热钱追逐高回报、高收益的目标不一致。大量热钱涌入中国境内，有合法的，也有非法的；有通过私人夹带的，也有通过机构蒙混过关的；有借助资本市场流入的，也有通过贸易往来入境的。总而言之，热钱进入中国的方式具有多样性、复杂性和隐蔽性等特点。商务部公布的数据显示，2020 年 1—10 月，全国外资流入8006.8 亿元人民币（不含银行、证券、保险领域），同比增长 6.4%，按美元计算为 1150.9 亿美元，同比增幅达 3.9%。截至 2020 年 10 月，流入我国各行各业的海外资金已经连续 7 月实现同比增长。如果算上通过虚假贸易进入的资金，规模还会更大些。而导致大规模热钱流入的直接原因是人民币持续升值的预期。

热钱流入的直接后果是对经济造成推波助澜的虚假繁荣。热钱在赌人民币升值预期的同时，乘机在其他市场如房地产市场、债券市场、股票市场以及其他市场不断寻找套利机会。一方面助推了中国国内的通货膨胀，导致国内市场价格大幅波动，使得原本复杂多变的资本、货币市场变得更变幻莫测；另一方面，大量热钱追逐本币，导致人民币升值，从而影响外贸行业，进入影响实体经济的健康发展。

4.2.2.3　资本市场多元化发展，但中小企业融资难

改革开放以来，中国资本市场规模迅速扩张。在上海和深圳证券交易所成立后，中国证券市场特别是股票市场开始飞速发展。截至 2010 年年底，沪、深交易所上市公司 2063 家，总市值为 26.54 万亿元，流通市值为 19.31 万亿元，分别较 2005 年年底增长 0.5 倍、7.2 倍和 17.2 倍；投资者开户数为 1.89 亿户，较2005 年年底增长 1.6 倍；证券业机构总资产 2.05 万亿元，较 2005 年年底增长3.36 倍，机构抗风险能力明显提升。

截至 2018 年年底，沪、深交易所上市公司 3666 家，总市值为 43.49 万亿元，流通市值为 35.38 万亿元，分别较 2017 年年底增加 181 家，下跌 23.31% 和21.26%；股票总发行股本为 5.76 万亿股，较 2017 年年底增长 7.26%，机构抗风险能力明显提升（表 4-6）。

表 4-6　中国股票市场概况 (2017—2018 年)

市场概况	2017 年	2018 年	同期、同类相比
上市公司数量	3485 家	3666 家	增加 181 家
退市公司数量	5 家	6 家	增加 1 家
股票总发行股本	5.37 万亿股	5.76 万亿股	增长 7.26%
上市流通股本	4.5 万亿股	4.9 万亿股	增长 8.89%
股票市场总值	56.71 万亿元	43.49 万亿元	下跌 23.31%
流通市值	44.93 万亿元	35.38 万亿元	下跌 21.26%
股票成交额	112.81 万亿元	90.30 万亿元	下跌 19.95%

资料来源：中国证券市场发展报告 (2019)。

虽然中国的资本市场这些年有了质的变化，但是与发达国家资本市场相比，还存在诸多缺陷。第一，银行和金融机构贷款占金融资产的比重仍然很高；第二，中国目前的证券市场规模仍然比较小，结构也不尽合理；第三，信息不对称，股市价格及收益不能真实地反映出公司的实质情况；第四，中国企业融资制度仍以间接融资为主导，直接融资规模总体仍然较小；第五，中国在规范金融监管方面的力度尚不够。

中小企业融资难始终是阻碍经济发展的难题。虽然各级政府均出台各种各样的制度和政策，但该问题依旧没有得到根本性解决。企业的融资渠道一般有三种方式：向银行申请贷款、发行企业债券、发行股票上市直接融资。但目前中国的中小企业融资渠道非常狭窄，发行企业债券或者通过股票上市获得融资非常困难，除了少数大型知名企业，一般的中小企业融资能力都非常有限。另外，由于涉及金融风险问题，中小企业发行企业债券很难得到批准。中小企业的资金主要靠自有资金和银行贷款。中小企业融资难使得很多有项目、有盈利的企业，因为难以筹措到必需的资金而不能最大规模地发挥其能力，这已经成为制约民营企业的重要"瓶颈"。

导致中小企业融资难的原因很多，总结起来有两个方面：一方面，金融机构对于中小企业融资不感兴趣，原因是成本高、收益低且风险还高；另一方面，中小企业自身对于风险的认识有限，也没有足够的资产担保。金融机构贷款的发放程序、经办环节等大致相同，而每户中小企业平均获得的贷款规模远远小于大企业，因而中小企业每笔贷款的经营成本对金融机构来说相对较高。据不完全调查，大额贷款的运作费用为贷款总额的 0.3% ~0.5%，而向中小企业的贷款金额较少，运作费用却高达贷款总额的 2.6% ~2.7%。贷款管理的成本高，一定程度上制约了金融机构放贷的积极性。金融机构为了降低贷款的风险，降低坏账率，更加青睐于实力雄厚的大企业，而中小企业虽然成长性较好，但是项目的风险也较高，加之中小企业本身抗风险能力弱以及担保资产的匮乏，导致了融资难度较大。

4.2.2.4　投机资本市场与投资资本市场失衡

投机资本市场的发展是市场经济货币信用化发展的必然产物，但近 20 年中国受国际投机资本氛围影响，加之国内资本市场监管的不成熟，投机资本市场脱离实体经济过度膨胀，导致投机资本市场和投资资本市场失衡，实体经济泡沫化。理论上，对于投机与投资其实并没有精确的定义，二者的目的都是追求资金回报率的最大化，只不过在投资过程中，投机资本追求的是交易品的多空差价，而投资资本追求的是通过产品和服务的增值形成回报。当投机资本市场能够为实体经济服务，将极大地促进实体经济的发展，但当投机资本背离了实体经济，单纯靠抬高投资品价格而存在时，将给实体经济带来极大的经济风险。

2008 年全球金融危机之后，中国的资本市场出现了一个奇怪的现象，就是一方面是中小企业，乃至大企业的实体经济出现"钱荒"，另一方面却是房地产、虚拟货币等投机市场的资金躁动，这种结构性不平衡是目前中国资本市场扭曲的重要表现。据《中国证券期货统计年鉴 2019》统计，中国沪深股市自 2000—2018 年年均换手率最高为 859.48%，最低为 151.27%（表 4-7）。中国股市年换手率全球第一。高换手率意味着投机盛行。

表 4-7　中国股票市场年平均换手率（2000—2018 年）　　单位：%

年份	上海证券交易所年平均换手率	深圳证券交易所年平均换手率	年份	上海证券交易所年平均换手率	深圳证券交易所年平均换手率
2000	509.34	493.22	2004	316.44	319.76
2001	228.79	190.00	2005	292.40	342.37
2002	210.38	193.41	2006	559.07	596.64
2003	262.82	218.75	2007	830.76	859.48

年份	上海证券交易所年平均换手率	深圳证券交易所年平均换手率	年份	上海证券交易所年平均换手率	深圳证券交易所年平均换手率
2008	388.58	461.50	2014	235.59	480.79
2009	526.69	764.97	2015	490.77	829.30
2010	260.25	599.48	2016	222.73	508.36
2011	164.28	359.38	2017	180.91	414.78
2012	128.60	330.67	2018	151.27	358.41
2013	169.72	431.07	——	——	——

数据来源:《中国证券期货统计年鉴2019》。

4.2.3 技术与创新要素市场

4.2.3.1 全要素生产率整体水平提高,但增长率增速减慢

本书对已有学者对于中国全要素生产率(TFP)变动的计算进行了统计和归纳,选取其中具有代表性的三篇文献进行对比(如图4-6和表4-8所示,2010年之后关于中国TFP的研究较少),发现这三篇文献中对于TFP的计算结果虽然因运用的方法不同而存在数值上的差异,但是从图4-6中看可以看出不同学者估算出的TFP的增长率,其总体变化趋势和变动的阶段性规律是趋于一致的。1993年以前,TFP增长率总体波动幅度比较剧烈。1981—1984年,中国在该时期实行了家庭联产承包责任制,激发了农村生产的积极性,同时技术进步率逐年提高,在1984年TFP的增长率达到一个顶峰。随后的五年是中国经济改革的发展阶段,TFP增长率维持在较高的水平。1989—1991年间是中国经济改革的僵持阶段,TFP增长率出现衰退,在1990年触至历史低点。随后自1992年始中国掀起了投资热潮,外经外贸加速开放,TFP增长率一直到1995年都保持了较高的水平。在20世纪90年代中后期,受东南亚金融危机影响,TFP增速在1999年降至一个谷底。中国在2001年加入WTO后,TFP增长率的变动趋于平稳,且大多数时候处于高于2.5%的水平。2001年至今,中国科技进步率一直保持相对稳定,即使遭遇了2008年的金融危机,中国的技术进步率也没有出现较大幅度的波动。整体看来,中国的全要素生产率多年来一直保持增长,且增长率的波动幅度越来越小。

表 4-8　各文献中对于 TFP 的计算统计

年份	TFP		
	李晓慧、刘满成❶	白雪洁、刘莹莹、田荣华❷	李媛恒、石凌雁、李钰❸
2003	—	—	1.127
2004	—	—	1.107
2005	1.059	1.0604	1.046
2006	1.050	1.0615	1.039
2007	1.072	1.0494	1.049
2008	1.034	1.0611	0.940
2009	1.023	1.0955	0.876
2010	1.014	1.0749	0.957
2011	1.008	1.0513	0.918
2012	1.022	1.0712	0.904
2013	1.001	1.0837	0.942
2014	1.009	1.0869	0.903
2015	1.014	1.0801	0.946
2016	1.038	1.0671	1.009
2017	1.035	1.0363	1.060
2018	—	1.0144	—
2019	—	1.0391	—

根据清华大学经济管理学院白重恩教授推算的中国 TFP 数据，显示中国 1979—2007 年 TFP 年均增长率在 3.72%，而 2008 年至 2012 年下降到 2.21%。❹ 分析其原因发现，在 2008 年之后，中国主要是以投资拉动经济为主，TFP 对于

❶ 李晓慧，刘满成. 中国服务业全要素生产率的测度 [J]. 统计与决策，2020，36（22）：91-95.
❷ 白雪洁，刘莹莹，田荣华. 考虑价格因素的中国全要素生产率计算及其影响因素分析——基于 Global Cost Malmquist 和 Tobit 模型的实证研究 [J]. 工业技术经济，2021，40（4）：3-11.
❸ 李媛恒，石凌雁，李钰. 中国制造业全要素生产率增长的测度与比较 [J]. 经济问题，2020（3）：83-91.
❹ 陈晨. 去年中国投资回报率仅 2.7%，全要素生产率大降 [EB/OL]. (2013-7-29). http://money. 163.com/13/0729/01/94TPBGRM00253B0H.html.

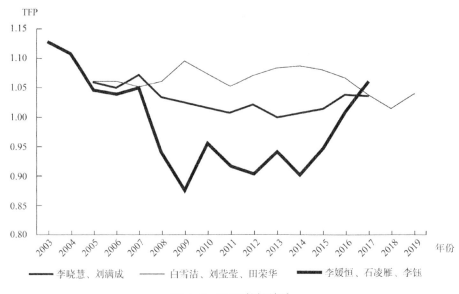

图 4-6　TFP 数据统计

经济增长的解释部分大幅度减少，效率改善对于经济所起的作用降低。中国经济结构不合理、资源配置不合理，尤其是资本配置和劳动力配置扭曲影响了全国经济的效率。根据王玺的观点，通过对新中国 70 年经济发展进行考察，借助基于数据包络分析（DEA）的曼奎斯特生产率指数（Malmquist Index）估计中国长时间序列的 TFP，发现虽然长时间序列来看，中国 TFP 有了很大提高，但与其他40 个经济体相近发展时期相比，中国的 TFP 还是处于较低水平。❶

4.2.3.2　科技研发取得长足发展和进步，但产业化率低下

20 世纪 90 年代以来，中国科技取得了长足的发展和进步，整体科技发展水平不断提高。中国科技研发费用支出较快增长，1995 年全社会研究开发经费支出为 348.69 亿元，占国内生产总值的比重仅为 0.57%，2004 年增长到 1966.33亿元，占国内生产总值的比重翻了一番，上升到 1.22%，2018 年全社会研究开发经费支出高达 19657 亿元，占国内生产总值的比重达到 2.18%。中国科学技术人才队伍不断壮大，研究与实验发展人员当量从 1995 年的 75.17 万人年增加到

---

❶　张亚新，宿雪莲. 产业结构、全要素生产率与中国经济增长——新中国 70 年的历史考察［J］.东北财经大学学报，2020（4）：30-38.

2006 年的 150.25 万人年，人才队伍总量增长一倍，到 2018 年研发人员与实验发展人员当量增长到了 419 万人年。中国高新技术产业发展迅猛，高新技术产业总产值占工业增加值的比重，从 1995 年的 16.4% 上升到 2011 年的 46.9%。高新技术产品出口额急速增长，1995 年高新技术产品出口额为 110.91 亿元，2003 年该出口额提高到 1103 亿美元，增长了近 9 倍，随后中国高新技术产品出口额不断创出新高，到 2019 年出口额达到 13 685.058 亿美元。发明专利申请授权数也不断增加，从 1995 年的 3393 项增加到 2019 年的 452 804 项，增长了 132.45 倍。科技成果登记数由 1996 年的 3100 项增加到 2019 年的 68 562 项。2005 年发表科技论文 94.34 万篇，到 2017 年增加到 170 万篇，年均增长 5.82 万篇。

科技研发取得长足发展的同时，也存在科学技术产业化低的尴尬。据统计，中国高校承担了国家 49% 的高新技术计划专题，拥有 2/3 的国家重点实验室，积累了大量的科研成果和专利技术。2019 年中国高等学校获得发明专利授权 92394 项，占全国发明专利授权总量的 20.4%，而当年高校签订的技术合同占全国技术成交总合同数还不到 4%。而且通过校办企业加校企合作以及技术转让的方式实现高校科技成果转化并取得良好经济、社会效益的成功案例屈指可数。专利技术的高产出与低转化构成了中国高校专利技术产业化的突出矛盾。

4.2.3.3 技术转让规模日益扩大，但地区结构不平衡

随着中国 R&D 支出的持续增加，全国的科技转让市场得到了迅速发展。2003 年，全国的技术合同转让金额为 1084.67 亿元，到 2014 年，迅速增长到 8577.18 亿元，2019 年达到 22 398.39 亿元，相比 2003 年增长了 19 倍（表 4-9）。

表 4-9 全国技术合同转让金额（1997—2019 年）　　　　单位：亿元

年份	成交额	年份	成交额
1997	351.37	2003	1084.67
1998	435.82	2004	1334.36
1999	523.41	2005	1551.37
2000	650.75	2006	1818.18
2001	782.75	2007	2226.53
2002	884.17	2008	2665.23

续表

年份	成交额	年份	成交额
2009	3039.00	2015	9835.79
2010	3906.58	2016	11 406.98
2011	4763.56	2017	13 424.22
2012	6437.07	2018	17 697.42
2013	7469.13	2019	22 398.39
2014	8577.18	—	—

数据来源：国研网宏观经济数据库

虽然总体上技术转让市场蓬勃发展，但在地区结构上仍然显现出极不平衡的态势。以 2019 年为例，在技术市场上，转让金额最高的是北京，为 5695.3 亿元，其次为广东，为 2223.1 亿元，同期最低的是西藏，只有 1.0 亿元，各省（自治区、直辖市）间差距比较大。之所以会出现这种差距，关键在于地方的技术转让市场的成熟度。在北京等技术市场发达的地方出售和获取技术相比不发达的地方要容易得多（表 4-10）。

表 4-10　中国各省（自治区、直辖市）技术合同转让金额（2004—2019 年）

单位：亿元

省（自治区、直辖市）	2004 年	2008 年	2012 年	2013 年	2014 年	2015 年	2016 年	2017 年	2018 年	2019 年
北京	425.0	1027.2	2458.5	2851.7	3137.2	3453.9	3941.0	4486.9	4957.8	5695.3
天津	45.0	86.6	232.3	276.2	388.6	503.4	552.6	551.4	685.6	909.3
河北	7.3	16.6	37.8	31.6	29.2	39.5	59.0	88.9	276.0	381.2
山西	6.0	12.8	30.6	52.8	48.5	51.2	42.6	94.1	150.8	109.5
内蒙古	10.4	9.4	106.1	38.7	13.9	15.4	12.0	19.6	19.8	22.5
辽宁	75.3	99.7	230.7	173.4	217.5	267.5	323.2	385.8	474.5	557.6
吉林	10.8	19.6	25.1	34.7	28.6	26.5	116.4	219.9	341.9	474.1
黑龙江	12.6	41.3	100.4	101.8	120.3	127.3	125.8	146.7	165.9	232.9
上海	171.7	386.2	518.7	531.7	592.4	663.8	781.0	810.6	1225.2	1422.4
江苏	89.8	94.0	400.9	527.5	543.2	572.9	635.6	778.4	991.4	1471.5
浙江	58.1	58.9	81.3	81.5	87.3	98.1	198.4	324.7	590.7	888.0

续表

省（自治区、直辖市）	2004 年	2008 年	2012 年	2013 年	2014 年	2015 年	2016 年	2017 年	2018 年	2019 年
安徽	9.1	32.5	86.2	130.8	169.8	190.5	217.4	249.6	321.3	449.6
福建	14.1	18.0	50.1	44.7	39.2	52.1	43.2	75.5	84.5	139.6
江西	9.4	7.8	39.8	43.1	50.8	64.8	79.0	96.2	115.8	148.6
山东	75.1	66.0	140.0	179.4	249.3	307.6	395.9	511.6	820.0	1110.0
河南	20.3	25.4	39.9	40.2	40.8	45.0	58.7	76.9	149.3	231.9
湖北	46.2	62.9	196.4	397.6	580.7	789.3	903.8	1033.1	1204.1	1429.8
湖南	40.8	47.7	42.2	77.2	97.9	105.1	105.6	203.2	281.6	490.7
广东	57.3	201.6	364.9	529.4	413.2	662.6	758.2	937.1	1365.4	2223.1
广西	9.1	2.7	2.5	7.3	11.6	7.3	34.0	39.4	61.4	77.6
海南	0.2	3.6	0.6	3.9	0.7	2.2	3.4	4.1	6.9	9.1
重庆	59.6	62.2	54.0	90.3	156.2	57.2	147.2	51.4	188.4	56.7
四川	16.6	43.5	111.2	148.6	199.1	282.3	299.3	405.8	996.7	1212.0
贵州	1.4	2.0	9.7	18.4	20.0	26.0	20.0	80.7	171.1	227.2
云南	21.6	5.1	45.5	42.0	47.9	51.8	58.3	84.8	89.5	82.7
西藏	0.0	0.0	0.0	0.0	0.0	0.0	0.0	0.0	0.0	1.0
陕西	13.9	43.8	334.8	533.3	640.0	721.8	802.8	920.9	1125.3	1467.3
甘肃	12.0	29.8	73.1	100.0	114.5	129.7	150.7	163.0	180.9	196.4
青海	1.3	7.7	19.3	26.9	29.1	46.9	56.9	67.7	79.4	9.1
宁夏	1.3	0.9	2.9	1.4	3.2	3.5	4.1	6.7	12.1	14.9
新疆	13.3	7.4	5.4	3.0	2.8	3.0	4.3	5.8	3.9	7.8

数据来源：国研网宏观经济数据库。

4.2.4 资源与环境要素市场

4.2.4.1 土地资源紧缺，土地价格高涨

相对于其他资源和生产要素而言，土地资源的总量是有限的且难以增加，因此其供给的稀缺性非常显著。特别是随着一国经济的发展，人口的增加，土地需求量的提升，土地的稀缺性表现更加明显。

一直以来，中国土地资源总量丰富，但人均土地资源占有量小，后备土地资

源不足。而中国工业化和城镇化的快速推进，使得城市化建设和耕地保护的矛盾更加突出。一方面，中国耕地面积持续下降，已接近 18 亿亩❶耕地红线。根据国土资源部公布的数据，1996 年中国耕地面积为 19.51 亿亩，2005 年中国耕地面积下降到 18.31 亿亩，全国人均耕地面积降到 1.40 亩。2006 年全国耕地面积继续减少，下降至 18.27 亿亩，全国人均耕地面积降到 1.39 亩，2009 年全国耕地面积变为 18.26 亿亩，人均耕地面积减少到 1.38 亩，仅为世界平均水平的 40%。根据国家统计局数据显示的从 2010 年至 2017 年全国耕地面积变化的情况，除 2013 年外，中国耕地面积每年都有所减少，2016 年减少 116.5 万亩，2017 年减少 86.6 万亩（图 4-7）。

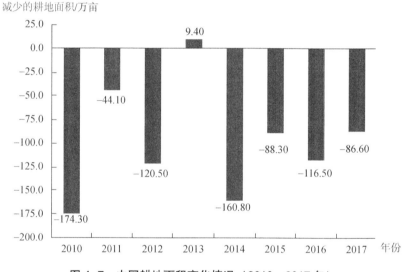

图 4-7　中国耕地面积变化情况（2010—2017 年）

数据来源：国家统计局。

另一方面，中国的城市建设用地供应瓶颈初显。仅 2008—2012 年五年期间，城市建设用地供应量连续四年保持增长，从 2008 年的 23.50 万公顷❷增加至 2012 年的 69.04 万公顷，年均增长 31.75%（图 4-8）。2013 年之后开始逐年回落。

---

❶　1 亩 = 666.67 平方米。
❷　1 公顷 = 10 000 平方米。

至 2015 年，城市建设用地供应量为 51.80 万公顷（777.00 万亩），与 2014 年相比减少 2.9%。2015 年，工矿仓储用地、商服用地、住宅用地和基础设施等用地供应面积分别为 12.08 万公顷、3.46 万公顷、7.29 万公顷和 28.97 万公顷，与 2014 年相比分别下降 3.2%、6.9%、11.7% 和增长 0.2%（图 4-9）。

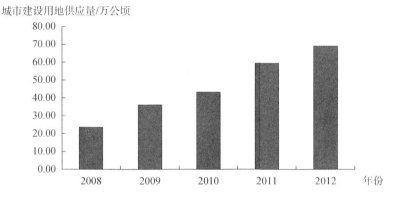

图 4-8　中国城市建设用地供应情况（2008—2012 年）

数据来源：2012 年中国国土资源公报。

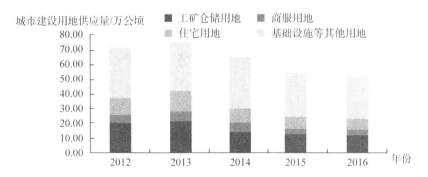

图 4-9　中国城市建设用地供应情况（2012—2016 年）

数据来源：2016 年中国国土资源公报。

耕地面积的减少与城市建设用地面积的增加，这一矛盾加速了中国土地要素价格的增长。近十年以来，中国主要城市综合地价总体水平持续高速上涨，从 2003 年的 1078 元/平方米上升到 2007 年的 1751 元/平方米，增长 62.4%。2008 年中国主要城市综合地价达到 2474 元/平方米，随后继续增长，至 2012 年年末，全国主要城市综合地价达到 3129 元/平方米（图 4-10）。由此可知，作为重要生产要素的土地资源，在中国所体现出的禀赋条件已经发生了重大变化，其比较优势正逐渐丧失，已经开始制约中国经济的持续高速增长。

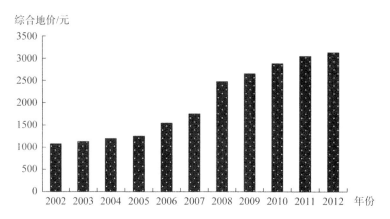

图 4-10　中国主要城市总体综合地价（2002—2012 年）

数据来源：2002—2012 年中国国土资源公报。

截至 2016 年年末，全国 105 个主要监测城市综合地价、商服地价、住宅地价和工业地价分别为 3826 元/平方米、6937 元/平方米、5918 元/平方米和 782 元/平方米，环比增长率分别为 1.43%、0.96%、2.18% 和 0.64%（图 4-11）。

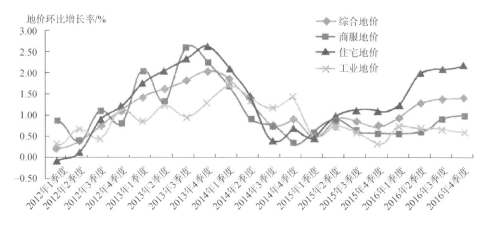

图 4-11　中国主要城市监测地价环比增长率变化情况（2012—2016 年）

数据来源：2016 年中国国土资源公报。

4.2.4.2　矿产资源供应不足，资源稀缺约束经济发展

中国矿产资源种类齐全，但经济发展需求量大且供应不足。《全球矿业发展报告 2019》指出，中国是全球矿产资源生产大国和消费大国，对世界矿业市场具有重要影响力。以 2018 年为例，中国能源总产量占全球 19%，铁矿石总产量占全球 11%，铜总产量占全球 7%，铝土矿总产量占全球 21%。消费方面，能源总消费量占全球 24%，钢铁消费量占全球 49%，铜消费量占全球 53%，铝消费量占全球 56%，石油进口量占全球 16%，天然气进口量占全球 13%，铁矿石进口量占全球 64%，铜矿进口量占全球 56%，铝土矿进口量占全球 76%。

此外，中国稀土矿、钨矿、锡矿、钼矿、萤石、重晶石、芒硝、膨润土等矿产，已探明储量可观，人均占有量居世界前列，且资源质量高，开发利用条件好，在国际市场具有明显的优势。但是关系到国计民生的一些用量大的支柱性重要矿产，如铁、金、铜、石油、天然气、铝土、锰、铝、锌、铅、磷、硫等，贫矿和难选矿所占比例较大，并且开发利用条件较差。此外，由于中国地质条件差异较大，矿产分布明显具有地区差异性，主要分布在西北、西南等经济不发达地区，而对全国经济发展有重要贡献的东部地区则资源贫乏。

经济的快速增长需要大量的能源和矿产资源作为后盾，然而一方面中国的自然资源已不能满足中国经济高速发展的需求，另一方面由于中国处在快速工业化的发展阶段，对于资源的需求日益增加。中国经济发展的资源约束明显。目前，中国已经成为世界主要的矿产资源消耗国家，石油消耗量居世界第二，而煤炭、铜、铁矿石、氧化铝、水泥等的消耗量居世界第一。2021 年中国 GDP 增速的预期目标为 6%，按照投入产出比为 1 的绝对理想状态保守估算，中国的矿产资源消费总量在 2033 年将增长一倍。然而，由于中国消耗的主要金属矿产对外依存度较大，大多依靠进口来满足需求，因此矿产品供需缺口将逐渐增大。与此同时，环境容量不断接近极限，巨大的矿产资源需求将直接影响国际矿产品价格，中国实现工业化所付出的资源环境成本将远高于发达国家。资源问题已成为影响和制约中国工业化进程的主要因素。

4.2.4.3 环境污染成为制约中国经济和社会发展的瓶颈

伴随着经济和社会的发展，中国环境问题日益严重。中国的环境污染呈现出污染范围广、污染程度高的特点。从环境污染的范围来看，中国的环境污染已经从经济发达的东部地区和南部地区向中西部地区蔓延至全国。随着中国加大中西部地区开发力度，倡导低端制造业向中西部转移，在给中西部地区带来经济快速增长的同时，也给将环境污染传至了内陆地区。《2020 中国生态环境状况公报》显示，2019 年，全国 337 个地级及以上城市中，157 个城市环境空气质量达标，占全部城市数的 46.6%；180 个城市环境空气质量超标，占 53.4%。截至 2019 年年底，全国地级及以上城市建成区排查出黑臭水体 2899 个。

综上所述，随着中国经济的不断发展，改革不断深化，中国自然资源的稀缺现象逐渐显现，资源环境瓶颈已经严重制约了中国经济增长。

通过上述对要素市场的现状与问题的归纳总结，笔者发现无论是劳动力要素、资本要素，还是技术与创新要素、资源与环境要素，在供给方面、价格方面及要素的有效配置方面存在种种问题，要素市场的这些问题都可以归纳为要素市场的扭曲。

4.3 要素市场扭曲的测度——以劳动力与资本要素为例

本节将在现有研究的基础上，建立测度模型，并以中国要素市场的现实为依据对要素市场扭曲进行量化测度。

4.3.1 要素供给扭曲的测度

要素供给扭曲可以理解为要素供给与要素需求的不匹配。要素流动性障碍和市场分割是其主要特点。因此，要素供给扭曲可以表述为要素市场供求对价格机制的背离。按照新古典要素配置理论，要素价格的上涨必然导致要素供给的增加。就宏观经济而言，要素的投入使用必然符合这一规律。但在这一规律之下，由于要素供给的外部因素的制约，要素供给的现实与要素价格调控机制结构性的背离却经常发生。

4.3.1.1 要素供给扭曲的测度方法

假设要素供给是要素价格的函数:

$$S_i(L_i, K_i) = f(w_i, r_i) \qquad (4-1)$$

其中, S_i 为要素供给量, L_i, K_i 分别为劳动和资本, w_i, r_i 分别为劳动价格和资本价格, 即工资和利息。理论上, 当不考虑要素供给总量的约束时:

$$\frac{\partial S_i(L_i, K_i)}{\partial w_i} > 0, \text{且} \lim_{w \to +\infty} \frac{\partial S_i(L_i, K_i)}{\partial w_i} = +\infty \qquad (4-2)$$

$$\frac{\partial S_i(L_i, K_i)}{\partial r_i} > 0, \text{且} \lim_{r \to +\infty} \frac{\partial S_i(L_i, K_i)}{\partial r_i} = +\infty \qquad (4-3)$$

即, 要素供给对价格的一阶偏导大于 0, 且在要素价格增加时, 要素供给增加, 且要素供给富有弹性:

$$\frac{\Delta S_i(L_i, K_i) / S_i(L_i, K_i)}{\Delta w_i / w_i} > 1 \qquad (4-4)$$

$$\frac{\Delta S_i(L_i, K_i) / S_i(L_i, K_i)}{\Delta r_i / r_i} > 1 \qquad (4-5)$$

但现实中, 在不同的空间结构和行业结构中却出现要素供给弹性的不一致, 即

$$\frac{\Delta S_i(L_i, K_i) / S_i(L_i, K_i)}{\Delta w_i / w_i} < 1 < \frac{\Delta S_j(L_j, K_j) / S_j(L_j, K_j)}{\Delta w_j / w_j} \qquad (4-6)$$

其中, i, j 代表不同的行业。

$$\frac{\Delta S_i(L_i, K_i) / S_i(L_i, K_i)}{\Delta r_i / r_i} < 1 < \frac{\Delta S_j(L_j, K_j) / S_j(L_j, K_j)}{\Delta r_j / r_j} \qquad (4-7)$$

这种要素供给弹性的不一致性就是要素供给扭曲, 这种扭曲程度可以通过要素供给弹性的序列方差得以体现。设 S_L 为劳动力供给弹性, S_K 为资本供给弹性, 有

$$S_L = \frac{\Delta S_i(L_i, K_i) / S_i(L_i, K_i)}{\Delta w_i / w_i} \qquad (4-8)$$

$$S_K = \frac{\Delta S_i(L_i, K_i) / S_i(L_i, K_i)}{\Delta r_i / r_i} \qquad (4-9)$$

再设 $\phi(S_L)$、$\phi(S_K)$ 为劳动和资本要素供给弹性的序列方差，ε_L、ε_K 分别为劳动与资本要素供给的扭曲度，则

$$\varepsilon_L = \phi(S_L) = \sqrt{\frac{\sum (S_{Li} - S_{Li})^2}{n}} \qquad (4-10)$$

$$\varepsilon_K = \phi(S_K) = \sqrt{\frac{\sum (S_{Ki} - S_{Ki})^2}{n}} \qquad (4-11)$$

4.3.1.2 数据准备与处理

式（4-8）中关于劳动供给扭曲度的计算涉及两个变量，即全国各省（自治区、直辖市）劳动力供给数量和劳动力价格。考虑到中国大规模的劳动力迁徙，在计算过程中，笔者以流动人口作为流动劳动力供给数量。由于并不存在外来务工人员数量统计的一手数据，笔者以地区年末常住人口数与地区户籍人口之差作为地区流动人口的规模。在计算过程中，笔者采集了 1990 年至 2019 年的户籍人口数据和常住人口数据；至于劳动力价格，笔者以各省（自治区、直辖市）历年工资水平替代（数据来源于历年《中国人口与就业统计年鉴》）。

式（4-9）中关于资本供给扭曲度的计算涉及两个变量，即资本与资本价格（利息率）。根据要素供给扭曲的定义，由于实体经济与虚拟经济之间存在不同的投入价格，因此笔者将资本使用方归为两大类，即实体经济（非金融机构）和虚拟经济（金融机构）。资本就是在这两大类之间实现流转。实体经济领域的资本供给，笔者以国家统计局年度固定资产投资总额表示。金融机构的资本供给，以国家统计局年度金融机构信贷支出表中的资金来源为基础。资本的价格取人民银行公布的存贷款利率。

4.3.1.3 测算结果及分析

（1）劳动力要素供给测算结果

按照相关数据计算各省（自治区、直辖市）流动人口［年末常住人口减去本年各省（自治区、直辖市）户籍人口，即视为流动人口］数量，计算流动人口的年度变化量，然后计算各省（自治区、直辖市）年度工资变化量，最后计算流动人口供给弹性，见表4-11。

表4-11　中国各省（自治区、直辖市）流动人口供给弹性（S_L）

流动人口供给弹性

年份	北京	天津	河北	山西	内蒙古	辽宁	吉林	黑龙江	上海	江苏	浙江	安徽	福建	江西	山东	河南	湖北	湖南	广东	广西	云南	西藏	陕西	甘肃	青海	宁夏	新疆
1991	36	61	-31	-32	-37	6	3	1	9	9	13	18	16	8	7	16	-16	17	24	45	27	15	35	19	6	5	9
1992	41	53	-40	-49	-29	14	1	9	22	6	15	17	29	7	8	36	41	45	22	38	30	-16	33	23	12	4	4
1993	36	67	-27	-44	-33	13	3	7	11	31	42	17	16	5	-3	-19	-47	34	49	24	34	-18	43	-11	24	-5	19
1994	9	46	-80	-25	-28	6	6	5	17	12	25	-6	38	1	-7	-14	-40	-14	55	19	30	3	42	-6	19	-3	12
1995	20	49	-60	-52	-31	9	7	6	39	37	43	-29	27	2	-13	-16	-32	0	32	-53	21	1	31	3	11	1	2
1996	29	45	-21	-92	-23	15	3	4	55	84	95	-39	-19	-4	-13	-14	-36	-24	60	-19	14	2	-41	4	-22	-6	-8
1997	31	40	-52	-37	-26	34	5	9	93	106	110	-22	-29	-6	-7	-23	-18	-24	66	-33	-29	13	-61	4	-14	9	-3
1998	34	40	-52	-29	-40	36	6	3	127	106	126	-35	-29	-4	-14	-17	-18	-19	74	-25	-49	15	-40	-4	-34	5	-5
1999	26	31	-26	-6	-42	16	-9	2	111	155	111	-22	-30	-5	-24	-17	-18	-19	64	-45	-23	8	-43	-5	-38	-3	-7
2000	34	77	-116	-95	-41	29	-17	3	167	177	113	-45	-37	-15	-18	-28	-28	-29	74	-32	-97	-8	-39	-5	-16	1	-3
2001	79	55	-160	-63	-39	-6	-19	4	155	176	109	-25	-44	-18	-10	-83	-27	-29	65	-38	-54	2	-28	-5	-10	-4	-7
2002	86	15	-26	-23	-91	-34	-34	-14	172	100	131	-20	-49	-39	-22	-122	-76	-65	77	-43	-78	4	-28	-8	-15	-2	-8
2003	77	45	-53	-20	-81	-16	-39	-10	136	120	151	-17	-16	-48	-12	-130	-86	-48	84	-31	-92	-4	-21	-7	-21	3	5
2004	88	32	-1	-21	-54	-22	-13	-20	110	92	101	-32	-15	-52	-25	-142	-55	-46	93	-32	-87	1	-44	-7	-38	-3	6
2005	115	20	-5	-54	-61	-29	-6	-21	109	49	35	-66	-14	-62	-33	-144	-62	-78	109	-47	-31	-5	-45	-9	-16	-10	11
2006	76	27	16	-96	-74	-37	-14	-14	75	51	28	-76	13	-39	-34	-159	-44	-59	74	-31	-48	19	-39	-5	-34	-11	23

续表

流动人口供给弹性

年份	北京	天津	河北	山西	内蒙古	辽宁	吉林	黑龙江	上海	江苏	浙江	安徽	福建	江西	山东	河南	湖北	湖南	广东	广西	云南	西藏	陕西	甘肃	青海	宁夏	新疆
2007	26	25	13	17	-52	16	-14	-14	-39	45	13	-56	15	-22	-14	-146	-38	-79	-10	-29	-36	-1	-80	-2	-21	-12	-1
2008	-127	15	14	23	16	6	-6	7	-89	-10	-10	-35	-7	-13	-8	-115	-48	-51	-63	12	-50	-23	-47	-5	-16	-8	-11
2009	-131	5	18	18	21	10	11	6	-109	-12	-19	-32	3	-11	2	-103	-32	-36	-121	26	-42	-12	22	-7	-22	-18	-9
2010	-136	-3	18	28	28	9	9	11	-127	-16	-29	-17	10	6	6	-79	-12	-32	-138	36	-27	-1	30	-10	-2	-2	-6
2011	-120	-2	21	7	3	7	7	13	-138	-18	-39	-9	4	5	7	-39	-20	-28	-162	35	-7	-16	31	-6	-3	-3	-2
2012	-110	-3	17	8	5	6	6	12	-123	-20	-34	-5	6	4	5	-35	-18	-24	-160	31	-5	-14	25	-5	-3	-6	-1
2013	-108	-5	15	9	6	1	5	15	-145	-25	-30	-1	5	3	4	-25	-17	-20	-150	30	-6	-14	24	-5	-2	-3	-5
2014	-78	-4	14	5	8	4	1	11	-161	-26	-38	5	4	3	5	-14	-18	-15	-133	32	-4	-16	24	-6	-4	-4	-1
2015	-86	-2	13	4	19	8	1	16	-121	-34	-41	-6	1	2	7	-10	-14	-16	-120	25	1	-18	21	-7	-2	-2	-1
2016	-95	-1	14	7	5	3	2	18	-126	-24	-21	-4	8	3	1	-15	-10	-14	-150	26	-1	-20	20	-5	-5	-3	-1
2017	-68	-3	16	6	4	10	7	10	-111	-28	-28	-2	7	4	6	-6	-5	-16	-160	21	-2	-14	17	-6	-1	-4	-2
2018	-50	-4	19	10	6	2	3	11	-104	-20	-34	-4	5	1	4	-4	-1	-14	-140	21	4	-10	20	-4	-6	-1	-4
2019	-64	-1	15	4	4	1	5	12	-125	-30	-28	-3	4	5	3	-1	-7	-10	-168	20	3	-10	24	-1	-5	-1	-1

从劳动供给弹性表的计算来看，从 1991 至 2019 年的 29 年时间里，北京、上海、广东、江苏等外向型经济发达的省（自治区、直辖市），其劳动供给弹性呈现出先升后降的趋势，并在 2007—2008 年左右变为负值，这就意味着东部地区"用工荒"的到来（图 4-12）。而中部地区的劳动供给弹性呈现先降后升的趋势（图 4-13），与东部地区的"用工荒"现象正好吻合。

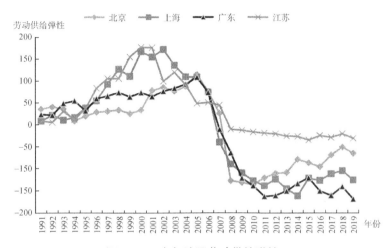

图 4-12 东部地区劳动供给弹性

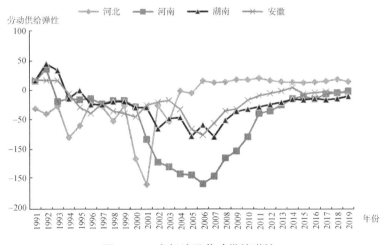

图 4-13 中部地区劳动供给弹性

按照要素供给扭曲度的测算式（4-8），可以计算出劳动供给扭曲度，结果如图 4-14 所示。

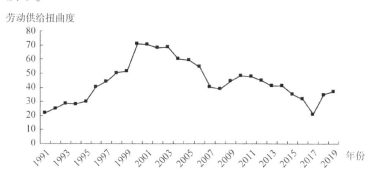

图 4-14　中国劳动供给扭曲度趋势（1991—2019 年）

从图 4-14 中可以看出，1991—2000 年期间，中国劳动供给扭曲度呈现上升趋势，2001 年开始至 2007 年，劳动供给扭曲度逐渐下降，2008 年之后又出现上升态势，随后逐渐下降，到了 2018 年后出现反弹。这与我国的相关政策方针大体一致。改革开放后，我国大力发展东部沿海地区的经济，由于对东部地区发展的鼓励和政策的倾向，使得国内东西部地区供给弹性不一致性增加，也使得劳动供给扭曲度逐渐增加。随后，受西部大开发战略的实施以及我国加入 WTO 后大力推进自由贸易的影响，我国劳动供给扭曲度逐渐下降。但在 2007 年之后，由于受金融危机的影响，我国东部发达地区经济受到重创，东部地区生活成本问题凸显，地区间供给弹性不一致性加剧，我国劳动供给扭曲又呈现增加态势。之后随着我国政策的进一步优化，劳动供给扭曲逐渐下降。2018 年中美贸易关系恶化，很大程度上影响了外贸企业的出口，从而影响了我国劳动供给扭曲度。从贸易方式角度看，改革开放后，中国大力促进加工贸易的发展，由于加工贸易对技术与知识的要求较低，导致拥有较高技术和知识水平的劳动力的供给出现扭曲。从外贸商品结构的角度看，2000 年以后，随着资本密集商品出口规模的扩大，劳动力报酬得到提高，劳动供给突破制度障碍的动力增强，从而扭曲程度得到缓解。总体而言，随着东部地区出口规模的扩张，一开始弱化了劳动供给的扭曲，短期出现劳动力的回流，而长期而言扭曲的真正原因没有被消除，扭曲依旧存在。2017 年之后，随着外部环境的剧变，中国开始注重内生性发展投入，要素投入质量和结构均有较大优化，劳动供给扭曲得到一定程度的修复。

（2）资本要素供给测算结果

首先，以国家统计局全社会固定资产投资额为基础，计算固定资产投资年度变化，以国家统计局金融机构信贷资金来源为基础，计算信贷资金来源的年度变化；其次，以金融机构贷款利率的年度变化为基础，计算代表实体经济的资本价格，以金融机构存款利率的年度变化为基础，计算代表虚拟经济的资本价格；最后，以计算出的年度存贷款利率变动和固定资产投资及金融机构信贷资金来源为基础，计算资本供给弹性，见表4-12。

表4-12　资本供给弹性

年份	固定资产投资弹性（$S_实$）	金融机构资本供给弹性（$S_虚$）	年份	固定资产投资弹性（$S_实$）	金融机构资本供给弹性（$S_虚$）
1991	−2993.06	−2550.16	2006	52 406.30	170 609.22
1992	6904.44	3135.40	2007	28 916.17	94 285.42
1993	6163.21	9146.19	2008	−71 726.18	−207 747.21
1994	4900.99	−13 166.34	2009	−59 166.14	−177 122.46
1995	5513.33	−81 582.00	2010	216 680.00	330 678.16
1996	−2923.43	−21 895.78	2011	79 735.15	171 755.58
1997	−587.71	−6712.62	2012	65 471.25	154 561.27
1998	28 875.83	−14 693.90	2013	54 217.80	121 548.34
1999	−1072.96	−4630.05	2014	541 564.25	187 456.94
2000	−8751.43	13 459.63	2015	67 458.28	194 572.59
2001	−8591.60	−20 214.46	2016	45 187.57	101 541.47
2002	20 278.71	−152 423.70	2017	114 715.94	64 824.19
2003	63 509.00	125 459.36	2018	68 942.11	132 457.17
2004	74 554.10	146 390.16	2019	144 841.67	179 548.38
2005	−152 468.17	−401 320.40	—	—	—

计算过程中，由于只包含实体经济与金融机构的资本供给两个变量，所以将资本供给扭曲度测算式（4-11）稍做改变，得

$$\varepsilon_K = 1 - S_实 / S_虚 \qquad (4-12)$$

通过计算得到1991—2019年中国资本供给扭曲度，如表4-13所示。

表4-13　中国资本供给扭曲度（1991—2019年）

年份	扭曲度	年份	扭曲度
1991	-0.173 675 377	2006	0.692 828 442
1992	-1.202 092 237	2007	0.693 312 391
1993	0.326 144 548	2008	0.654 742 993
1994	1.372 236 324	2009	0.665 959 134
1995	1.067 580 226	2010	0.344 740 517
1996	0.866 484 318	2011	0.535 763 845
1997	0.912 447 003	2012	0.576 405 849
1998	2.965 157 650	2013	0.553 940 432
1999	0.768 261 682	2014	-1.889 006 137
2000	1.650 198 408	2015	0.653 300 190
2001	0.574 977 516	2016	0.554 984 087
2002	1.133 041 712	2017	-0.769 647 102
2003	0.493 788 267	2018	0.479 513 944
2004	0.490 716 453	2019	0.193 300 045
2005	0.620 083 679	—	—

从图4-15中可以看出，1991—2002年中国资本供给扭曲度波动幅度较大，2002年之后，随着中国金融改革的推进，中国资本供给扭曲度变动幅度趋于平缓，保持在0.5上下，这说明金融改革有效地降低了中国资本供给的扭曲。2000年之前，中国出口的粗放扩张强化了中国资本供给扭曲，形成以劳动力要素密集使用的路径依赖。外贸商品结构的优化使短期资金被吸收进入资本密集型外贸行业，资本供给扭曲被弱化。但是，由于长期以来实体经济行业资金报酬率相对较低，以及投机部门和渠道的拓展，实体外贸行业对资金的吸引力有限，资金流出动力增强，资本供给扭曲的基本事实无法得到根本性改变。而贸易方式向一般贸易的转变导致了外贸行业更加注重资金的投入，以及部分创新型外贸企业资金运用的成功案例在外贸行业起到了积极的模范效应，使得中国在加入WTO之后，资金在外贸行业的投放更加充分，从而弱化了资本的供给扭曲程度。

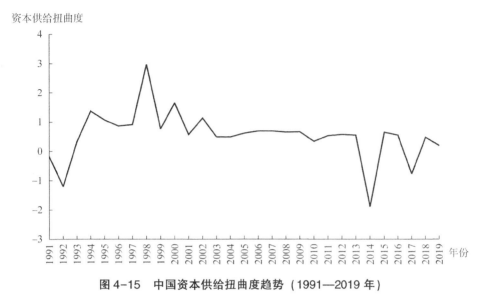

资本供给扭曲度

图 4-15　中国资本供给扭曲度趋势（1991—2019 年）

4.3.2　要素价格扭曲的测度

霍珀（Hopper）、萨褐塔（Sahota）、萨姆帕斯（Sampath）、兰姆（Ram）等运用生产函数方法对印度、美国农业中的要素价格扭曲程度进行了估计，开创了要素价格扭曲测度的先河。部分学者基于利润函数方法对经济效率进行研究，从而引申出对要素价格扭曲问题的测度。此外还有成本函数法、一般均衡法、替代弹性法等。本书用生产函数方法对要素价格扭曲进行测度。

4.3.2.1　要素价格扭曲的测度方法

假设生产具有道格拉斯生产函数特征：

$$Y = AL^{\alpha}K^{\beta} \tag{4-13}$$

其中，Y 为产出，L、K 分别为劳动投入和资本投入，α、β 分别为劳动产出弹性和资本产出弹性，A 为社会技术进步率。通过变换可以得出关系式：

$$\ln Y = A + \alpha \cdot \ln L + \beta \cdot \ln K + u_i \tag{4-14}$$

回归可得到 α 与 β 的估计值 $\hat{\alpha}$ 与 $\hat{\beta}$。假设只有两种要素 L 和 K，则

$$\mathrm{MP}_L = \alpha \cdot \frac{Y}{L} \tag{4-15}$$

$$MP_K = \beta \cdot \frac{Y}{K} \qquad (4-16)$$

MP_L、MP_K 即为劳动边际产出与资本边际产出。另，如果 L 的价格是 w，K 的价格是 r，则可导出关系式：

$$MP_L = \lambda \cdot w \qquad (4-17)$$

$$MP_K = k \cdot r \qquad (4-18)$$

即

$$\frac{MP_L}{w} = \lambda \qquad (4-19)$$

$$\frac{MP_K}{r} = k \qquad (4-20)$$

λ、k 可被定义为要素价格扭曲度。如果 $k=1$，$\lambda=1$，则说明要素价格是合理的；若 $k \neq 1$，$\lambda \neq 1$，则说明要素价格是扭曲的，k 与 λ 偏离 1 的程度越高，说明要素价格扭曲程度越严重。

4.3.2.2 数据准备与测算过程

根据模型设定，模型中涉及三个自变量，即劳动投入、资本投入与产出。笔者以经济活动人口为基础进行劳动投入的计算，以全社会固定资产投资总额为基础进行资本投入的计算。因变量 Y 为 GDP。通过检索，笔者发现上述数据是可得的，均来自国家统计局数据库。笔者抽取 1990—2019 年相关数据计算 α 与 β 的估计值。

（1）单位根检验

只有在各解释变量与被解释变量具有相同的单整阶数的情况下才可以进行时间序列回归。本书进行单位根检验所采用的方法为目前较为流行的 ADF 方法，所使用的工具是 EVIEWS 5.0 软件。单位根检验的基本原理是首先假设各序列存在单位根，然后将 ADF 检验的结果值与特定水平下的临界值进行对比，如果 ADF 值>临界值，则表明接受原假设，即序列存在单位根，表明序列是非平稳的，反之亦然。通过对三个时间变量进行单位根检验，笔者发现模型中的 3 个变量在 5% 的显著水平下都是非平稳的，而他们的一阶差分序列在 5% 的显著水平下都拒绝了原假设，表明它们的一阶差分序列都是平稳的（表 4-14）。

表 4-14　单位根检验

序列名称	ADF 检验值	1%水平临界值	5%水平临界值	是否平稳
$\ln Y$	-2.509 704	-4.571 559	-3.690 814	否
$\ln L$	-2.704 403	-4.467 895	-3.644 963	否
$\ln K$	-2.690 322	-4.532 598	-3.673 616	否
$\ln Y$ (1)	-6.309 704	-4.571 559	-3.690 814	是
$\ln L$ (1)	-4.510 734	-4.498 307	-3.658 446	是
$\ln K$ (1)	-4.616 961	-4.532 598	-3.673 616	是

（2）协整检验

进行协整检验的目的是考察各个非平稳序列之间或者是各序列的线性组合之间是否具有长期稳定的均衡关系。一般情况下，在检验多元变量的协整关系时，大多采用 Johansen 协整检验法。其核心思想是：如果多个时间序列变量是不平稳的，但它们的同阶差分是平稳的，则这些非平稳的时间序列变量存在长期的协整关系。所谓的协整关系指：可以通过一个变量的绝对值的变化影响另一个变量的绝对值的变化。Johansen 检验中最重要的一个参数选择就是滞后期数的选择。按照经验做法，对于年度数据，一般选择的滞后期为 1 或 2，本模型中选择 2 作为滞后期。

通过正态分布检验、自相关检验、异方差检验，发现：模型接受原假设，即服从正态分布；在 5%的显著水平下接受原假设，不存在自相关；在 5%的显著水平下接受原假设，不存在异方差。笔者有足够的理由认为该模型的设计是不存在偏差的，是一个有效的检验模型，满足下一步的需要。通过进一步的 Johansen 最大似然估计法协整检验，笔者得出了产出与各解释变量之间的长期均衡关系，如表 4-15 所示。

表 4-15　Johansen 协整检验结果

标准化协整系数		
$\ln Y$	$\ln L$	$\ln K$
1.000 000	1.547 439	0.696 535
—	(0.632 88)	(0.028 46)

注：括号中为标准误差。

通过回归模型，笔者获得了 α 与 β 的估计值，分别为 1.547 4 和 0.696 5。

按照要素价格扭曲的测算式（4-15）及式（4-16），可以计算要素的边际产出，结果如表 4-16 所示。

表 4-16　要素边际产出

年份	MP_L	MP_K	$\dfrac{Y}{L}$	$\dfrac{Y}{K}$
1991	5099.74	2.71	3295.68	3.89
1992	6238.42	2.32	4031.55	3.33
1993	8103.95	1.88	5237.14	2.70
1994	10 946.12	1.97	7073.88	2.83
1995	13 662.37	2.12	8829.24	3.04
1996	15 787.09	2.16	10 202.34	3.11
1997	17 260.29	2.21	11 154.38	3.17
1998	18 117.56	2.07	11 708.39	2.97
1999	19 063.66	2.09	12 319.80	3.00
2000	20 748.81	2.10	13 408.82	3.01
2001	22 965.79	2.05	14 841.53	2.95
2002	24 996.35	1.93	16 153.77	2.77
2003	28 056.25	1.70	18 131.22	2.44
2004	32 859.04	1.58	21 235.00	2.27
2005	37 594.86	1.45	24 295.50	2.08
2006	43 860.96	1.37	28 344.94	1.97
2007	53 744.87	1.35	34 732.37	1.94
2008	63 073.22	1.27	40 760.77	1.82
2009	68 057.41	1.06	43 981.78	1.52
2010	79 259.70	1.11	51 221.21	1.60
2011	93 164.99	1.06	60 207.44	1.52
2012	94 771.01	1.05	61 245.32	1.51
2013	93 542.89	1.05	60 451.65	1.50
2014	92 882.05	1.04	60 024.59	1.50
2015	95 748.41	1.04	61 876.96	1.49

年份	MP_L	MP_K	$\dfrac{Y}{L}$	$\dfrac{Y}{K}$
2016	96 283.20	1.03	62 222.57	1.48
2017	98 375.26	1.01	63 574.55	1.45
2018	98 875.53	0.92	63 897.85	1.32
2019	99 933.16	0.87	64 581.34	1.25

4.3.2.3 测算结果及分析

根据式（4-19）与式（4-20），将要素的边际产出除以要素价格则可得要素价格扭曲度。笔者选择劳动力年度工资总额与存款年利率作为要素价格，抽取国家统计局数据库中 1991—2019 年的相关数据进行计算。通过计算，笔者获得了劳动价格扭曲度与资本价格扭曲度，如表 4-17 所示。

表 4-17 劳动价格扭曲度与资本价格扭曲度

年份	λ（劳动价格扭曲度）	k（资本价格扭曲度）	劳动价格 w/元	资本价格 r/%	MP_L	MP_K
1991	2.18	35.87	2340.00	7.56	5099.74	2.71
1992	2.30	25.28	2711.00	9.18	6238.42	2.32
1993	2.40	18.68	3371.00	10.08	8103.95	1.88
1994	2.41	21.46	4538.00	9.18	10 946.12	1.97
1995	2.48	23.50	5500.00	9.00	13 662.37	2.12
1996	2.54	25.99	6210.00	8.33	15 787.09	2.16
1997	2.67	38.90	6470.00	5.67	17 260.29	2.21
1998	2.42	45.09	7479.00	4.59	18 117.56	2.07
1999	2.28	92.98	8346.00	2.25	19 063.66	2.09
2000	2.21	69.98	9371.00	3.00	20 748.81	2.10
2001	2.11	102.62	10 870.00	2.00	22 965.79	2.05
2002	2.01	97.31	12 422.00	1.98	24 996.35	1.93
2003	0.76	85.12	37 147.00	2.00	28 056.25	1.70
2004	2.05	70.22	16 024.00	2.25	32 859.04	1.58
2005	2.05	67.49	18 364.00	2.15	37 594.86	1.45

年份	λ（劳动价格扭曲度）	k（资本价格扭曲度）	劳动价格 w/元	资本价格 r/%	MP$_L$	MP$_K$
2006	2.09	54.35	21 001.00	2.52	43 860.96	1.37
2007	2.16	38.91	24 932.00	3.47	53 744.87	1.35
2008	2.16	41.36	29 229.00	3.06	63 073.22	1.27
2009	2.08	46.99	32 736.00	2.25	68 057.41	1.06
2010	2.13	42.33	37 147.00	2.63	79 259.70	1.11
2011	2.23	32.55	41 799.00	3.25	93 164.99	1.06
2012	2.03	0.32	46 769.00	3.25	94 771.01	1.05
2013	1.82	0.32	51 483.00	3.25	93 542.89	1.05
2014	1.65	0.32	56 360.00	3.25	92 882.05	1.04
2015	1.54	0.32	62 029.00	3.25	95 748.41	1.04
2016	1.42	0.32	67 569.00	3.25	96 283.20	1.03
2017	1.32	0.31	74 318.00	3.25	98 375.26	1.01
2018	1.20	0.28	82 413.00	3.25	98 875.53	0.92
2019	1.10	0.27	90 501.00	3.25	99 933.16	0.87

从要素价格扭曲的测度结果来看，中国劳动力要素和资本要素的边际产出都高于要素的价格，这表明中国要素价格扭曲普遍存在。一方面，中国劳动价格存在正向扭曲。加入 WTO 以来，中国外贸规模持续扩张，外贸产出持续增加，竞争加大，产品价格下降，反过来迫使企业压低劳动工资水平，从而劳动价格扭曲程度较大。在外贸转型升级过程中，劳动密集型产品出口比重逐渐降低，劳动密集型商品规模逐渐减少，企业减少劳动力使用，从而加剧劳动力市场的竞争，进而降低劳动力价格，导致劳动价格扭曲持续存在。此外，加工贸易规模的扩张，增加了对劳动力的需求，短期内会带来劳动价格扭曲的修正，但长期来看，商品价格得不到有效改善，劳动力价格将被压得更低，劳动价格扭曲将持续存在。另一方面，中国资本存在严重的正向价格扭曲。资本在中国是稀缺品，资本的价格在较大程度上被低估。从整体上看，资本要素的价格扭曲度要大于劳动力要素的价格扭曲度，也与施炳展和冼国明的研究结果相一致。在中国，资本市场的竞争远不及劳动力市场，企业可以通过扩大劳动力需求来降低资金成本，所以资本价

格扭曲其实是被劳动价格扭曲所替代了。资本使用相对较低，按照边际报酬递减的规律，少量资本的使用反而会带来较高的边际报酬，从而资本的产出效率相对较高，在资本价格不变的情况下，资本价格扭曲度将变大，即资本价格扭曲的强化。随着外贸出口商品结构的优化，意味着资本密集型产品的相对份额增加了，资本密集型产品的规模相对增加，在竞争的条件下，从而产品价格下降，进一步压缩了资本价格提升的空间，导致资本价格扭曲的强化。

4.3.3　要素配置扭曲的测度

如前所述，要素配置扭曲被定义为要素潜在产出能力之外的企业要素配置能力引致的要素结合效率的不同导致要素边际产品价值与其价格背离的现象。不同要素之间的有机结合是产出的源泉。要素的潜在产出能力是有限的，如何让不同的要素释放出最大的产能，是企业管理的核心问题。企业管理的目的就在于最大限度地调动产出积极性，释放产出效能。现实中，几乎不存在能够让要素的潜在产出能力得到全部释放的企业。因此，要素配置扭曲是长期并广泛存在的事实，区别只在于这种扭曲的程度差异。

要评价或者测算企业要素配置效率是一个难题，原因在于作为"黑箱"的企业，其内在的要素配置方式、方法，以及影响因素纷繁复杂，千差万别，几近"不可知"的境界。基于要素的企业生产函数的不可知，导致了要素配置效率难以核算。要素配置扭曲是要素配置效率所决定的现实产出与要素潜在产出之间的比较。而最优潜在产出目前来说是一个不可知的问题。

任何生产过程都可以看成是一个单位（或一个部门）在一定可能范围内，通过投入一定数量的生产要素并产出一定数量的"产品"的活动。虽然这种活动的具体内容各不相同，但其目的都是尽可能地使这一活动取得最大的"效益"。在评价这种"效率"时，DEA 方法具有独到的优越性。DEA 方法是著名运筹学家沙尔内（Charnes）和库珀（Cooper）等学者在"相对效率评价"概念基础上发展起来的一种新的系统分析方法。该方法能够很好地处理多输入、多产出系统相对效率评价的问题，在评价国家、区域、企业等层面的资源配置效率问题上有非常好的表现。本书通过援用 DEA 方法对要素配置效率进行测度，并计算其扭曲度。

4.3.3.1 要素配置扭曲的测度方法

DEA 度量的效率着眼于有效的生产前沿面,不同于一般计量经济模型仅注重平均状态的描述,从而使研究结果更趋于合理。沙尔内所提出的 C^2R 模型以相对效率概念为基础。由于该模型假设规模报酬不变,也可称为 CRS 模型。在 C^2R 模型的基础上,班克(Banker)等人从公理化模式出发给出另一个能同时描述生产规模与技术有效的数据包络模型——BBC 模型,其线性规划模型如下:

假定有 n 个独立的决策单元 DMU,各自组织 i 种要素投入 x,得到 k 种产出 y。投入产出效率可写成以下形式: $h_j = \dfrac{u^{\mathrm{T}} \cdot y_j}{v^{\mathrm{T}} \cdot x_j} = \dfrac{\sum\limits_{k=1}^{s} u_k y_{kj}}{\sum\limits_{i=1}^{m} v_i x_{ij}}$,其中,$y_j$,$x_i$ 分别为产出向量和投入向量;u^{T},v^{T} 分别为产出向量和投入向量的权重。

则线性规划模型为

$$(P_{\mathrm{BBC}}) \begin{cases} \max u^{\mathrm{T}} y_0 = V_p \\ \mathrm{s.\,t.}\ v^{\mathrm{T}} x_j - u^{\mathrm{T}} y_j - u_0 \geqslant 0, j = 1, 2, \cdots, n \\ v^{\mathrm{T}} x_0 = 1 \\ v^{\mathrm{T}} \geqslant \varepsilon e'^{\mathrm{T}} \\ u^{\mathrm{T}} \geqslant \varepsilon e^{\mathrm{T}} \end{cases} \tag{4-21}$$

其对偶规划模型为

$$(D_{\mathrm{BBC}}) \begin{cases} \min [\rho - \varepsilon(e'^{\mathrm{T}} s^- + e^{\mathrm{T}} s^+)] = V_{\mathrm{D}} \\ \mathrm{s.\,t.}\ \sum\limits_{j=1}^{n} \lambda_j x_j + s^- = \rho x_0 \\ \sum\limits_{j=1}^{n} \lambda_j y_j - s^+ = y_0 \\ \sum\limits_{j=1}^{n} \lambda_j = 1 \\ \lambda_j \geqslant 0, j = 1, 2, \cdots, n \\ s^- \geqslant 0, s^+ \geqslant 0 \end{cases} \tag{4-22}$$

其中，ε 为非阿基米德无穷小，规划问题的最优解为 λ^*，s^{*-}，s^{*+}，ρ^*。

①若 $\rho^*<1$，则 DMU 为非 DEA 有效，决策单元 DMU_{j0} 可以通过将组合降至原投入 x_0 的 θ 比例而保持原产出 y_0 不变。

②若 $\rho^*=1$，则 DMU 为弱 DEA 有效，决策单元 DMU_{j0} 可以减少 s^{*-} 的 x_0 投入而保持 y_0 不变，或在投入 x_0 不变的情况下将产出提高 s^{*+}。

③若 $\rho^*=0$，$s^{*-}=0$，$s^{*+}=0$，则 DMU 为 DEA 有效，决策单元 DMU_{j0} 在原投入 x_0 的基础上，获得的产出 y_0 已经达到最优。

通过该线性规划方程计算得出的效率值 ρ 为纯技术效率值，θ 为技术效率值，规模效率值 $P_s=\theta/P$，即规模效率值等于技术效率值除以纯技术效率值。DEA 模型的计算需要借助计算机手段，才能得以实现。本书应用 DEA-Solver Pro5.0 软件进行要素配置效率测算。

4.3.3.2　数据准备与处理

根据模型设定，笔者选取中国省际面板数据进行要素配置效率的测算。DEA 模型是一个计算多投入、多产出的模型，因此，笔者选取 1991—2019 年中国部分省（自治区、直辖市）劳动力投入、固定资产投入作为投入变量，以各省（自治区、直辖市）地区生产总值和出口总额作为产出变量［为了保证数据的一致性，笔者去掉了云南、四川、重庆、海南、贵州、西藏 6 省（自治区、直辖市）的数据，但并不会影响整体效率的计算］。上述 4 个变量全部来自国家统计局地区年度数据库。

4.3.3.3　测度结果及分析

将上述数据输入 DEA-Solver Pro5.0 软件进行计算，笔者获取了中国部分省（自治区、直辖市）1991—2019 年的要素配置效率值，见表 4-18。图 4-16 将 1991—2019 年的总体要素配置效率进行了汇总排序，从图中我们可以发现，25 个决策单元中广东省的要素配置效率最高，各年份均为 1.00；而宁夏、青海的配置效率的排名也比较高，原因可能是这些省（自治区、直辖市）的经济规模较小，按照规模报酬递减的规律，这些省（自治区、直辖市）的要素边际报酬还处于较高的水平；得分最低的是新疆。测算结果与事实基本吻合，证明笔者的模型设计及测算过程是科学的。

表4-18 中国部分省（自治区、直辖市）要素配置效率（1991—2019年）

要素配置效率

年份	北京	天津	河北	山西	内蒙古	辽宁	吉林	黑龙江	上海	江苏	浙江	安徽	福建	江西	山东	河南	湖北	湖南	广东	广西	陕西	甘肃	青海	宁夏	新疆
1991	0.78	0.71	0.90	0.72	0.88	0.90	0.89	0.99	0.91	0.88	0.77	0.84	1.00	0.94	1.00	0.85	1.00	0.91	1.00	1.00	0.79	0.92	1.00	1.00	0.78
1992	0.86	0.77	0.98	0.83	0.78	1.00	0.92	1.00	1.00	0.93	0.86	0.94	1.00	1.00	1.00	0.99	1.00	0.95	1.00	1.00	0.91	0.87	1.00	1.00	0.71
1993	0.88	0.94	1.00	0.80	0.74	1.00	0.82	1.00	1.00	1.00	0.86	0.93	1.00	0.98	1.00	0.97	0.91	1.00	1.00	0.85	0.85	1.00	0.98	1.00	0.71
1994	0.75	0.91	0.90	0.78	0.79	0.95	0.88	1.00	0.84	1.00	0.85	0.91	0.98	1.00	1.00	0.97	0.78	1.00	1.00	0.84	0.88	0.94	1.00	1.00	0.79
1995	0.66	0.84	0.83	1.00	0.89	0.95	0.92	1.00	0.68	0.96	0.79	0.93	0.93	1.00	1.00	0.97	0.70	1.00	1.00	0.93	0.84	0.97	1.00	1.00	0.77
1996	0.78	0.66	1.00	0.70	0.71	0.66	0.70	0.72	1.00	1.00	1.00	1.00	0.66	0.88	1.00	1.00	1.00	0.96	0.90	0.90	0.87	1.00	1.00	0.84	1.00
1997	0.64	0.76	0.75	0.93	1.00	0.96	0.98	1.00	0.73	0.89	0.81	0.82	0.86	1.00	1.00	0.86	0.72	1.00	1.00	0.85	0.78	0.71	0.85	1.00	0.66
1998	0.74	0.77	0.75	0.90	1.00	1.00	0.96	0.96	0.77	0.89	0.81	0.90	0.84	1.00	1.00	0.90	0.72	0.98	1.00	0.84	0.71	0.73	0.86	1.00	0.65
1999	0.78	0.86	0.74	0.89	1.00	1.00	0.90	1.00	0.81	0.96	0.83	0.99	0.88	1.00	0.95	1.00	0.71	0.95	1.00	0.86	0.69	0.68	1.00	1.00	0.68
2000	0.76	0.89	0.78	0.90	1.00	1.00	0.89	1.00	0.76	0.96	0.75	0.95	0.93	1.00	1.00	1.00	0.72	0.94	1.00	0.93	0.72	0.74	1.00	1.00	0.68
2001	0.78	0.88	0.82	0.88	1.00	1.00	0.88	1.00	0.77	0.96	0.70	1.00	0.99	0.98	0.95	1.00	0.73	0.91	1.00	0.99	0.74	0.74	0.84	1.00	0.66
2002	0.82	0.88	0.84	0.85	1.00	1.00	0.84	1.00	0.81	0.88	0.66	0.93	1.00	0.80	0.84	0.99	0.74	0.87	1.00	1.00	0.72	0.77	0.85	1.00	0.64
2003	0.93	0.84	1.00	0.75	0.58	0.86	0.79	0.97	0.93	0.82	0.76	0.85	1.00	0.70	0.82	1.00	0.76	0.94	1.00	1.00	0.62	0.73	1.00	1.00	0.61
2004	0.79	0.90	0.81	0.76	0.55	0.69	0.84	1.00	0.88	0.80	0.63	0.75	0.94	0.61	0.80	0.85	0.76	0.83	1.00	0.85	0.64	0.79	1.00	1.00	0.65
2005	0.83	1.00	0.75	0.74	0.47	0.60	0.67	1.00	0.96	0.82	0.64	0.66	0.89	0.58	0.81	0.76	0.77	0.78	1.00	0.76	0.66	0.79	1.00	1.00	0.66
2006	0.81	0.97	0.64	0.70	0.46	0.50	0.52	0.90	0.94	0.82	0.62	0.54	0.80	0.57	0.82	0.63	0.71	0.76	1.00	0.70	0.61	0.83	1.00	1.00	0.66

续表

要素配置效率

年份	北京	天津	河北	山西	内蒙古	辽宁	吉林	黑龙江	上海	江苏	浙江	安徽	福建	江西	山东	河南	湖北	湖南	广东	广西	陕西	甘肃	青海	宁夏	新疆
2007	0.86	0.88	0.58	0.66	0.47	0.44	0.44	0.77	1.00	0.82	0.65	0.43	0.65	0.54	0.81	0.55	0.65	0.69	1.00	0.62	0.52	0.73	1.00	1.00	0.63
2008	0.91	0.89	0.54	0.65	0.53	0.40	0.39	0.71	1.00	0.84	0.68	0.39	0.63	0.45	0.84	0.51	0.61	0.63	1.00	0.58	0.49	0.64	1.00	1.00	0.61
2009	0.89	0.81	0.46	0.50	0.53	0.43	0.38	0.57	1.00	0.87	0.70	0.37	0.65	0.38	0.86	0.49	0.54	0.56	1.00	0.50	0.44	0.54	1.00	1.00	0.58
2010	0.79	0.79	0.46	0.47	0.54	0.46	0.35	0.47	1.00	0.90	0.75	0.35	0.57	0.35	0.85	0.50	0.51	0.54	1.00	0.43	0.40	0.43	1.00	1.00	0.51
2011	0.78	0.82	0.48	0.45	0.58	0.49	0.40	0.48	1.00	0.92	0.72	0.38	0.53	0.38	0.85	0.51	0.48	0.51	1.00	0.42	0.39	0.35	1.00	1.00	0.38
2012	0.88	0.86	0.81	0.84	0.65	0.54	0.49	0.52	1.00	1.00	0.63	0.39	0.53	0.37	0.88	0.57	0.52	0.66	1.00	0.45	0.51	0.38	1.00	1.00	0.35
2013	0.78	0.84	0.81	0.93	0.63	0.43	0.44	0.49	1.00	1.00	0.64	0.37	0.61	0.39	0.87	0.57	0.58	0.66	1.00	0.47	0.51	0.35	1.00	1.00	0.38
2014	0.74	0.88	0.83	0.90	0.65	0.39	0.40	0.44	1.00	1.00	0.62	0.35	0.54	0.45	0.88	0.52	0.56	0.63	1.00	0.46	0.56	0.38	1.00	1.00	0.31
2015	0.79	0.93	0.75	0.85	0.57	0.37	0.39	0.40	0.90	1.00	0.65	0.52	0.51	0.41	0.87	0.58	0.54	0.61	1.00	0.41	0.48	0.37	1.00	1.00	0.39
2016	0.89	0.89	0.70	0.84	0.53	0.35	0.54	0.54	0.92	0.97	0.57	0.49	0.57	0.48	0.81	0.51	0.51	0.57	1.00	0.51	0.49	0.39	1.00	1.00	0.33
2017	0.86	0.88	0.66	0.86	0.61	0.52	0.45	0.51	0.96	1.00	0.53	0.44	0.53	0.57	0.76	0.38	0.57	0.61	1.00	0.51	0.44	0.45	1.00	1.00	0.32
2018	0.88	0.84	0.81	0.93	0.54	0.49	0.38	0.48	0.94	1.00	0.65	0.38	0.53	0.51	0.84	0.57	0.51	0.55	1.00	0.56	0.51	0.44	1.00	1.00	0.34
2019	0.94	0.89	0.85	0.99	0.51	0.44	0.45	0.48	0.97	0.98	0.57	0.38	0.62	0.50	0.86	0.52	0.57	0.51	1.00	0.59	0.49	0.38	1.00	1.00	0.38

省（自治区、直辖市）

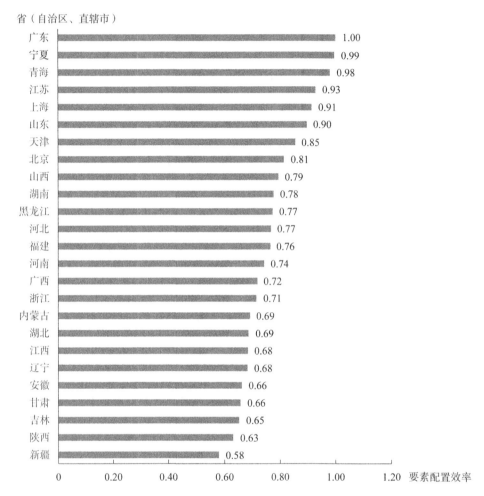

图4-16　中国部分省（自治区、直辖市）总体要素配置效率比较（1991—2019年）

要素配置扭曲是实际配置效率与最优配置效率间的比较，即 $k=1-\theta$，其中 k 为要素配置扭曲，1为最优配置效率，θ 为实际配置效率。由于决策单元有25个，为了得到可用的时间序列，笔者对各省（自治区、直辖市）要素配置扭曲度进行了加总，并计算平均要素效率（各省要素配置效率之和/25）。而平均要素效率与最优要素配置效率"1"之间的差距即为中国整体要素配置扭曲度（表4-19）。

表 4-19　中国整体要素配置扭曲度

年份	要素配置扭曲度	年份	要素配置扭曲度
1991	0.11	2006	0.26
1992	0.07	2007	0.30
1993	0.07	2008	0.32
1994	0.09	2009	0.36
1995	0.10	2010	0.38
1996	0.12	2011	0.39
1997	0.14	2012	0.33
1998	0.13	2013	0.33
1999	0.11	2014	0.34
2000	0.11	2015	0.35
2001	0.11	2016	0.34
2002	0.14	2017	0.34
2003	0.15	2018	0.33
2004	0.20	2019	0.33
2005	0.22	—	—

　　从图 4-17 中可以看出，中国要素配置扭曲程度总体呈现上升趋势。1992—1997 年，中国要素配置扭曲度总体呈现逐渐增加趋势，由于受亚洲金融危机的影响，从 1998 年开始出现了一个短暂的下降趋势，这正好与亚洲金融危机发生的时间所相吻合。从 2001 年开始，中国要素配置扭曲度呈直线上升趋势，这表明伴随着中国经济的高速发展，中国要素配置效率低下问题越来越突出。中国经济的发展促进了中国的潜在产出水平不断提高，但是中国配置效率扭曲度不断增长，却反映出中国现实产出与潜在产出间的差距不断扩大，由于外贸企业的资源配置效率低下，使得中国要素结合有效性下降，进而使得要素的真实产出效率得不到释放。而党的十八届三中全会中强调"促进国际国内要素有序自由流动、资源高效配置"恰恰验证了中国要素配置扭曲问题的严重性。

要素配置扭曲度

图 4-17　中国要素配置扭曲度趋势（1991—2019 年）

4.4　小结

本章通过对中国要素市场现状的分析发现，我国在要素的供给方面、要素的价格方面及要素的有效配置方面存在大量的问题，而要素市场的这些问题都可以被归纳为要素市场的扭曲。在此基础之上，本章采用先进的数理方法工具分别对要素供给扭曲、要素价格扭曲以及要素配置扭曲进行了系统测度。测度结果显示，我国要素供给、要素价格和要素配置的确都存在着较大程度的扭曲。

第 5 章

要素市场扭曲对外贸转型升级的影响实证
——以劳动力与资本要素为例

　　研究要素市场扭曲及其变化对中国外贸发展和外贸转型升级的现实影响具有重要的意义。中国推动外贸转型升级多年以来，尽管取得了许多成绩，但是始终无法扭转中国贸易条件持续恶化，产品出口低端化发展等问题。为了验证前文对要素市场扭曲对外贸转型升级的影响机理的分析，本章将利用 VAR 模型，采用 ADF 单位根检验、格兰杰因果检验和 Johansen 协整检验以及脉冲响应分析等方法进行实证研究。

　　根据前文的论述，要素市场扭曲对外贸转型升级存在类似蛛网的传导影响机理，因此，本章构建如下回归模型：

$$\text{Progress} = \alpha \cdot \text{Distortion} + \varepsilon \qquad (5-1)$$

其中，Distortion 是用来刻画中国要素市场扭曲的集合，根据本书第 2 章和第 4 章的内容可知，要素市场扭曲分为要素供给扭曲、要素价格扭曲和要素配置扭曲。Progress 是用来刻画中国外贸转型现实表现的集合，包括外贸整体规模、商品结构、方式结构、主体结构、国内地域结构、外贸条件以及外贸竞争力等方面的指标。为了更好地区分和研究要素供给扭曲、要素价格扭曲以及要素配置扭曲对于中国外贸转型升级的不同影响效果，本章将按照三种扭曲进行分类实证。

　　由于数据的不可得，技术要素与资源环境要素的扭曲度无法进行量化计算，因此本章以劳动力与资本要素为例进行实证研究。虽然无法实现对技术、资源环境要素市场扭曲与外贸转型升级内在关联理论推导的实证分析，但通过劳动力、资本要素的实证，研究要素供给扭曲、价格扭曲、配置效率扭曲与外贸转型升级之间的互动关系亦可得到具有代表性的实证结论。

5.1 要素供给扭曲与外贸转型升级

VAR 模型是众多模型中最成功、最灵活，也是最容易使用的多变量时间序列分析模型。VAR 模型是变量自回归模型向动态多变量时间序列的推广。实践表明，VAR 模型描述经济发展的时间序列动态行为方面以及对未来的预测非常有效。在 VAR 模型中，将所有变量都看成是内生变量。

VAR 模型的一般形式为：设 $y_t = (y_{1t}, y_{2t}, \cdots, y_{nt})'$，滞后阶数为 p 的 VAR (p) 模型可以写成：$y_t = A_0 + A_1 y_{t-1} + A_2 y_{t-2} + \cdots + A_p y_{t-p} + u_t$，其中，$i = 0, 1, 2, \cdots, p$。$A_i$ 为 $n \times n$ 系数矩阵，$u_t = (u_{1t}, u_{2t}, \cdots, u_{nt})'$ 为不可观测的独立同分布的零均值误差项。

5.1.1 模型设定

前文从外贸整体规模、商品结构、方式结构、主体结构、空间结构、外贸条件以及外贸竞争力 7 个不同的角度刻画了中国的外贸转型升级的现状。基于此，本部分将包括 7 个 VAR 模型，即要素供给扭曲与外贸转型升级的 7 个不同方面的动态关系，通过对这 7 个模型的实证检验，我们可以得出要素供给扭曲与外贸转型升级间较为全面的动态影响规律。相关变量见表 5-1。

表 5-1　相关变量与模型设定

组别	相关变量
第 1 组	劳动供给扭曲（LSD）与资本供给扭曲（CSD）↔外贸出口规模（LNEX）
第 2 组	劳动供给扭曲（LSD）与资本供给扭曲（CSD）↔外贸出口商品结构（CL）：资本密集型产品/劳动密集型产品
第 3 组	劳动供给扭曲（LSD）与资本供给扭曲（CSD）↔外贸出口方式结构（PG）：加工贸易/一般贸易
第 4 组	劳动供给扭曲（LSD）与资本供给扭曲（CSD）↔外贸出口主体结构（PE）：民营企业出口额占出口总额的比重
第 5 组	劳动供给扭曲（LSD）与资本供给扭曲（CSD）↔外贸出口空间结构（MS）：中国东部 9 省（自治区、直辖市）出口额占出口总额的比重
第 6 组	劳动供给扭曲（LSD）与资本供给扭曲（CSD）↔外贸条件指数（TTI）
第 7 组	劳动供给扭曲（LSD）与资本供给扭曲（CSD）↔外贸竞争力（LRCA，CRCA），其中 LRCA 为劳动密集型产品 RCA 指数，CRCA 为资本密集型产品 RCA 指数

根据 VAR 模型的一般形式，本章要素供给扭曲与外贸转型升级的 VAR 模型可以写成如下形式：

$$（1）\begin{cases} \text{LNEX}_t = \partial_{11}\text{LNEX}_{t-1} + \partial_{12}\text{LNEX}_{t-2} + \partial_{13}\text{LSD}_{t-1} + \partial_{14}\text{LSD}_{t-2} + \partial_{15}\text{CSD}_{t-1} \\ \qquad\quad + \partial_{16}\text{CSD}_{t-2} + u_{1t} \\ \text{LSD}_t = \partial_{21}\text{LNEX}_{t-1} + \partial_{22}\text{LNEX}_{t-2} + \partial_{23}\text{LSD}_{t-1} + \partial_{24}\text{LSD}_{t-2} + \partial_{25}\text{CSD}_{t-1} \\ \qquad\quad + \partial_{26}\text{CSD}_{t-2} + u_{2t} \\ \text{CSD}_t = \partial_{31}\text{LNEX}_{t-1} + \partial_{32}\text{LNEX}_{t-2} + \partial_{33}\text{LSD}_{t-1} + \partial_{34}\text{LSD}_{t-2} + \partial_{35}\text{CSD}_{t-1} \\ \qquad\quad + \partial_{36}\text{CSD}_{t-2} + u_{3t} \end{cases}$$

$$（2）\begin{cases} \text{CL}_t = \partial_{11}\text{CL}_{t-1} + \partial_{12}\text{CL}_{t-2} + \partial_{13}\text{LSD}_{t-1} + \partial_{14}\text{LSD}_{t-2} + \partial_{15}\text{CSD}_{t-1} + \partial_{16}\text{CSD}_{t-2} + u_{1t} \\ \text{LSD}_t = \partial_{21}\text{CL}_{t-1} + \partial_{22}\text{CL}_{t-2} + \partial_{23}\text{LSD}_{t-1} + \partial_{24}\text{LSD}_{t-2} + \partial_{25}\text{CSD}_{t-1} + \partial_{26}\text{CSD}_{t-2} + u_{2t} \\ \text{CSD}_t = \partial_{31}\text{CL}_{t-1} + \partial_{32}\text{CL}_{t-2} + \partial_{33}\text{LSD}_{t-1} + \partial_{34}\text{LSD}_{t-2} + \partial_{35}\text{CSD}_{t-1} + \partial_{36}\text{CSD}_{t-2} + u_{3t} \end{cases}$$

$$（3）\begin{cases} \text{PG}_t = \partial_{11}\text{PG}_{t-1} + \partial_{12}\text{PG}_{t-2} + \partial_{13}\text{LSD}_{t-1} + \partial_{14}\text{LSD}_{t-2} + \partial_{15}\text{CSD}_{t-1} + \partial_{16}\text{CSD}_{t-2} + u_{1t} \\ \text{LSD}_t = \partial_{21}\text{PG}_{t-1} + \partial_{22}\text{PG}_{t-2} + \partial_{23}\text{LSD}_{t-1} + \partial_{24}\text{LSD}_{t-2} + \partial_{25}\text{CSD}_{t-1} + \partial_{26}\text{CSD}_{t-2} + u_{2t} \\ \text{CSD}_t = \partial_{31}\text{PG}_{t-1} + \partial_{32}\text{PG}_{t-2} + \partial_{33}\text{LSD}_{t-1} + \partial_{34}\text{LSD}_{t-2} + \partial_{35}\text{CSD}_{t-1} + \partial_{36}\text{CSD}_{t-2} + u_{3t} \end{cases}$$

$$（4）\begin{cases} \text{PE}_t = \partial_{11}\text{PE}_{t-1} + \partial_{12}\text{PE}_{t-2} + \partial_{13}\text{LSD}_{t-1} + \partial_{14}\text{LSD}_{t-2} + \partial_{15}\text{CSD}_{t-1} + \partial_{16}\text{CSD}_{t-2} + u_{1t} \\ \text{LSD}_t = \partial_{21}\text{PE}_{t-1} + \partial_{22}\text{PE}_{t-2} + \partial_{23}\text{LSD}_{t-1} + \partial_{24}\text{LSD}_{t-2} + \partial_{25}\text{CSD}_{t-1} + \partial_{26}\text{CSD}_{t-2} + u_{2t} \\ \text{CSD}_t = \partial_{31}\text{PE}_{t-1} + \partial_{32}\text{PE}_{t-2} + \partial_{33}\text{LSD}_{t-1} + \partial_{34}\text{LSD}_{t-2} + \partial_{35}\text{CSD}_{t-1} + \partial_{36}\text{CSD}_{t-2} + u_{3t} \end{cases}$$

$$（5）\begin{cases} \text{MS}_t = \partial_{11}\text{MS}_{t-1} + \partial_{12}\text{MS}_{t-2} + \partial_{13}\text{LSD}_{t-1} + \partial_{14}\text{LSD}_{t-2} + \partial_{15}\text{CSD}_{t-1} + \partial_{16}\text{CSD}_{t-2} + u_{1t} \\ \text{LSD}_t = \partial_{21}\text{MS}_{t-1} + \partial_{22}\text{MS}_{t-2} + \partial_{23}\text{LSD}_{t-1} + \partial_{24}\text{LSD}_{t-2} + \partial_{25}\text{CSD}_{t-1} + \partial_{26}\text{CSD}_{t-2} + u_{2t} \\ \text{CSD}_t = \partial_{31}\text{MS}_{t-1} + \partial_{32}\text{MS}_{t-2} + \partial_{33}\text{LSD}_{t-1} + \partial_{34}\text{LSD}_{t-2} + \partial_{35}\text{CSD}_{t-1} + \partial_{36}\text{CSD}_{t-2} + u_{3t} \end{cases}$$

$$（6）\begin{cases} \text{TTI}_t = \partial_{11}\text{TTI}_{t-1} + \partial_{12}\text{TTI}_{t-2} + \partial_{13}\text{LSD}_{t-1} + \partial_{14}\text{LSD}_{t-2} + \partial_{15}\text{CSD}_{t-1} + \partial_{16}\text{CSD}_{t-2} + u_{1t} \\ \text{LSD}_t = \partial_{21}\text{TTI}_{t-1} + \partial_{22}\text{TTI}_{t-2} + \partial_{23}\text{LSD}_{t-1} + \partial_{24}\text{LSD}_{t-2} + \partial_{25}\text{CSD}_{t-1} + \partial_{26}\text{CSD}_{t-2} + u_{2t} \\ \text{CSD}_t = \partial_{31}\text{TTI}_{t-1} + \partial_{32}\text{TTI}_{t-2} + \partial_{33}\text{LSD}_{t-1} + \partial_{34}\text{LSD}_{t-2} + \partial_{35}\text{CSD}_{t-1} + \partial_{36}\text{CSD}_{t-2} + u_{3t} \end{cases}$$

$$(7)\begin{cases}\begin{aligned}LRCA_t &= \partial_{11}LRCA_{t-1} + \partial_{12}LRCA_{t-2} + \partial_{13}CRCA_{t-1} + \partial_{14}CRCA_{t-2} + \partial_{15}LSD_{t-1} \\ &\quad + \partial_{16}LSD_{t-2} + \partial_{17}CSD_{t-1} + \partial_{18}CSD_{t-2} + u_{1t} \\ CRCA_t &= \partial_{21}LRCA_{t-1} + \partial_{22}LRCA_{t-2} + \partial_{23}CRCA_{t-1} + \partial_{24}CRCA_{t-2} + \partial_{25}LSD_{t-1} \\ &\quad + \partial_{26}LSD_{t-2} + \partial_{27}CSD_{t-1} + \partial_{28}CSD_{t-2} + u_{2t} \\ LSD_t &= \partial_{31}LRCA_{t-1} + \partial_{32}LRCA_{t-2} + \partial_{33}CRCA_{t-1} + \partial_{34}CRCA_{t-2} + \partial_{35}LSD_{t-1} \\ &\quad + \partial_{36}LSD_{t-2} + \partial_{37}CSD_{t-1} + \partial_{38}CSD_{t-2} + u_{3t} \\ CSD_t &= \partial_{41}LRCA_{t-1} + \partial_{42}LRCA_{t-2} + \partial_{43}CRCA_{t-1} + \partial_{44}CRCA_{t-2} + \partial_{45}LSD_{t-1} \\ &\quad + \partial_{46}LSD_{t-2} + \partial_{47}CSD_{t-1} + \partial_{48}CSD_{t-2} + u_{4t} \end{aligned}\end{cases}$$

$$(5-2)$$

当某一变量第 t 期的扰动项发生变动时，会通过变量之间的动态联系，对 t 期以后的各变量产生一连串的连锁作用。我们将其中变化的扰动项称为信息向量，而这种扰动可能是政治、经济等各种不可解释的因素造成的冲击。

5.1.2 变量及数据说明

根据计量模型的要求，本章抽取了国家统计数据库中 1991—2019 年的相关数据，经过整理、变换、测算获取本章 VAR 模型的输入数据样本（相关数据在第 3 章和第 4 章已有描述与测算）。外贸发展的整体规模用外贸出口商品规模（LNEX）来表示；外贸出口商品结构用资本密集型产品同劳动密集型产品出口的比值（CL）表示，该比值越高说明中国外贸商品结构调整与国家期望越接近（资本密集型商品最优比重存在极化和区间性，并非资本密集型越高越好）；外贸出口方式结构用加工贸易与一般贸易出口的比重（PG）表示，该比重越小说明中国外贸方式结构调整越有效；外贸出口主体结构用民营企业出口额占出口总额的比重（PE）表示，该比重越大说明中国外贸主体结构调整越符合经济发展方式调整的趋势；外贸出口空间结构用中国东部 9 省（自治区、直辖市）出口额占出口总额的比重（MS）表示，该比重越小说明中国中西部地区外贸发展越好，中国区域之间的外贸产业转移发展越协调；外贸条件用外贸条件指数（TTI）来表示，该指标越高说明中国外贸发展越好；外贸竞争力用劳动密集型产品 RCA 指数（LRCA）和资本密集型产品 RCA 指数（CRCA）来表示，该指数越高说明中国的外贸竞争力水平越高。贸易条件指数数据来源于世界银行世界发展数据库（World Development Indicator），要素供给扭曲源自第 4 章要素市场扭曲的测算结果，为了更好地衡量中国要素供给扭曲的变动趋势，这里将劳动和资本供给扭曲的数值变换为以 1991 年为基期。另外，由于本书中大多数数据都为相对数，因此将出口规模做对数变换。

5.1.3 平稳性检验

对时间序列数据建模时，必须先要考虑序列的平稳性，单位根检验就是统计检验中用于检验平稳性的最主要的一种检验方法，本文运用 ADF 检验，检验方程为

$$\Delta y_t = \gamma y_{t-1} + \xi_1 \Delta y_{t-1} + \xi_2 \Delta y_{t-2} + \cdots + \xi_{p-1} \Delta y_{t-p+1} + \varepsilon_t \quad (5-3)$$

其中，y_t 是待检验的时间序列，ε_t 是随机扰动项，p 为滞后阶数。原假设为 H_0：$p=0$，表明 y_t 是非平稳的，H_1：$p<0$，表明 y_t 是平稳的。当 y_t 是非平稳序列时，要对 y_t 进行差分，直到将数列变为平稳数列，从而判断出 y_t 的单整阶数。表 5-2 为对各个变量的时间序列进行单位根检验的结果。

表 5-2　单位根检验统计结果

变量	t 统计量	5% 临界值	P 值	是否平稳
LSD	−1.762 031	−3.020 686	0.3870	否
ΔLSD	−3.440 766	−3.029 970	0.0223	是
CSD	−2.807 454	−3.020 686	0.0750	否
ΔCSD	−6.464 407	−3.029 970	0.0000	是
LNEX	0.090 792	−3.020 686	0.9566	否
ΔLNEX	−4.258 943	−3.029 970	0.0041	是
CL	−1.450 991	−3.029 970	0.5357	否
ΔCL	−3.455 486	−3.040 391	0.0224	是
PG	−1.597 458	−3.020 686	0.4654	否
ΔPG	−4.052 840	−3.029 970	0.0063	是
PE	−2.157 143	−3.020 686	0.2265	否
ΔPE	−3.808 759	−3.029 970	0.0105	是
MS	2.177 223	−1.959 071	0.9901	否

变量	t 统计量	5%临界值	P 值	是否平稳
ΔMS	−2.578 295	−1.960 171	0.0130	是
TTI	−1.562 962	−1.959 071	0.1086	否
ΔTTI	−3.214 472	−1.960 171	0.0029	是
LRCA	−0.968 110	−3.020 686	0.7438	否
ΔLRCA	−4.577 196	−3.029 970	0.0021	是
CRCA	0.605 967	−3.020 686	0.9861	否
ΔCRCA	−5.908 341	−3.029 970	0.0001	是

注：Δ 表示一阶差分。

通过单位根检验，笔者发现在 5% 的显著性水平下，所有变量的水平序列都是非平稳的，而它们的一阶差分序列在 5% 显著性水平下是平稳的，所有变量都通过平稳性检验。

5.1.4 协整检验

通过正态分布检验、自相关检验、异方差检验，发现：模型接受原假设，即服从正态分布；在 5% 的显著水平下接受原假设，不存在自相关；在 5% 的显著水平下接受原假设，不存在异方差。笔者有足够的理由认为 VAR 模型的设计是不存在偏差的，是一个有效的检验模型，满足下一步的需要。通过进一步的 Johansen 最大似然估计法协整检验，笔者得出了各组模型产出与各解释变量之间的长期均衡关系，见表 5-3。

表 5-3 Johansen 协整检验结果

迹检验统计量（λ_{trace}）			
分组	不滞后	滞后 1 期	滞后 2 期
1	52.754 95*	20.277 53*	5.315 553*
2	62.242 10*	29.914 08*	3.705 984
3	45.514 67*	11.369 26	1.364 203
4	40.855 54*	9.450 149	1.113 083
5	61.226 96*	31.843 96*	13.607 94*
6	48.515 81*	10.811 02	0.029 391
7	72.694 60*	34.245 30*	14.202 81

最大特征值检验统计量（λ_{max}）			
分组	不滞后	滞后 1 期	滞后 2 期
1	32. 477 42*	14. 961 97*	5. 315 553*
2	32. 328 03*	26. 208 09*	3. 705 984
3	34. 145 42*	10. 005 05	1. 364 203
4	31. 405 39*	8. 337 066	1. 113 083
5	29. 382 99*	18. 236 02*	13. 607 94*
6	37. 704 78*	10. 781 63	0. 029 391
7	38. 449 29*	20. 042 49*	11. 980 16

注：每组变量均采用滞后二阶的 VAR 模型进行估计。

　　*代表在5%的水平上显著。

从表5-3可以看出，在5%的显著水平下，第1组变量最大特征值检验和迹检验结果都表明含有3个协整关系；第2组变量含有2个协整关系；第3组变量含有1个协整关系；第4组变量含有1个协整关系；第5组变量含有3个协整关系；第6组变量含有1个协整关系；第7组变量最大特征值检验结果表明有1个协整关系，迹检验结果表明含有2个协整关系。

通过协整得到标准化协整结果，见表5-4。表5-4的结果显示：劳动供给扭曲和资本供给扭曲同中国的外贸发展状况存在长期的均衡关系。

第1组变量协整关系显示劳动供给扭曲和资本供给扭曲与出口规模呈现负相关关系。

第2组结果显示，从长期的均衡来看，劳动供给扭曲有利于中国资本密集型产品出口比重的上升，资本供给扭曲不利于中国资本密集型产品的出口，劳动供给扭曲对于资本密集型产品的正向影响要大于资本供给扭曲对于资本密集型产品的负向影响，最终的结果是出口的扩张中，资本密集型产品比劳动密集型产品出口扩张速度更快。

第3组结果显示，中国劳动供给扭曲有利于中国一般贸易的发展，资本供给扭曲有利于加工贸易的发展。这是因为在中国当今劳动供给扭曲增长的过程中，东部地区以加工贸易为主的企业因缺乏劳动力的供应而规模减小。而资本供给扭曲导致了融资成本加大，外贸企业加大劳动力需求替代，从而促进了加工贸易的发展（影响贸易方式结构的因素很多，要素供给扭曲只是其中之一，要素供给扭曲对外贸方式结构的影响并不能决定一般贸易持续扩展的总体发展趋势）。

第4组结果显示，中国劳动供给扭曲和资本供给扭曲和中国民营企业出口比重呈弱负向关系，要素供给扭曲阻碍了民营企业的发展，但对于外资企业而言，却呈现出一种相反的关系。中国民营企业的发展水平并不高，大多数还是依靠粗放式发展或者依赖政府的政策支持来提升出口比重的。

第5组结果显示劳动供给扭曲和资本供给扭曲不利于东部地区的发展，有利于中国外贸地区结构的平衡发展。

第6组结果显示劳动供给扭曲和资本供给扭曲引起中国外贸条件的持续恶化。

第7组结果显示劳动供给扭曲和资本供给扭曲不利于中国资本密集型和劳动密集型出口商品的显示性比较优势的提高。

表 5-4　标准化协整向量结果

分组	标准化协整向量	分组	标准化协整向量
1	$LNEX = -1.460685CSD - 1.126963LSD$ (0.161 92)　　　(0.220 59)	5	$MS = -0.010131CSD - 0.027500LSD$ (0.003 37)　　　(0.005 38)
2	$CL = -0.127599CSD + 1.006088LSD$ (0.081 17)　　　(0.113 87)	6	$TTI = -0.236447CSD - 0.154245LSD$ (0.019 80)　　　(0.028 67)
3	$PG = 0.19029CSD - 0.447825LSD$ (0.063 14)　　　(0.096 37)	7	$LRCA = -0.263155CSD - 0.216985LSD$ (0.023 40)　　　(0.034 45)
4	$PE = -0.00385CSD - 0.004076LSD$ (0.000 99)　　　(0.001 60)		$CRCA = -0.728828CSD - 0.206964LSD$ (0.085 94)　　　(0.126 50)

注：括号内为对应的标准误差。

5.1.5　脉冲响应分析

上述协整关系显示各组变量间的长期的均衡关系，下面将采用脉冲响应的方法，分析每组变量之间的动态作用过程。脉冲响应函数是用于反映每个内生变量的变动对于自己及其他所有内生变量所产生的影响。它显示任意一个变量的扰动通过模型影响其他所有的变量，并最终又反馈到自身的过程。

①第 1 组模型：外贸出口规模（LNEX）对劳动供给扭曲（LSD）及资本供给扭曲（CSD）一个标准差信息的响应，以及劳动供给扭曲（LSD）和资本供给扭曲（CSD）对外贸出口规模（LNEX）一个标准差信息的响应，如图 5-1 所示。

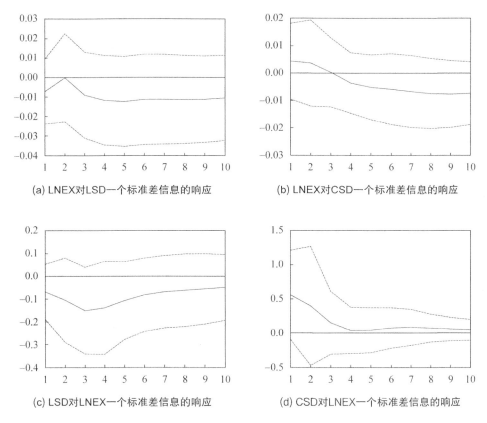

图 5-1　LNEX 与 LSD、CSD 之间的脉冲响应

注：实线为脉冲响应变化情况，虚线为脉冲响应变化的两倍标准差区间（后同）。

从图 5-1（a）中可见，外贸出口规模对于来自劳动供给扭曲的一个标准差冲击有一个负向的响应，而且持续较长的时间，这说明劳动供给扭曲抑制了中国出口规模的增长；从图 5-1（b）中可以看出，外贸出口规模对于来自资本供给扭曲的一个冲击的反应是先正后负，在第 3 期发生转变，说明短期资本的扭曲可以通过劳动力进行替代，从而扩大出口规模，但长期来看，资本供给扭曲将抑制出口规模的扩张。外贸出口规模的扩张反过来又对劳动供给扭曲和资本供给扭曲产生影响；从图5-1（c）中可以看出，劳动供给扭曲对于来自外贸出口规模的冲击的反应为负，并且随着时间的推移负向效应越来越大，在第4期达到-0.17的最低点，随后作用效果缓慢减弱；从图5-1（d）中可以看出，资本供给扭曲对于来自外贸出口规模的一个冲击立即有了较强的正反应，随后开始下降，在第4期之后维持在较低的正效应水平，这反映出中国出口的粗放扩展进一步强化了资本供给扭曲，形成以劳动力要素密集使用的路径依赖。

②第2组模型：外贸出口商品结构（CL）对劳动供给扭曲（LSD）及资本供给扭曲（CSD）一个标准差信息的响应，以及劳动供给扭曲（LSD）和资本供给扭曲（CSD）对外贸出口商品结构（CL）一个标准差信息的响应，如图5-2所示。

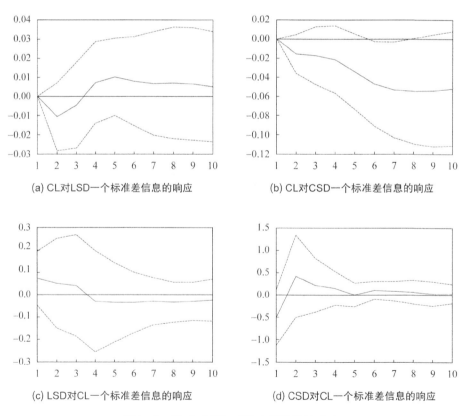

(a) CL对LSD一个标准差信息的响应　　　　(b) CL对CSD一个标准差信息的响应

(c) LSD对CL一个标准差信息的响应　　　　(d) CSD对CL一个标准差信息的响应

图5-2　CL与LSD、CS之间的脉冲响应

从图 5-2 中可以看出，外贸出口商品结构对于来自劳动供给扭曲的一个正向冲击产生的响应先为负，影响滞后 4 期，从第 4 期开始变为正向的影响，此后在较长时期内一直维持着平稳的正向效应。外贸出口商品结构对于来自资本供给扭曲的一个冲击产生的响应一直为负向，在第 8 期影响效果达到最大，之后一直维持在 0.05 的响应水平左右。这可以说明，从长期来看，中国劳动供给扭曲引起了中国劳动密集型产品出口份额的减少和资本密集型产品出口份额的增大，而资本供给扭曲引起了中国劳动密集型产品出口份额的增加和资本密集型产品出口份额的减少。反过来，劳动供给扭曲对于来自外贸出口商品结构的一个正向冲击产生的响应先为正，在第 4 期将强化劳动供给扭曲，转变为负向影响，劳动供给扭曲被弱化修正，原因可能是随着资本密集型商品出口规模的扩大，劳动力报酬得到提高，劳动力供给突破制度障碍的动力增强。资本供给扭曲对于来自外贸出口商品结构的一个正向冲击的响应先为负，资本供给扭曲被弱化，短期资本被吸收进入资本密集型外贸行业，第 2 期之后，效应为正，并逐渐收敛于 0，行业对资金的吸引力有限，资金流出动力增强，冲击在长期基本失去影响力。

③第 3 组模型：外贸出口方式结构（PG）对劳动供给扭曲（LSD）及资本供给扭曲（CSD）一个标准差信息的响应，以及劳动供给扭曲（LSD）和资本供给扭曲（CSD）对外贸出口方式结构（PG）一个标准差信息的响应，如图 5-3 所示。

从图 5-3（a）中可以看出，外贸出口方式结构来自劳动供给扭曲的冲击对于中国外贸方式结构的影响响应一直为负，在第 4 期作用力响应达到最大，之后负响应逐渐收敛。而对于来自资本供给扭曲的一个冲击产生的响应先为负后变为正向，到第 3 期负响应达到最大后开始减弱，到第 8 期后响应变为正值，且正向作用持续增大。因此，从长期来看，劳动供给扭曲对中国外贸方式向一般贸易发展有积极影响，而资本供给扭曲从前几期看有利于一般贸易，但是随着时间的持续，资本供给扭曲最终产生的响应仍有利于加工贸易的发展，要素供给扭曲对于外贸方式的影响要看两种要素扭曲的叠加效应。从图 5-3（c）看，中国加工贸易出口比重的扩大又进一步强化了劳动供给扭曲，从图 5-3（d）看，中国加工贸易出口比重的扩大可以在短期内限制中国资本供给扭曲，但在第 7 期后作用效果变为正。

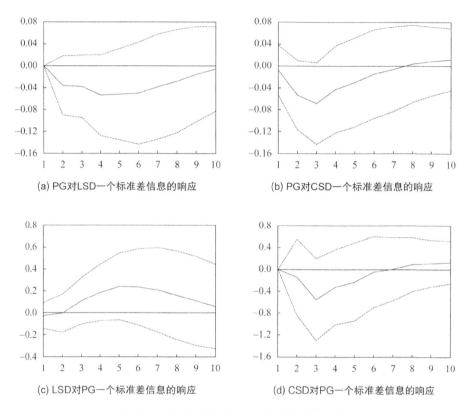

(a) PG对LSD一个标准差信息的响应　　　(b) PG对CSD一个标准差信息的响应

(c) LSD对PG一个标准差信息的响应　　　(d) CSD对PG一个标准差信息的响应

图 5-3　PG 与 LSD、CS 之间的脉冲响应

④第 4 组模型：外贸出口主体结构（PE）对劳动供给扭曲（LSD）及资本供给扭曲（CSD）一个标准差信息的响应，以及劳动供给扭曲（LSD）和资本供给扭曲（CSD）对外贸出口主体结构（PE）一个标准差信息的响应，如图 5-4 所示。

从图 5-4 中可以看到，中国外贸出口主体结构对来自劳动供给扭曲的冲击产生的效应为负，说明劳动供给扭曲阻碍了民营企业的发展，而来自资本供给扭曲的一个冲击产生的响应为负，这些说明资本供给扭曲阻碍了中国民营企业的发展（这种影响与现实发展趋势相悖，原因在于现实中影响民营企业发展的因素太多，而此处要素供给扭曲仅仅是其中之一，最终的发展趋势是综合因素叠加的结果）。反过来，外贸出口主体结构的一个正的冲击导致劳动供给扭曲在前几期一个负向的变动，弱化了劳动供给扭曲；接下来这种弱化影响长期存在，只是影响程度逐渐收敛。而资本供给扭曲在前3期表现出较强的正向影响，随后收敛于0，表明民营企业的出口扩张短期内将强化资本供给扭曲，这也证实了民营企业的出口扩张主要依靠的是劳动力要素的供给。

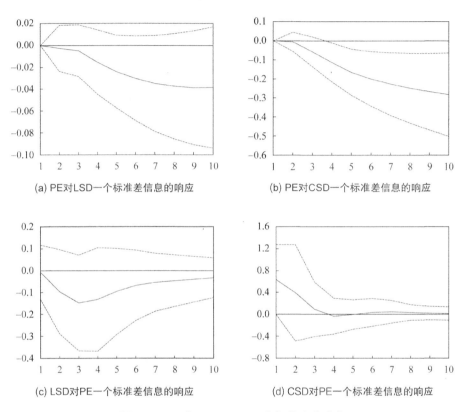

(a) PE对LSD一个标准差信息的响应   (b) PE对CSD一个标准差信息的响应

(c) LSD对PE一个标准差信息的响应   (d) CSD对PE一个标准差信息的响应

图5-4　PE与LSD、CSD之间的脉冲响应

⑤第5组模型：外贸出口空间结构（MS）对劳动供给扭曲（LSD）及资本供给扭曲（CSD）一个标准信息差的响应，以及劳动供给扭曲（LSD）和资本供给扭曲（CSD）对外贸出口空间结构（MS）一个标准差信息的响应，如图5-5所示。

从图5-5（a）、图5-5（b）中可以看出，中国外贸出口空间结构对于来自劳动供给扭曲的一个冲击产生的效应一直为负，在第4期达到最高，随后负效应逐渐减小。对于来自资本供给扭曲的冲击产生的响应也一直为负，在第6期负效应达到最大，随后影响效果逐渐较弱。劳动供给扭曲和资本供给扭曲促进了外贸出口空间结构的均衡发展，极大地促进了西部地区外贸占比的提高，有利于外贸

出口空间结构向均衡方向发展，促进了外贸产业向中西部的空间转移。从图 5-5
（c）中看到，劳动供给扭曲对来自外贸出口空间结构的变动的冲击在第一期做出
了负向的响应，之后变为正向的回应，最后收敛于 0。东部地区出口规模的扩
张，一开始弱化了劳动供给扭曲，短期出现了劳动力的回流，而长期而言扭曲的
真正原因没有被消除，扭曲依旧存在。从图 5-5（d）中看到，资本供给扭曲围
绕 0 轴做阻尼振荡式收敛。短期的出口规模扩张，给了实体经济部门一个短期的
刺激，资本供给接受这种刺激，产生相应的回应，但长期而言，扭曲产生的真正
原因未被消除，扭曲依旧存在。

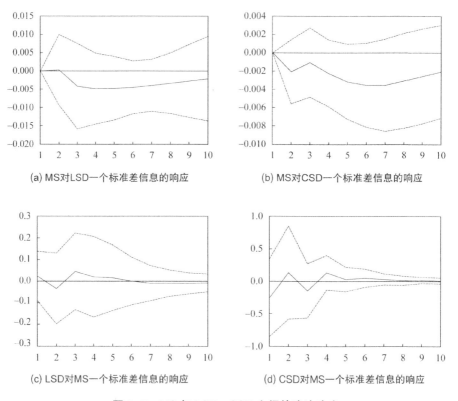

图 5-5　MS 与 LSD、CSD 之间的脉冲响应

⑥第 6 组：外贸条件指数（TTI）对劳动供给扭曲（LSD）及资本供给扭曲
（CSD）一个标准差信息的响应，以及劳动供给扭曲（LSD）和资本供给扭曲
（CSD）对外贸条件指数（TTI）一个标准差信息的响应，如图 5-6 所示。

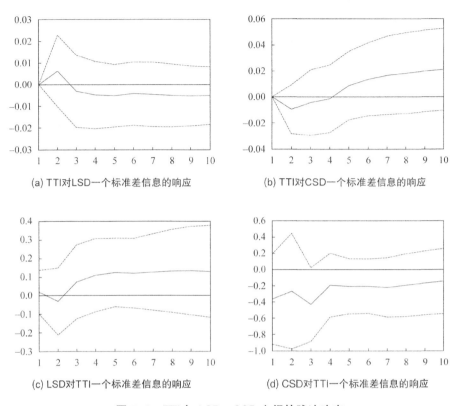

(a) TTI对LSD一个标准差信息的响应　　(b) TTI对CSD一个标准差信息的响应

(c) LSD对TTI一个标准差信息的响应　　(d) CSD对TTI一个标准差信息的响应

图5-6　TTI 与 LSD、CSD 之间的脉冲响应

从图5-6中可以看出，外贸条件指数对于来自劳动供给扭曲的一个冲击产生的响应先为正，在第 2 期达到最大后，正效应开始减弱，但从第 3 期开始有负响应，此后负响应有所扩大并且具有持续性。原因在于：短期内劳动供给扭曲导致了局部的用工荒，这时劳动力成本上升，产品价格随之上涨，从而贸易条件得到短暂的改善，随着劳动力的回流以及以更低工资实现重新就业，劳动力成本下降，产品价格随之下降，从而贸易条件长期下滑。而来自资本供给扭曲的一个冲击产生的响应先为负，在第 2 期达到最大，随后负响应减弱，从第 4 期开始正响应逐渐加强，此后有持续的正响应。原因在于：短期的资本供给扭曲冲击导致企业短期资金的紧张，为了回笼资金，企业将以较低价格促成交易，从而造成贸易条件恶化，逐渐地企业将找到新的更高成本的替代融资渠道，增加企业的融资成本，从而使产品价格上涨，贸易条件得到改善。而以上表明，从长期趋势来看，劳动供给扭曲对贸易条件产生一个负向影响，而资本供给扭曲给贸易条件产生一个正向的影响。最终的要素供给扭曲对外贸条件的影响要看两者的叠加效果。从图 5-6（c）和图 5-6（d）来看，劳动供给扭曲对来自外贸条件指数正向变动的冲击产生的反应是先下降后上升，从第 3 期开始保持在 0.1 的作用水平上，而资本供给扭曲对来自外贸条件指数变化的冲击产生的反应为负数，这说明中国外贸条件的改善有利于资本供给扭曲的改善。

⑦第 7 组：外贸竞争力（LRCA，CRCA）对劳动供给扭曲（LSD）及资本供给扭曲（CSD）一个标准差信息的响应，以及劳动供给扭曲（LSD）和资本供给扭曲（CSD）对外贸竞争力（LRCA，CRCA）一个标准差信息的响应，如图 5-7 所示。

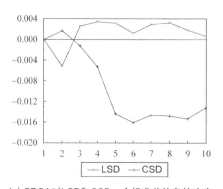

(a) CRCA对LSD和CSD一个标准差信息的响应

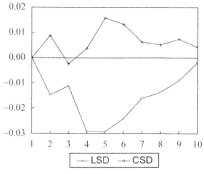

(b) LRCA对LSD和CSD一个标准差信息的响应

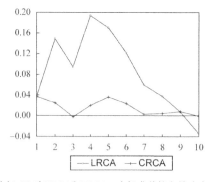

(c) LSD对CRCA和LRCA一个标准差信息的响应

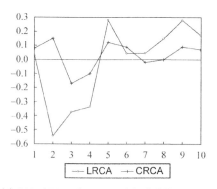

(d) CSD对CRCA和LRCA一个标准差信息的响应

图 5-7　LRCA/CRCA 与 LSD、CSD 之间的脉冲响应

从图 5-7 (a) 中可以看到，劳动供给扭曲有利于资本密集型产品 RCA 指数的提高，而资本供给扭曲不利于资本密集型产品 RCA 指数的提高。从图 5-7 (b) 中可以看到，劳动供给扭曲降低了劳动密集型产品 RCA 指数，资本供给扭曲促进了 LRCA 指数，这充分表明了劳动供给扭曲与资本供给扭曲之间的相互替代关系，以及它们对显示性比较优势的贡献。从图 5-7 (c) 中可以出，LRCA 指数和 CRCA 指数的提高反过来加强了劳动供给的扭曲及资本供给的扭曲。劳动供给扭曲和资本供给扭曲对于中国商品的国际竞争力有极大的贡献。

通过上述关于要素供给扭曲同中国外贸转型升级间的相互作用效果的实证分析，笔者发现中国要素供给扭曲限制了中国外贸出口规模的扩大，阻碍了民营外贸企业和东部外贸企业出口的扩张，进一步恶化了中国的外贸条件，降低了中国劳动密集型产品和资本密集型产品的出口竞争力；但是却促进了资本密集型产品的出口比重增加，促进了一般贸易的发展。要素供给扭曲严重影响和阻碍了中国的外贸转型升级。对于上述 7 组关系的脉冲响应分析，充分验证了本书第 2 章关于要素供给扭曲对外贸转型升级的传导机理的推导。

5.2　要素价格扭曲与外贸转型升级

5.2.1　模型设定

由于受数据年限的限制，而且反映外贸转型升级效果的变量较多，因此本部分按照 5.1 节中同样的方法建立 7 个子 VAR 模型。相关变量与模型设定见表 5-5。

表 5-5　相关变量与模型设定

组别	相关变量
第 1 组	劳动价格扭曲（LPD）与资本价格扭曲（CPD）↔外贸出口规模（LNEX）
第 2 组	劳动价格扭曲（LPD）与资本价格扭曲（CPD）↔外贸出口商品结构（CL）：资本密集型产品/劳动密集型产品
第 3 组	劳动价格扭曲（LPD）与资本价格扭曲（CPD）↔外贸出口方式结构（PG）：加工贸易/一般贸易
第 4 组	劳动价格扭曲（LPD）与资本价格扭曲（CPD）↔外贸出口主体结构（PE）：民营企业出口额占出口总额的比重

续表

组别	相关变量
第5组	劳动价格扭曲（LPD）与资本价格扭曲（CPD）↔外贸出口空间结构（MS）：中国东部9省（自治区、直辖市）出口额占出口总额的比重
第6组	劳动价格扭曲（LPD）与资本价格扭曲（CPD）↔外贸条件指数（TTI）
第7组	劳动价格扭曲（LPD）与资本价格扭曲（CPD）↔外贸竞争力（LRCA，CRCA）：其中 LRCA 为劳动密集型产品 RCA 指数，CRCA 为资本密集型产品 RCA 指数

这 7 个子模型分别为：①反映要素价格扭曲与外贸发展整体规模的关系；②反映要素价格扭曲与外贸商品结构的关系；③反映要素价格扭曲与外贸方式结构的关系；④反映要素价格扭曲与外贸主体结构的关系；⑤反映要素价格扭曲与内部空间结构的关系；⑥反映要素价格扭曲与外贸条件的关系；⑦反映要素价格扭曲与外贸竞争力水平的关系。通过上述 7 个子模型的实证检验，我们可以得出要素价格扭曲与外贸转型升级间较为全面的动态影响规律。根据 VAR 模型的一般形式，本章要素价格扭曲与外贸转型升级的 VAR 模型可以写成如下形式：

$$(1)\begin{cases} \text{LNEX}_t = \partial_{11}\text{LNEX}_{t-1} + \partial_{12}\text{LNEX}_{t-2} + \partial_{13}\text{LPD}_{t-1} + \partial_{14}\text{LPD}_{t-2} + \partial_{15}\text{CPD}_{t-1} \\ \qquad\quad + \partial_{16}\text{CPD}_{t-2} + u_{1t} \\ \text{LPD}_t = \partial_{21}\text{LNEX}_{t-1} + \partial_{22}\text{LNEX}_{t-2} + \partial_{23}\text{LPD}_{t-1} + \partial_{24}\text{LPD}_{t-2} + \partial_{25}\text{CPD}_{t-1} \\ \qquad\quad + \partial_{26}\text{CPD}_{t-2} + u_{2t} \\ \text{CPD}_t = \partial_{31}\text{LNEX}_{t-1} + \partial_{32}\text{LNEX}_{t-2} + \partial_{33}\text{LPD}_{t-1} + \partial_{34}\text{LPD}_{t-2} + \partial_{35}\text{CPD}_{t-1} \\ \qquad\quad + \partial_{36}\text{CPD}_{t-2} + u_{3t} \end{cases}$$

$$(2)\begin{cases} \text{CL}_t = \partial_{11}\text{CL}_{t-1} + \partial_{12}\text{CL}_{t-2} + \partial_{13}\text{LPD}_{t-1} + \partial_{14}\text{LPD}_{t-2} + \partial_{15}\text{CPD}_{t-1} + \partial_{16}\text{CPD}_{t-2} + u_{1t} \\ \text{LPD}_t = \partial_{21}\text{CL}_{t-1} + \partial_{22}\text{CL}_{t-2} + \partial_{23}\text{LPD}_{t-1} + \partial_{24}\text{LPD}_{t-2} + \partial_{25}\text{CPD}_{t-1} + \partial_{26}\text{CPD}_{t-2} + u_{2t} \\ \text{CPD}_t = \partial_{31}\text{CL}_{t-1} + \partial_{32}\text{CL}_{t-2} + \partial_{33}\text{LPD}_{t-1} + \partial_{34}\text{LPD}_{t-2} + \partial_{35}\text{CPD}_{t-1} + \partial_{36}\text{CPD}_{t-2} + u_{3t} \end{cases}$$

$$(3)\begin{cases} \text{PG}_t = \partial_{11}\text{PG}_{t-1} + \partial_{12}\text{PG}_{t-2} + \partial_{13}\text{LPD}_{t-1} + \partial_{14}\text{LPD}_{t-2} + \partial_{15}\text{CPD}_{t-1} + \partial_{16}\text{CPD}_{t-2} + u_{1t} \\ \text{LPD}_t = \partial_{21}\text{PG}_{t-1} + \partial_{22}\text{PG}_{t-2} + \partial_{23}\text{LPD}_{t-1} + \partial_{24}\text{LPD}_{t-2} + \partial_{25}\text{CPD}_{t-1} + \partial_{26}\text{CPD}_{t-2} + u_{2t} \\ \text{CPD}_t = \partial_{31}\text{PG}_{t-1} + \partial_{32}\text{PG}_{t-2} + \partial_{33}\text{LPD}_{t-1} + \partial_{34}\text{LPD}_{t-2} + \partial_{35}\text{CPD}_{t-1} + \partial_{36}\text{CPD}_{t-2} + u_{3t} \end{cases}$$

$$(4)\begin{cases} \mathrm{PE}_t = \partial_{11}\mathrm{PE}_{t-1} + \partial_{12}\mathrm{PE}_{t-2} + \partial_{13}\mathrm{LPD}_{t-1} + \partial_{14}\mathrm{LPD}_{t-2} + \partial_{15}\mathrm{CPD}_{t-1} + \partial_{16}\mathrm{CPD}_{t-2} + u_{1t} \\ \mathrm{LPD}_t = \partial_{21}\mathrm{PE}_{t-1} + \partial_{22}\mathrm{PE}_{t-2} + \partial_{23}\mathrm{LSD}_{t-1} + \partial_{24}\mathrm{LSD}_{t-2} + \partial_{25}\mathrm{CPD}_{t-1} + \partial_{26}\mathrm{CPD}_{t-2} + u_{2t} \\ \mathrm{CPD}_t = \partial_{31}\mathrm{PE}_{t-1} + \partial_{32}\mathrm{PE}_{t-2} + \partial_{33}\mathrm{LSD}_{t-1} + \partial_{34}\mathrm{LSD}_{t-2} + \partial_{35}\mathrm{CPD}_{t-1} + \partial_{36}\mathrm{CPD}_{t-2} + u_{3t} \end{cases}$$

$$(5)\begin{cases} \mathrm{MS}_t = \partial_{11}\mathrm{MS}_{t-1} + \partial_{12}\mathrm{MS}_{t-2} + \partial_{13}\mathrm{LPD}_{t-1} + \partial_{14}\mathrm{LPD}_{t-2} + \partial_{15}\mathrm{CPD}_{t-1} + \partial_{16}\mathrm{CPD}_{t-2} + u_{1t} \\ \mathrm{LPD}_t = \partial_{21}\mathrm{MS}_{t-1} + \partial_{22}\mathrm{MS}_{t-2} + \partial_{23}\mathrm{LPD}_{t-1} + \partial_{24}\mathrm{LPD}_{t-2} + \partial_{25}\mathrm{CPD}_{t-1} + \partial_{26}\mathrm{CPD}_{t-2} + u_{2t} \\ \mathrm{CPD}_t = \partial_{31}\mathrm{MS}_{t-1} + \partial_{32}\mathrm{MS}_{t-2} + \partial_{33}\mathrm{LPD}_{t-1} + \partial_{34}\mathrm{LPD}_{t-2} + \partial_{35}\mathrm{CPD}_{t-1} + \partial_{36}\mathrm{CPD}_{t-2} + u_{3t} \end{cases}$$

$$(6)\begin{cases} \mathrm{TTI}_t = \partial_{11}\mathrm{TTI}_{t-1} + \partial_{12}\mathrm{TTI}_{t-2} + \partial_{13}\mathrm{LPD}_{t-1} + \partial_{14}\mathrm{LPD}_{t-2} + \partial_{15}\mathrm{CPD}_{t-1} + \partial_{16}\mathrm{CPD}_{t-2} + u_{1t} \\ \mathrm{LPD}_t = \partial_{21}\mathrm{TTI}_{t-1} + \partial_{22}\mathrm{TTI}_{t-2} + \partial_{23}\mathrm{LPD}_{t-1} + \partial_{24}\mathrm{LPD}_{t-2} + \partial_{25}\mathrm{CPD}_{t-1} + \partial_{26}\mathrm{CPD}_{t-2} + u_{2t} \\ \mathrm{CPD}_t = \partial_{31}\mathrm{TTI}_{t-1} + \partial_{32}\mathrm{TTI}_{t-2} + \partial_{33}\mathrm{LPD}_{t-1} + \partial_{34}\mathrm{LPD}_{t-2} + \partial_{35}\mathrm{CPD}_{t-1} + \partial_{36}\mathrm{CPD}_{t-2} + u_{3t} \end{cases}$$

$$(7)\begin{cases} \mathrm{LRCA}_t = \partial_{11}\mathrm{LRCA}_{t-1} + \partial_{12}\mathrm{LRCA}_{t-2} + \partial_{13}\mathrm{CRCA}_{t-1} + \partial_{14}\mathrm{CRCA}_{t-2} + \partial_{15}\mathrm{LPD}_{t-1} \\ \qquad\quad + \partial_{16}\mathrm{LPD}_{t-2} + \partial_{17}\mathrm{CSD}_{t-1} + \partial_{18}\mathrm{CPD}_{t-2} + u_{1t} \\ \mathrm{CRCA}_t = \partial_{21}\mathrm{LRCA}_{t-1} + \partial_{22}\mathrm{LRCA}_{t-2} + \partial_{23}\mathrm{CRCA}_{t-1} + \partial_{24}\mathrm{CRCA}_{t-2} + \partial_{25}\mathrm{LPD}_{t-1} \\ \qquad\quad + \partial_{26}\mathrm{LPD}_{t-2} + \partial_{27}\mathrm{CSD}_{t-1} + \partial_{28}\mathrm{CPD}_{t-2} + u_{2t} \\ \mathrm{LPD}_t = \partial_{31}\mathrm{LRCA}_{t-1} + \partial_{32}\mathrm{LRCA}_{t-2} + \partial_{33}\mathrm{CRCA}_{t-1} + \partial_{34}\mathrm{CRCA}_{t-2} + \partial_{35}\mathrm{LPD}_{t-1} \\ \qquad\quad + \partial_{36}\mathrm{LPD}_{t-2} + \partial_{37}\mathrm{CSD}_{t-1} + \partial_{38}\mathrm{CPD}_{t-2} + u_{3t} \\ \mathrm{CPD}_t = \partial_{41}\mathrm{LRCA}_{t-1} + \partial_{42}\mathrm{LRCA}_{t-2} + \partial_{43}\mathrm{CRCA}_{t-1} + \partial_{44}\mathrm{CRCA}_{t-2} + \partial_{45}\mathrm{LPD}_{t-1} \\ \qquad\quad + \partial_{46}\mathrm{LPD}_{t-2} + \partial_{47}\mathrm{CSD}_{t-1} + \partial_{48}\mathrm{CPD}_{t-2} + u_{4t} \end{cases}$$

$$(5-4)$$

5.2.2 变量及数据说明

要素价格扭曲用第 4 章要素市场价格扭曲的测算结果中的劳动价格扭曲（LPD）和资本价格扭曲（CPD）来表示，其余变量数据与 5.1 节中相同。

5.2.3 平稳性检验

运用 ADF 对相关变量进行单位根检验，结果见表 5-6。

表 5-6 单位根检验统计结果

变量	t 统计量	5% 临界值	P 值	是否平稳
LPD	−2.841 763	−3.020 686	0.0704	否
ΔLPD	−6.475 597	−3.029 970	0.0000	是
CPD	−1.094 112	−3.658 446	0.9047	否
ΔCPD	−5.313 774	−3.673 616	0.0022	是
LNEX	0.090 792	−3.020 686	0.9566	否
ΔLNEX	−4.258 943	−3.029 970	0.0041	是
CL	−1.450 991	−3.029 970	0.5357	否
ΔCL	−3.455 486	−3.040 391	0.0224	是
PG	−1.597 458	−3.020 686	0.4654	否
ΔPG	−4.052 840	−3.029 970	0.0063	是
PE	−2.157 143	−3.020 686	0.2265	否
ΔPE	−3.808 759	−3.029 970	0.0105	是
MS	2.177 223	−1.959 071	0.9901	否
ΔMS	−2.578 295	−1.960 171	0.0130	是
TTI	−1.562 962	−1.959 071	0.1086	否
ΔTTI	−3.214 472	−1.960 171	0.0029	是
LRCA	−0.968 110	−3.020 686	0.7438	否
ΔLRCA	−4.577 196	−3.029 970	0.0021	是
CRCA	0.605 967	−3.020 686	0.9861	否
ΔCRCA	−5.908 341	−3.029 970	0.0001	是

注：Δ 表示一阶差分。

通过单位根检验，笔者发现在 5% 的显著性水平下，所有变量的水平序列都是非平稳的，而它们的一阶差分序列在 5% 显著性水平下是平稳的。

5.2.4 协整检验

与 5.1 节中相同，本节根据相关数据输入，对要素价格扭曲与外贸转型升级变量进行 Johansen 协整检验，其结果如表 5-7 所示。

表 5-7　Johansen 协整检验结果

迹检验统计量（λ_{trace}）		
分组	不滞后	滞后 1 期	滞后 2 期
1	34. 089 57*	9. 227 546	2. 403 248
2	43. 638 61*	13. 167 26	4. 444 133
3	35. 962 32*	11. 575 19	2. 982 399
4	60. 051 05*	13. 857 64	2. 062 960
5	52. 563 83*	20. 927 63*	2. 897 895
6	32. 669 03*	8. 496 431	1. 141 033
7	57. 909 81*	29. 556 33*	11. 042 99
最大特征值检验统计量（λ_{max}）		
分组	不滞后	滞后 1 期	滞后 2 期
1	24. 862 02*	6. 824 298	2. 403 248
2	30. 471 35*	8. 723 125	4. 444 133
3	24. 387 13*	8. 592 795	2. 982 399
4	46. 193 41*	11. 794 68	2. 062 960
5	31. 636 20*	18. 029 73*	2. 897 895
6	24. 172 60*	7. 355 398	1. 141 033
7	28. 353 49*	18. 513 34	8. 414 257

注：每组变量均采用滞后二阶的 VAR 模型进行估计。

　　*代表在 5% 的水平上显著。

从表 5-7 可以看出，在 5% 的显著水平下，第 1 组变量迹检验结果和最大特征值检验结果都表明含有 1 个协整关系；第 2 组变量都为有 1 个协整关系；第 3 组变量含有 1 个协整关系；第 4 组变量含有 2 个协整关系；第 5 组变量含有 2 个协整关系；第 6 组变量含有 1 个协整关系；第 7 组变量最大特征值检验和迹检验表明有 1 个协整关系。

表 5-8 的结果显示：劳动价格扭曲和资本价格扭曲同中国的外贸发展状况存在长期的均衡关系。

表 5-8　标准化协整向量结果

分组	标准化协整向量	分组	标准化协整向量
1	LNEX = 1.426378CPD + 2.301229LPD (0.668 90)　　(0.848 96)	5	MS = 0.017961CPD + 0.259191LPD (0.007 96)　　(0.038 75)
2	CL = −0.917947CPD − 9.68785LPD (0.350 94)　　(1.705 27)	6	TTI = −1.909503CPD − 3.61793LPD (0.428 36)　　(1.237 27)
3	PG = −1.335767 CPD + 7.810444LPD (0.250 04)　　(1.252 08)	7	LRCA = −4.947874CPD − 40.84922LPD (1.293 22)　　(6.262 00)
4	PE = 4.890403CPD + 2.967574LPD (0.632 48)　　(0.934 45)		CRCA = −10.61944CPD − 89.18641LPD (2.788 39)　　(13.5018)

注：括号内为对应的标准误差。

第 1 组变量协整关系显示劳动价格扭曲和资金价格扭曲均促进了中国出口贸易规模的扩大。

第 2 组结果显示，从长期的均衡来看，劳动价格扭曲和资本价格扭曲均制约了中国出口商品结构的优化。原因在于外贸企业在要素市场上的买方市场地位，导致了外贸企业在要素投入上的垄断低价，从而扩大了生产，降低了外贸商品价格，反馈到国内就是商品利润空间的下滑，最终导致企业加大低价要素的投入，扩大了劳动密集型产品的生产。资本价格扭曲导致融资成本下降，投资获利空间加大，由于资本的高流动性，当资本在实体经济与虚拟经济领域进行选择的时候，更加偏好于周转更快、回报更高的虚拟经济领域，导致实体经济领域资本的流出，从而导致资本密集型产品的缩减，最终结果就是外贸商品结构的低端化。

第 3 组结果显示，劳动价格扭曲阻碍了中国外贸方式的优化，反而更加有利于加工贸易的发展。资本价格扭曲将促进中国外贸方式的优化，有利于一般贸易的发展。原因在于，加工贸易对于廉价劳动力的配置使用具有强烈的路径依赖惯性。廉价资本的获取将强化企业发展一般贸易的趋势。

第 4 组结果显示价格的扭曲促进了中国外贸主体结构的优化，促进了民营企业出口比重的提升，这是因为劳动力价格和资本价格被低估，是对民营企业的利好，可促进民营企业扩大生产规模，从而外贸主体结构得到优化。

第 5 组显示出劳动价格扭曲和资本价格扭曲将促进东部地区外贸出口的发展，不利于中国外贸空间结构的平衡发展。原因在于东部地区经济发达，资金存量充裕，劳动就业岗位较多，当要素价格扭曲的时候，相同条件下，外贸企业在东部地区获取资金的可能性要大于中西部地区，劳动力在经济基础较好的东部地区实现就业的概率也比中西部地区要高。

第 6 组显示劳动价格扭曲和资本价格扭曲将恶化中国的贸易条件。原因在于，劳动价格扭曲意味着劳动力价格被低估，从而企业劳动力成本较低，导致企业产品价格较低，从而导致外贸条件的恶化；资本价格扭曲同样意味着资本价格被低估（根据本书的测算结果），企业资金使用成本较低，从而商品价格较低，最终导致外贸条件恶化。

第 7 组显示劳动价格扭曲和资本价格的扭曲降低了中国资本密集型和劳动密集型出口商品的显示性比较优势。

5.2.5 脉冲响应分析

上述协整关系显示各组变量间的长期的均衡关系，下面本文将采用脉冲响应的方法，分析每组变量之间的动态作用过程。

①第 1 组模型：外贸出口规模（LNEX）对劳动价格扭曲（LPD）及资本价格扭曲（CPD）一个标准差信息的响应，以及劳动价格扭曲（LPD）和资本价格扭曲（CPD）对外贸出口规模（LNEX）一个标准差信息的响应，如图 5-8 所示。

从图 5-8 中可以看到劳动价格扭曲和资本价格扭曲对于外贸出口规模扩张的影响。从图 5-8（a）中可以看出，外贸出口规模对于来自劳动价格扭曲的一个冲击的反应是先下降后上升，在第 2 期达到最低值，随后开始上升，到第 4 期之后变为正数，这说明劳动价格扭曲先对外贸出口规模的扩展产生抑制作用，但在第 4 期之后开始对中国出口扩张产生促进作用，可以解释为短期内劳动力不接受企业给出的低工资从而劳动供给减少，而在 4 期之后，随着劳动力市场竞争的日益激烈，劳动供给开始接受既定工资，从而出口规模扩张。图 5-8（b）中外贸出口规模对于来自资本价格扭曲的一个标准差冲击有一个正向的响应，在第 3 期效果不明显，从第 4 期开始作用效果逐渐增大而且持续较长的时间，这说明资本价格扭曲对外贸出口规模产生长期的正向影响。外贸出口规模的扩张反过来又对劳动价格扭曲和资本价格扭曲产生影响。从图 5-8（c）可以看出，劳动价格扭

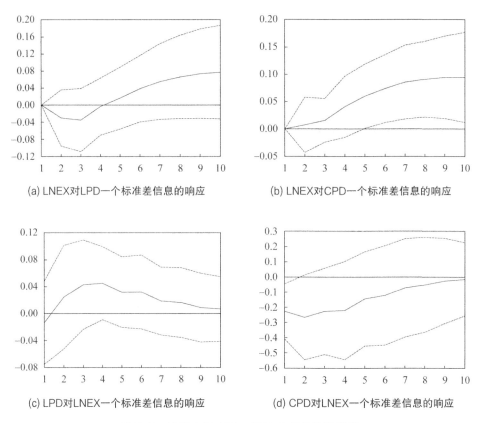

(a) LNEX对LPD一个标准差信息的响应

(b) LNEX对CPD一个标准差信息的响应

(c) LPD对LNEX一个标准差信息的响应

(d) CPD对LNEX一个标准差信息的响应

图 5-8　LNEX 与 LPD、CPD 之间的脉冲响应

曲对于来自外贸出口规模的一个冲击的反应是正的响应，在第 4 期达到最大，随后逐渐减弱，这反映出中国出口扩张对劳动价格扭曲有强化作用，可以解释为随着外贸出口规模的扩张，导致产出的增加，从而导致产品价格下降，反过来迫使企业压低劳动工资水平。从图 5-8（d）可以看出，资本价格扭曲对于来自外贸出口规模的冲击的反应为负响应，并且随着时间的推移，负向响应逐渐减弱，从而表明中国出口扩张弱化了资本价格扭曲度，因为资本市场的竞争远不及劳动力市场，企业可以通过扩大劳动力需求来降低资金成本，所以资本价格扭曲其实是被劳动价格扭曲所替代了。

②第 2 组模型：外贸出口商品结构（CL）对劳动价格扭曲（LPD）及资本价格扭曲（CPD）一个标准差信息的响应，以及劳动价格扭曲（LPD）和资本价

格扭曲（CPD）对外贸出口商品结构（CL）一个标准差信息的响应，如图5-9所示。

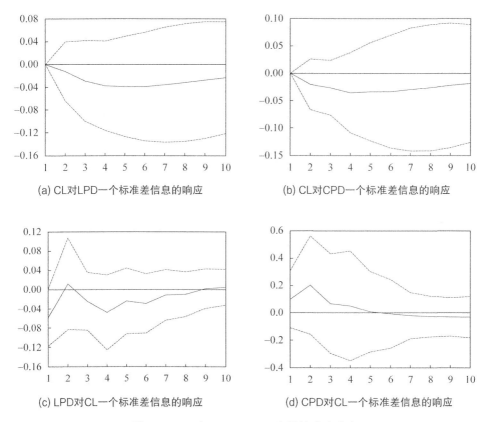

(a) CL对LPD一个标准差信息的响应

(b) CL对CPD一个标准差信息的响应

(c) LPD对CL一个标准差信息的响应

(d) CPD对CL一个标准差信息的响应

图5-9　CL与LPD、CPD之间的脉冲响应

从图5-9（a）可以看出，中国外贸出口商品结构对于来自劳动价格扭曲和资本价格扭曲的一个冲击产生的响应均为负，表明劳动价格扭曲扩大了劳动密集型产品的出口。从图5-9（b）中可以看出，当给资本价格扭曲一个正的冲击时，外贸商品结果出现持续的负响应。资本价格扭曲使得融资成本下降，由于资本的流动性较强，虚拟经济领域资金周转速度较快，导致资金流出实体经济领域，最终导致外贸企业资金短缺，资本密集型产品出口规模减小。从图5-9（c）中可以看出，劳动价格扭曲对于来自外贸出口商品结构的一个正的冲击产生的效应为负。一个正的冲击，意味着劳动密集型产品出口比重的降低和劳动密集商品规模

的减小，从而产品价格上升，为劳动力价格的提升提供了空间，导致劳动价格扭曲的弱化修正。从图5-9（d）可以看出，资本价格扭曲对于来自外贸出口商品结构的一个正的冲击产生的响应为正。一个正的冲击，意味着资本密集型产品的相对份额增加了，从而使其规模相对增加，导致产品价格下降，进一步压缩了资本价格提升的空间，导致资本价格扭曲的强化。

③第3组模型：外贸出口方式结构（PG）对劳动价格扭曲（LPD）及资本价格扭曲（CPD）一个标准差信息的响应，以及劳动价格扭曲（LPD）和资本价格扭曲（CPD）对外贸出口方式结构（PG）一个标准差信息的响应，如图5-10所示。

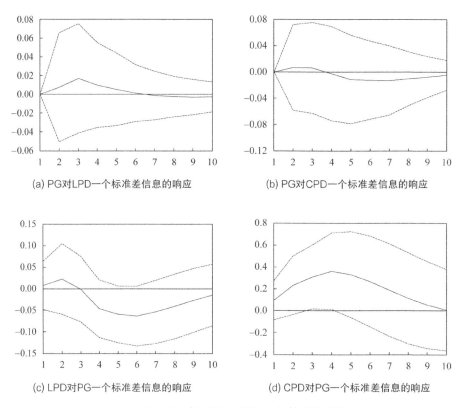

(a) PG对LPD一个标准差信息的响应

(b) PG对CPD一个标准差信息的响应

(c) LPD对PG一个标准差信息的响应

(d) CPD对PG一个标准差信息的响应

图5-10　PG与LPD、CPD之间的脉冲响应

从图5-10（a）可以看出，劳动价格扭曲的一个正的冲击导致外贸出口方式结构先出现正的响应，后逐渐过渡到负向的响应。也就是说，从短期来看，要素价格扭曲导致了加工贸易规模的扩张，但在长期来看，这种贸易方式并不能带来国内福利的有效提升，从而不可持续，最终转变为负向的响应。从图 5-10（b）可以看出，资本价格扭曲的一个正的冲击导致外贸出口方式结构以负的响应为主，也就意味着一般贸易得到强化。从图 5-10（c）来看，劳动价格扭曲对外贸出口方式结构一个标准差信息的响应先为正，第 3 期后转变为负向，也就是说，短期内外贸出口方式结构的一个正的冲击，即加工贸易规模扩张会带来劳动价格扭曲正的响应，劳动价格扭曲被强化，而长期内，劳动价格被弱化。从图 5-10（d）来看，资本价格扭曲对外贸出口方式结构一个标准差信息的响应一直为正，在第 4 期达到最大，意味着加工贸易规模的扩张导致资金使用率相对降低，按照边际报酬递减的规律，少量资金的使用反而会带来较高的边际报酬，从而资金的产出效率相对较高，在资本价格不变的情况下，资本价格扭曲度将变大，即资本价格扭曲的强化。

④第 4 组模型：外贸出口主体结构（PE）对劳动价格扭曲（LPD）及资本价格扭曲（CPD）一个标准差信息的响应，以及劳动价格扭曲（LPD）和资本价格扭曲（CPD）对外贸出口主体结构（PE）一个标准差信息的响应，如图 5-11 所示。

图 5-11（a）、图 5-11（b）显示出，劳动价格扭曲和资本价格扭曲的一个正的冲击，带来外贸出口主体结构正的响应，意味着中国民营外贸企业的发展与要素价格扭曲存在不可分割的关联，要素价格被低估是民营外贸企业发展的"第一桶金"。图 5-11（c）显示了外贸出口主体结构的一个正的冲击对劳动价格扭曲的影响，劳动价格供给存在两个滞后期，第 2 期之后，由于劳动供给的增加，劳动价格被压低，带来劳动价格扭曲强烈的正的响应。图 5-11（d）显示了外贸出口主体结构的一个正的冲击对资本价格扭曲的影响一直为负向，即民营企业弱化了资本价格扭曲，原因在于民营企业外贸商品结构主要以劳动密集型为主，在规模扩张的时候，企业尽量避免资金的大量占用，取而代之的是廉价劳动力的大量使用。

⑤第 5 组模型：外贸出口空间结构（MS）对劳动价格扭曲（LPD）及资本价格扭曲（CPD）一个标准差信息的响应，以及劳动价格扭曲（LPD）和资本价格扭曲（CPD）对外贸出口空间结构（MS）一个标准差信息的响应，如图 5-12

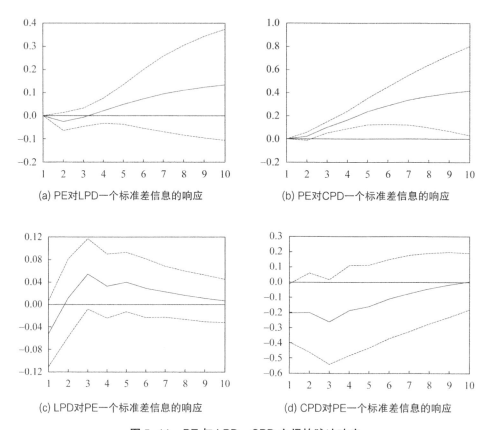

图 5-11　PE 与 LPD、CPD 之间的脉冲响应

所示。

从图 5-12（a）和图 5-12（b）中可以看到，反映内部空间结构的变量外贸出口空间结构对于劳动价格扭曲和资本价格扭曲的冲击，都会做出正向的反应。这表明劳动价格扭曲和资本价格扭曲对中国东部地区出口的促进作用要大于对中西部地区出口的促进作用，但是这不利于中国国内经济的均衡发展和内部空间结构的优化。从图 5-12（c）中可以看到，外贸出口空间结构的提高给劳动价格扭曲带来一个负向的回应，意味着随着东部地区经济的发展，外贸行业的劳动工资水平也在上升，劳动价格扭曲得到一定程度的缓解。从图 5-12（d）来看，外贸出口空间结构的提高带来资本价格扭曲的正向回应，也就是说东部地区外贸出口的发展强化了东部地区的资本价格扭曲，一个合理的解释是：由于东部地区的资

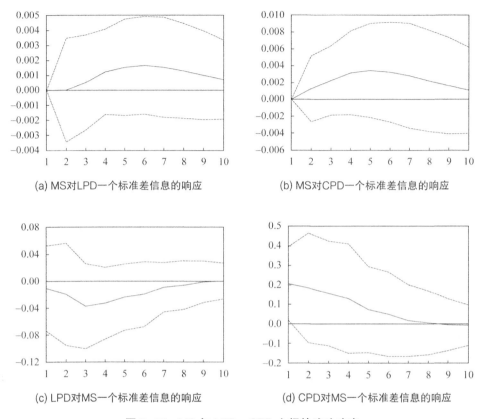

(a) MS对LPD一个标准差信息的响应

(b) MS对CPD一个标准差信息的响应

(c) LPD对MS一个标准差信息的响应

(d) CPD对MS一个标准差信息的响应

图 5-12　MS 与 LPD、CPD 之间的脉冲响应

本市场明显优于西部地区资本市场的发展，在全国资本面紧张的情况下，东部地区外贸企业仍然能够有相当的融资渠道和相对较低的融资成本，从而导致东部地区资本价格扭曲的扩大。

⑥第 6 组模型：外贸条件指数（TTI）对劳动价格扭曲（LPD）及资本价格扭曲（CPD）一个标准差信息的响应，以及劳动价格扭曲（LPD）和资本价格扭曲（CPD）对外贸条件指数（TTI）一个标准差信息的响应，如图 5-13 所示。

图 5-13（a）表明，当给劳动价格扭曲一个标准差的正向冲击时，在短期，劳动价格扭曲先给外贸条件指数一个正向的响应，第 5 期之后转变为负向的响应。一个可能的解释是，劳动价格扭曲到外贸市场交易的传导需要至少 5 期的传导时滞，这段时间可以是外贸企业消耗库存的时间。在长期，由于要素价格的降

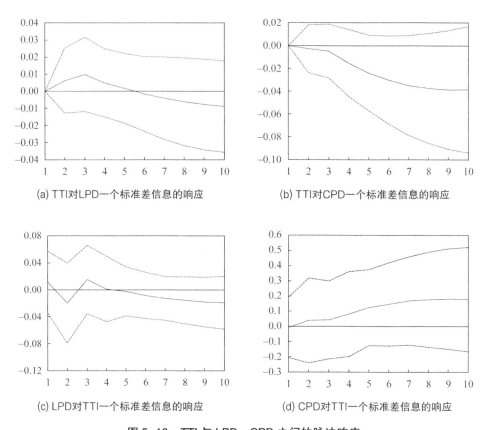

(a) TTI对LPD一个标准差信息的响应

(b) TTI对CPD一个标准差信息的响应

(c) LPD对TTI一个标准差信息的响应

(d) CPD对TTI一个标准差信息的响应

图5-13　TTI与LPD、CPD之间的脉冲响应

低，导致外贸产品价格的降低，最终传导到外贸条件指数上就是外贸条件的恶化。图5-13（b）表明，当给资本价格扭曲一个标准差的正向冲击时，将带来外贸条件指数的负向的响应，使外贸条件恶化。从图5-13（c）、图5-13（d）中可以看出，中国外贸条件的改善有利于劳动价格扭曲的改善，但不利于资本价格扭曲的改善，可能是中国外贸商品结果以劳动密集型产品为主导的缘故。

⑦第7组模型：外贸竞争力（LRCA，CRCA）对劳动价格扭曲（LPD）及资本价格扭曲（CPD）一个标准差信息的响应，以及劳动价格扭曲（LPD）和资本价格扭曲（CPD）对外贸竞争力（LRCA，CRCA）一个标准差信息的响应，如图5-14所示。

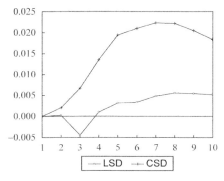

(a) CRCA对LPD和CPD一个标准差信息的响应

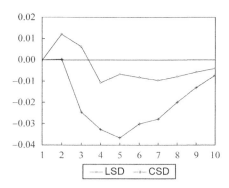

(b) LRCA对LPD和CPD一个标准差信息的响应

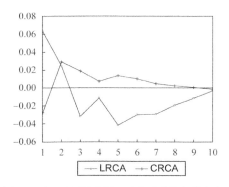

(c) LPD对CRCA和LRCA一个标准差信息的响应

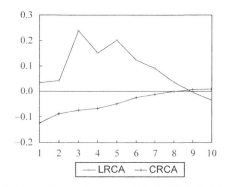

(d) CPD对CRCA和LRCA一个标准差信息的响应

图 5-14　LRCA/CRCA 与 LPD、CPD 之间的脉冲响应

图 5-14 显示，中国要素价格扭曲有利于资本密集型产品竞争力的提高，不利于劳动密集型产品的竞争力。同时，资本密集型产品竞争力的正向冲击会导致资本价格扭曲的弱化，以及劳动价格扭曲的强化；劳动密集型产品竞争力的正向冲击使得劳动价格扭曲弱化，以及资本价格扭曲的强化。也就是说，劳动要素与资本要素存在明显的替代关系。

通过以上关于要素价格扭曲同中国外贸转型升级间的相互作用效果的实证分析发现，中国要素价格扭曲促进了中国外贸出口规模的扩大，但是这种扩大是以贸易福利下降和贸易条件恶化为代价的。同时，要素价格扭曲严重影响阻碍了中国的外贸转型升级。同时，对于上述 7 组关系的脉冲响应分析，充分验证了本书第 2 章中关于要素价格扭曲对外贸转型升级的传导机理的推导。

5.3 要素配置扭曲与外贸转型升级

5.3.1 模型设定

本节通过构建 7 个模型从规模、商品结构、方式结构、主体结构、空间结构、外贸条件及竞争力多个角度分别分析其与要素配置扭曲的关系。相关变量与模型设定见表 5-9。

表 5-9 相关变量与模型设定

组别	相关变量
第 1 组	要素配置扭曲（AD）↔外贸出口规模（LNEX）
第 2 组	要素配置扭曲（AD）↔外贸出口商品结构（CL）：资本密集型产品/劳动密集型产品
第 3 组	要素配置扭曲（AD）↔外贸出口方式结构（PG）：加工贸易/一般贸易
第 4 组	要素配置扭曲（AD）↔外贸出口主体结构（PE）：民营企业出口额占出口总额的比重
第 5 组	要素配置扭曲（AD）↔外贸出口空间结构（MS）：中国东部 9 省（自治区、直辖市）出口额占出口总额的比重
第 6 组	要素配置扭曲（AD）↔外贸条件指数（TTI）
第 7 组	要素配置扭曲（AD）↔外贸竞争力（LRCA，CRCA）：其中 LRCA 为劳动密集型产品 RCA 指数，CRCA 为资本密集型产品 RCA 指数

通过构建 7 个子模型，并进行实证检验，可以得出要素价格配置扭曲与外贸转型升级间较为全面的动态影响规律。根据 VAR 模型的一般形式，本章要素配置效率扭曲与外贸转型升级的 VAR 模型可以写成如下形式：

$$(1)\begin{cases} \text{LNEX}_t = \partial_{11}\text{LNEX}_{t-1} + \partial_{12}\text{LNEX}_{t-2} + \partial_{13}\text{AD}_{t-1} + \partial_{14}\text{AD}_{t-2} + u_{1t} \\ \text{AD}_t = \partial_{21}\text{LNEX}_{t-1} + \partial_{22}\text{LNEX}_{t-2} + \partial_{23}\text{AD}_{t-1} + \partial_{24}\text{AD}_{t-2} + u_{2t} \end{cases}$$

$$(2)\begin{cases} \text{CL}_t = \partial_{11}\text{CL}_{t-1} + \partial_{12}\text{CL}_{t-2} + \partial_{13}\text{AD}_{t-1} + \partial_{14}\text{AD}_{t-2} + u_{1t} \\ \text{AD}_t = \partial_{21}\text{CL}_{t-1} + \partial_{22}\text{CL}_{t-2} + \partial_{23}\text{AD}_{t-1} + \partial_{24}\text{AD}_{t-2} + u_{2t} \end{cases}$$

$$(3)\begin{cases} \mathrm{PG}_t = \partial_{11}\mathrm{PG}_{t-1} + \partial_{12}\mathrm{PG}_{t-2} + \partial_{13}\mathrm{AD}_{t-1} + \partial_{14}\mathrm{AD}_{t-2} + u_{1t} \\ \mathrm{AD}_t = \partial_{21}\mathrm{PG}_{t-1} + \partial_{22}\mathrm{PG}_{t-2} + \partial_{23}\mathrm{AD}_{t-1} + \partial_{24}\mathrm{AD}_{t-2} + u_{2t} \end{cases}$$

$$(4)\begin{cases} \mathrm{PE}_t = \partial_{11}\mathrm{PE}_{t-1} + \partial_{12}\mathrm{PE}_{t-2} + \partial_{13}\mathrm{AD}_{t-1} + \partial_{14}\mathrm{AD}_{t-2} + u_{1t} \\ \mathrm{AD}_t = \partial_{21}\mathrm{PE}_{t-1} + \partial_{22}\mathrm{PE}_{t-2} + \partial_{23}\mathrm{AD}_{t-1} + \partial_{24}\mathrm{AD}_{t-2} + u_{2t} \end{cases}$$

$$(5)\begin{cases} \mathrm{MS}_t = \partial_{11}\mathrm{MS}_{t-1} + \partial_{12}\mathrm{MS}_{t-2} + \partial_{13}\mathrm{AD}_{t-1} + \partial_{14}\mathrm{AD}_{t-2} + u_{1t} \\ \mathrm{AD}_t = \partial_{21}\mathrm{MS}_{t-1} + \partial_{22}\mathrm{MS}_{t-2} + \partial_{23}\mathrm{AD}_{t-1} + \partial_{24}\mathrm{AD}_{t-2} + u_{2t} \end{cases}$$

$$(6)\begin{cases} \mathrm{TTI}_t = \partial_{11}\mathrm{TTI}_{t-1} + \partial_{12}\mathrm{TTI}_{t-2} + \partial_{13}\mathrm{AD}_{t-1} + \partial_{14}\mathrm{AD}_{t-2} + u_{1t} \\ \mathrm{AD}_t = \partial_{21}\mathrm{TTI}_{t-1} + \partial_{22}\mathrm{TTI}_{t-2} + \partial_{23}\mathrm{AD}_{t-1} + \partial_{24}\mathrm{AD}_{t-2} + u_{2t} \end{cases}$$

$$(7)\begin{cases} \mathrm{LRCA}_t = \partial_{11}\mathrm{LRCA}_{t-1} + \partial_{12}\mathrm{LRCA}_{t-2} + \partial_{13}\mathrm{CRCA}_{t-1} + \partial_{14}\mathrm{CRCA}_{t-2} \\ \qquad\quad + \partial_{15}\mathrm{AD}_{t-1} + \partial_{16}\mathrm{AD}_{t-2} + u_{1t} \\ \mathrm{CRCA}_t = \partial_{21}\mathrm{LRCA}_{t-1} + \partial_{22}\mathrm{LRCA}_{t-2} + \partial_{23}\mathrm{CRCA}_{t-1} + \partial_{24}\mathrm{CRCA}_{t-2} \\ \qquad\quad + \partial_{25}\mathrm{AD}_{t-1} + \partial_{26}\mathrm{AD}_{t-2} + u_{2t} \\ \mathrm{AD}_t = \partial_{31}\mathrm{LRCA}_{t-1} + \partial_{32}\mathrm{LRCA}_{t-2} + \partial_{33}\mathrm{CRCA}_{t-1} + \partial_{34}\mathrm{CRCA}_{t-2} \\ \qquad\quad + \partial_{35}\mathrm{AD}_{t-1} + \partial_{36}\mathrm{AD}_{t-2} + u_{3t} \end{cases}$$

$$(5-5)$$

5.3.2 变量及数据说明

要素配置扭曲用第 4 章要素配置效率扭曲度的测算结果，其余变量数据与 5.1 节中相同。

5.3.3 平稳性检验

单位根检验就是统计检验中用于检验平稳性的最主要的一种检验方法，本书运用 ADF 进行单位根检验。表 5-10 为对要素配置扭曲时间序列进行单位根检验的结果。通过单位根检验，笔者发现在 5% 的显著性水平下，变量 AD 在水平序列是非平稳的，而一阶差分序列在 5% 显著性水平下是平稳的。

表 5-10　单位根检验统计结果

变量	t 统计量	5% 临界值	P 值	是否平稳
AD	1.624 530	−3.020 686	0.0999	否
ΔAD	−3.587 240	−3.029 970	0.0165	是
LNEX	0.090 792	−3.020 686	0.9566	否
ΔLNEX	−4.258 943	−3.029 970	0.0041	是
CL	−1.450 991	−3.029 970	0.5357	否
ΔCL	−3.455 486	−3.040 391	0.0224	是
PG	−1.597 458	−3.020 686	0.4654	否
ΔPG	−4.052 840	−3.029 970	0.0063	是
PE	−2.157 143	−3.020 686	0.2265	否
ΔPE	−3.808 759	−3.029 970	0.0105	是
MS	2.177 223	−1.959 071	0.9901	否
ΔMS	−2.578 295	−1.960 171	0.0130	是
TTI	−1.562 962	−1.959 071	0.1086	否
ΔTTI	−3.214 472	−1.960 171	0.0029	是
LRCA	−0.968 110	−3.020 686	0.7438	否
ΔLRCA	−4.577 196	−3.029 970	0.0021	是
CRCA	0.605 967	−3.020 686	0.9861	否
ΔCRCA	−5.908 341	−3.029 970	0.0001	是

注：Δ 表示一阶差分。

5.3.4　协整检验

通过上文可知，本节涉及的变量都为 1 阶单整的，因此可以进行协整关系检验。而由于 Johansen 检验涉及的是多变量模型，而本书前 6 组受变量数量的限制无法利用 Johansen 协整方法，因此采用 EG 检验法进行协整检验，而第 7 组则利用 Johansen 检验来判断变量间的协整关系。在检验之前首先要确定滞后阶数，根据 LR 准则可以确定最优滞后期数为 1。协整检验结果见表 5-11。

表 5-11　标准化协整向量结果

分组	标准化协整向量	分组	标准化协整向量
1	LNEX = 1. 839462 - 9. 300654AD (0. 165 499)　　(0. 781 335)	5	MS = 0. 826751 - 0. 223374AD (0. 016 201)　　(0. 076 485)
2	CL = 0. 265199 - 3. 166060AD (0. 078 673)　　(0. 371 424)	6	TTI = 1. 141050 - 1. 038382AD (0. 020 447)　　(0. 096 533)
3	PG = 1. 230931 + 0. 335144AD (0. 082 530)　　(0. 089 632)	7	LRCA = 0. 866784 - 1. 621015AD (0. 085 88)　　(0. 443 94)
4	PE = -1. 314005 - 19. 47914AD (0. 229 232)　　(1. 082 222)		CRCA = 0. 372915 - 2. 847013AD (0. 015 71)　　(0. 384 89)

注：括号内为对应的标准误差。

表 5-11 的结果显示：要素配置扭曲同中国的外贸发展状况存在长期的均衡关系。其中第 1 组变量协整关系显示要素配置的扭曲与中国出口规模呈负向关系；第 2 组显示要素配置扭曲将降低资本密集型产品的出口比重；第 3 组显示要素配置扭曲不利于中国一般贸易的发展；第 4 组显示要素配置扭曲不利于民营外贸企业的发展；第 5 组显示要素配置的扭曲抑制了东部地区外贸出口比重的提升，有利于中国外贸地区结构的平衡发展；第 6 组显示要素配置扭曲同中国外贸条件成负向关系；第 7 组显示中国资本密集型产品和劳动密集型产品出口竞争力与要素配置扭曲存在负相关关系。

5.3.5　格兰杰因果关系检验

为了进一步检验各变量间的先导关系，笔者运用格兰杰因果检验对变量间的关系进行分析。表 5-12 列出了要素配置扭曲与外贸发展状况的格兰杰因果关系。

表 5-12　格兰杰因果关系检验结果

变量	零假设	样本数	F 统计值	概率
LNEX	LNEX 不是 AD 的格兰杰原因	20	0. 604 16	0. 447 68
	AD 不是 LNEX 的格兰杰原因	20	16. 232 70	0. 000 87
CL	CL 不是 AD 的格兰杰原因	20	10. 663 10	0. 004 56
	AD 不是 CL 的格兰杰原因	20	7. 797 40	0. 012 50

变量	零假设	样本数	F统计值	概率
PG	PG 不是 AD 的格兰杰原因	20	1.200 43	0.288 52
	AD 不是 PG 的格兰杰原因	20	5.435 02	0.032 30
PE	PE 不是 AD 的格兰杰原因	20	22.2479	0.000 20
	AD 不是 PE 的格兰杰原因	20	14.9792	0.001 23
MS	MS 不是 AD 的格兰杰原因	20	2.213 78	0.155 10
	AD 不是 MS 的格兰杰原因	20	5.368 78	0.033 23
TTI	TTI 不是 AD 的格兰杰原因	20	4.427 98	0.050 54
	AD 不是 TTI 的格兰杰原因	20	3.115 75	0.095 49
CRCA	CRCA 不是 AD 的格兰杰原因	17	6.893 25	0.010 49
	AD 不是 CRCA 的格兰杰原因	17	4.070 55	0.043 38
LRCA	LRCA 不是 AD 的格兰杰原因	19	0.223 62	0.802 42
	AD 不是 LRCA 的格兰杰原因	19	3.183 29	0.072 52

从表5-12中可知，外贸商品结构、外贸主体结构、外贸条件、资本密集型产品出口竞争力水平与要素配置扭曲存在双向格兰杰因果关系。中国外贸出口规模与要素配置扭曲存在单向格兰杰因果关系，AD 是 LNEX 的格兰杰原因。外贸方式结构与要素配置扭曲存在单向格兰杰因果关系，AD 是 PG 的格兰杰原因。外贸内部空间结构与要素配置扭曲存在单向格兰杰因果关系，AD 是 MS 的格兰杰原因。劳动密集型产品出口竞争力与要素配置扭曲存在单向格兰杰因果关系，AD 是 LRCA 的格兰杰原因。

5.3.6 脉冲响应分析

通过格兰杰因果检验证实了中国要素配置扭曲与外贸转型升级之间存在着密切的关系，接下来笔者利用脉冲响应分析，进一步探索各个变量间的关系。

①第1组模型：外贸出口规模（LNEX）与要素配置扭曲（AD）之间标准差信息的响应，如图5-15所示。

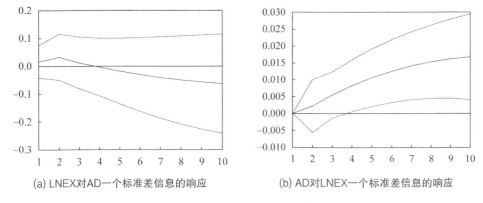

(a) LNEX对AD一个标准差信息的响应 　　(b) AD对LNEX一个标准差信息的响应

图 5-15　LNEX 与 AD 之间的脉冲响应

从图 5-15 中可以看到，要素配置扭曲的正向冲击在短期会使外贸出口规模扩大，在第 2 期达到最大，第 3 期以后，这种冲击将会阻碍外贸出口规模的扩大。要素配置扭曲意味着企业在劳动力和资金的使用效率上打了折扣，为了弥补产出的不足，企业将扩大生产。同时，外贸出口规模的正向冲击又会进一步加大要素配置的扭曲度。这表明，依靠要素配置扭曲换来的出口量的增加并不是长远之计，在短期内可能会扩大出口规模，但在长期来看反而使得中国的外贸条件进一步恶化。

②第 2 组模型：外贸出口商品结构（CL）与要素配置扭曲（AD）之间标准差信息的响应，如图 5-16 所示。

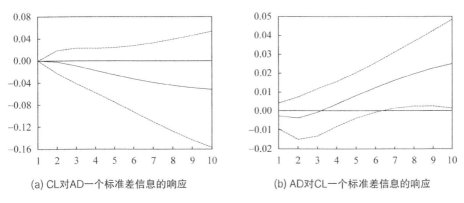

(a) CL对AD一个标准差信息的响应 　　(b) AD对CL一个标准差信息的响应

图 5-16　CL 与 AD 之间的脉冲响应

从图 5-16 中可以看出，要素配置的扭曲的正向冲击使出口商品结构恶化，资本密集型产品出口的比重下降。要素配置扭曲意味着企业在劳动力和资金的使用效率上打了折扣，为了弥补产出的不足，企业要扩大生产，在资金获取门槛较高、融资成本较高的情况下，企业选择使用更多的劳动力要素，从而劳动密集型产品出口比重增加。出口商品结构变量的正向冲击使得要素配置扭曲更加恶化。这揭示了中国出口企业在要素配置方面存在严重的问题，要素配置扭曲严重制约了中国的出口商品结构实现真正意义上的优化。这种双向互动关系，对中国的外贸转型升级产生持续的消极影响。

③第 3 组模型：外贸出口方式结构（PG）与要素配置扭曲（AD）之间标准差信息的响应，如图 5-17 所示。

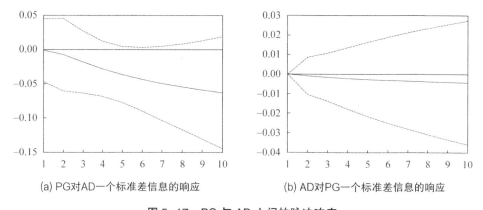

(a) PG对AD一个标准差信息的响应   (b) AD对PG一个标准差信息的响应

图 5-17　PG 与 AD 之间的脉冲响应

从图 5-17 中可以看到，要素配置扭曲意味着企业在劳动力和资金的使用效率上打了折扣，为了弥补产出的不足，企业要扩大生产，在资金获取门槛较高，融资成本较高的情况下，企业选择使用更多的劳动力要素，从而造成加工贸易的比重上升，一般贸易的比重下降的趋势。而加工贸易比重的增加反而能降低要素配置的扭曲。这反映出中国曾经一味地试图降低加工贸易比重从而优化中国外贸方式结构的做法是片面的，并没有从要素配置效率的角度考虑问题，而中国加工贸易在某些方面比一般贸易更加有效地配置了资源，这验证了隆国强

和裴长洪的观点。❶❷

④第 4 组模型：外贸出口主体结构（PE）与要素配置扭曲（AD）之间标准差信息的响应，如图 5-18 所示。

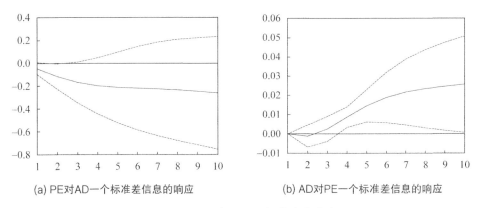

(a) PE对AD一个标准差信息的响应   (b) AD对PE一个标准差信息的响应

图 5-18　PE 与 AD 之间的脉冲响应

从图 5-18 可以看出，中国要素配置扭曲的正向冲击阻碍了中国民营企业的发展，同时也不利于外贸出口主体结构的优化。而外贸出口主体结构的正向冲击在短期内会使要素配置扭曲度减小，但在第 3 期以后这种冲击仍会恶化中国的要素配置效率。出现这一结果的原因可能是，中国的民营企业与其他企业相比要素配置效率相对高一些，民营企业出口比重提高使得中国整体水平的要素配置扭曲下降，但是其本身仍存在要素配置效率低下的问题，因此从长期来看中国要素扭曲问题依然严峻。

⑤第 5 组模型：外贸出口空间结构（MS）与要素配置扭曲（AD）之间标准差信息的响应，如图 5-19 所示。

从图 5-19 中可见，要素配置扭曲的正向冲击使得外贸出口空间结构下降，而空间结构的正向冲击使得要素配置扭曲更加严重。这表明，过去中国东部地区出口比重的正向发展伴随着要素配置扭曲度的增加，当要素扭曲度达到一定限度后，反过来抑制了东部地区的发展，同时却换来了外贸内部结构均衡的额外收

❶ 隆国强. 加工贸易转型升级之探讨 [J]. 中国经贸, 2008, 12.
❷ 裴长洪. 中国贸易政策调整与出口结构变化分析：2006—2008 [J]. 经济研究, 2009, 44（4）: 4-16.

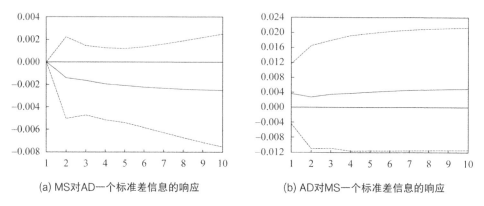

(a) MS对AD一个标准差信息的响应　　　　(b) AD对MS一个标准差信息的响应

图 5-19　MS 与 AD 之间的脉冲响应

获。但是中国均衡发展的目标不应以抑制东部地区发展来换取，而是应该靠中西部地区自身的发展来实现。因而，尽管要素配置扭曲有利于内部空间结构的优化，但是这种优化并未带来中国真正意义上的转型升级。

⑥第 6 组模型：外贸条件指数（TTI）与要素配置扭曲（AD）之间标准差信息的响应，如图 5-20 所示。

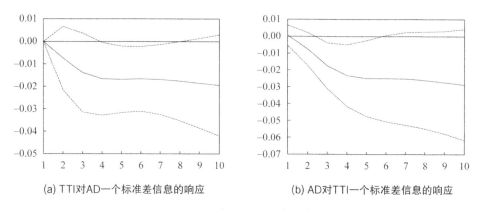

(a) TTI对AD一个标准差信息的响应　　　　(b) AD对TTI一个标准差信息的响应

图 5-20　TTI 与 AD 之间的脉冲响应

从图 5-20（a）中可以看出，要素配置扭曲的正向冲击使得外贸条件指数恶化，而图 5-20（b）中显示，外贸条件指数的正向冲击有利于要素配置扭曲的改善。由此可见，要素配置的扭曲促进了外贸条件恶化，外贸条件恶化进一步弱化了要素配置的扭曲度。

⑦第 7 组模型：外贸竞争力（LRCA，CRCA）与要素配置扭曲（AD）之间标准差信息的响应，如图 5-21 所示。

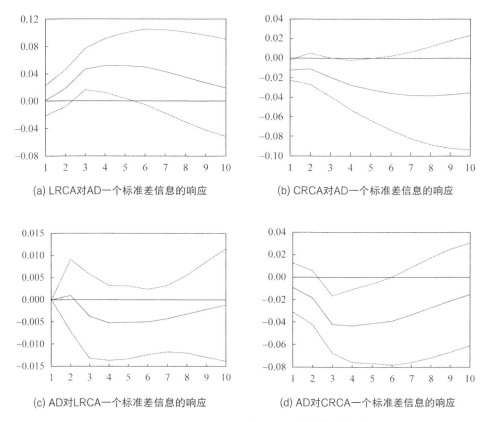

(a) LRCA对AD一个标准差信息的响应　　(b) CRCA对AD一个标准差信息的响应

(c) AD对LRCA一个标准差信息的响应　　(d) AD对CRCA一个标准差信息的响应

图 5-21　LRCA/CRCA 与 AD 之间的脉冲响应

从图 5-21 中可以看出，要素配置扭曲的正向冲击促进了劳动密集型产品外贸竞争力的提升，恶化了资本密集型产品的外贸竞争力，成为阻碍中国外贸竞争力整体水平提高的因素。同时，中国劳动密集型产品外贸竞争力的正向冲击开始会使要素配置扭曲恶化，但是 3 期以后被负向响应所替代，这个过程说明，从长期来看，出口竞争力的提升是有利于使得要素配置扭曲改善的。资本密集型产品出口竞争力的正向冲击将对要素配置扭曲产生修正作用。

通过以上关于要素配置扭曲同中国外贸转型升级之间的相互作用效果的实证分析发现，中国要素配置扭曲抑制了中国外贸出口规模的扩大，降低了资本密集型产品的出口比重，促进了加工贸易的发展，阻碍了民营外贸企业和东部外贸企业出口的扩张，进一步恶化了中国的外贸条件，降低了中国劳动密集型产品和资本密集型产品的出口竞争力。对于上述7组关系的脉冲响应分析，充分验证了本书第2章中关于要素配置扭曲对外贸转型升级的传导机理的相关论述。

5.4 小结

本章主要从实证角度研究了要素市场扭曲对外贸转型升级的影响。从上述的分析结果中可以发现，要素供给扭曲、价格扭曲、配置扭曲对于中国外贸转型升级的诸多表现（或者说测评变量），如出口规模、商品结构、方式结构、主体结构、内部空间结构、贸易条件、显示性比较优势等产生了不同的影响（表5-13）。

表5-13　要素市场扭曲对外贸转型升级的影响

要素市场扭曲对外贸转型升级的影响		规模	商品结构	方式结构	主体结构	内部空间结构	贸易条件	劳动密集型产品竞争力	资本密集型产品竞争力
要素供给扭曲	劳动供给扭曲	–	+	–				–	–
	资本供给扭曲	–	–	+					
要素价格扭曲	劳动价格扭曲	+	–	+	+	+		–	–
	资本价格扭曲	+	–		+	+	–	–	–
要素配置效率扭曲		–	–	+	–	–	–	–	–

注：表中"–"意味着要素市场扭曲对外贸转型升级的负向影响；"+"意味着要素市场扭曲对外贸转型升级的正向影响。

在协整过程中，笔者虽然获取了相关影响程度的量化值，但本书认为简单地将各种扭曲进行加总，作为整体扭曲的表达，显然是不科学的。因此，本书认为对要素市场扭曲对外贸转型升级影响的分析定位在方向层面更加有意义。本章中已经对要素市场扭曲对外贸转型升级的影响方向和原因做出了具体的解释，这里不再冗余叙述，只将中国要素市场扭曲对外贸转型升级影响的方向性结果总结于表 5-13 中，以便更清晰地看出结果。

从表 5-13 中我们可以发现，从贸易规模上看，劳动供给扭曲、资本供给扭曲、劳动价格扭曲、资本价格扭曲、要素配置扭曲对于贸易规模的影响方向并不一致，要素供给扭曲阻碍了贸易规模的扩张，而要素价格扭曲却促进了贸易规模的扩张，要素配置扭曲也阻碍了贸易规模的扩张，这种结果与笔者在现实中的分析也是吻合的，最终要素市场的扭曲对于外贸规模的影响还要结合各种扭曲的叠加效果。

从商品结构上看，资本供给扭曲、劳动价格扭曲、资本价格扭曲、要素配置扭曲的影响均为负向，即抑制了外贸商品结构的优化，而劳动供给扭曲则促进了外贸商品结构的优化，因为劳动供给扭曲本身就是长期以来面对现实的一种无奈的选择，这种选择可以看作是劳动供给对于外贸发展方式的一种无声的抵触。

从外贸方式结构来看，劳动供给扭曲、资本供给扭曲、劳动价格扭曲、资本价格扭曲、要素配置扭曲的影响出现了较大的不一致性。劳动供给扭曲和资本价格扭曲优化了外贸方式结构，而资本供给扭曲、劳动价格扭曲、要素配置扭曲阻碍了外贸方式结构的优化（外贸方式结构的界定是加工贸易与一般贸易之间的比重）。

从外贸主体结构来看，劳动供给扭曲、资本供给扭曲、劳动价格扭曲、资本价格扭曲、要素配置扭曲的影响也是不一致的。劳动供给扭曲、资本供给扭曲、要素配置扭曲抑制了外贸主体结构的优化，而劳动价格扭曲、资本价格扭曲促进了外贸主体结构的优化。

从外贸内部空间结构来看，劳动供给扭曲、资本供给扭曲、劳动价格扭曲、资本价格扭曲、要素配置扭曲的影响也是不一致的。劳动供给扭曲、资本供给扭曲、要素配置扭曲抑制了外贸空间结构的优化，而劳动价格扭曲、资本价格扭曲促进了外贸空间结构的优化。

从贸易条件、劳动密集产品外贸竞争力、资本密集型产品外贸竞争力来看，劳动供给扭曲、资本供给扭曲、劳动价格扭曲、资本价格扭曲、要素配置扭曲的影响表现出惊人的一致性，即导致了贸易条件的进一步恶化和外贸产品竞争力的降低。

通过对实证结果进行深入的分析，笔者发现，要素市场扭曲对外贸转型升级的影响以负向为主，本章的实证研究结果很好地证实了前文中要素市场扭曲对外贸转型升级影响机理的理论层面的推导。

第 6 章

政策建议

本书基于中国的外贸转型的背景，从理论和实证两个层面分析了要素市场扭曲对中国外贸转型升级的影响，发现：要素市场的扭曲虽然短时间内促进了中国出口的增加，但是带来了中国贸易条件的持续恶化，降低了中国的外贸收益，影响了中国外贸转型升级的进程；要素层面的微微观基础是影响中国的外贸转型升级的根本因素。

中国各种要素市场均存在不同程度的扭曲。要素市场扭曲不应仅仅局限于要素价格扭曲，而是应当包含要素供给扭曲、要素价格扭曲和要素配置扭曲三个方面的内容。

从要素供给扭曲来看，中国要素供给的扭曲，将导致企业要素投入的被动扭曲，反映到产品市场上就是产品结构的扭曲，在产业上就是产业结构的低端化，最终影响的就是外贸转型升级的不可持续或停滞不前。外贸转型升级的恶化反过来将进一步恶化企业的经营条件，企业将依赖于使用更加低廉的要素，产出水平进一步降低，最终形成类似于蛛网的恶性循环。

从要素价格扭曲来看，要素价格的扭曲使得要素市场处于不完全竞争状态，而企业获得了要素市场的买方地位；企业为进一步获取垄断利润，扩大生产，导致外贸商品价格下降，企业利润下降；由于路径依赖的存在，企业惯性地采取扩大低价要素的购买，再次扩大产能，最终导致外贸商品结构扭曲，外贸产业结构低端化，以及外贸转型升级的恶化；外贸转型升级恶化又将加剧企业经营的恶化，从而减缩成本，形成恶性的蛛网传导机制。

从要素配置扭曲来，外贸企业管理能力的缺乏，导致要素结合有效性下降，使得外贸企业产出效率下降，外贸企业为保持利润而压缩成本，购买更多更低价格的要素进行生产，从而使低价产品产量持续增加；产品市场产能扩展导致外贸商品产生降价趋势，企业产品进一步降价，从而导致外贸产业的低端发展，最终导致外贸转型升级恶化。而外贸转型升级恶化将进一步恶化企业的经营条件，形成恶性的蛛网传导机制。

因此，为了改变这种要素市场扭曲所带来的不可持续的外贸增长态势，实现外贸的转型升级，中国应当积极推动要素市场的市场化改革进程，保证各种所有制经济平等使用生产要素。在此基础上，本部分从要素供给、要素价格和要素配置三个层面提出修正要素市场扭曲的切实、科学、可行的对策建议。

6.1 优化要素流通，调节要素供给

要素禀赋差异是国际贸易发生的基本原因。要素禀赋由要素天然属性和密度，以及后天的流动所决定。短期内，一国要素的天然属性、密度很难得到改变，拓宽要素流通的渠道、改善要素流通的效率等则是改变要素在地理空间、经济空间聚集的有效途径。要素流通渠道的拓宽、效率的提高将改变要素供给的空间结构和相对价格，从而通过改变外贸企业的要素投入决策改变外贸的商品结构、方式结构、主体结构、市场结构等，提高企业对于要素使用和配置的重视程度，改变要素配置的效率，最终提升外贸转型升级的质量。

6.1.1 加快推进户籍制度改革，减少劳动力区域分割

中国东部地区工资高，但却出现严重的"招工难""用工荒"的问题，因此要解决劳动供给扭曲的问题，关键问题在于农民在城市的待遇问题。新产业工人在城市打工时基本的社会配套福利待遇跟不上，是新产业工人返乡的主要原因。

为解决这一矛盾，各级地方政府应制定新产业工人入籍的相关制度和办法。虽然中国在推进户籍制度改革上有了较大的进展，如中国部分地区实施的积分入户政策，即外来务工人员入户核准分值达到一定数量即可申请落户，这样增强了新产业工人的归属感，也提高了他们工作的动力，但是这些政策的实施范围和宣传力度还不够。这些政策仅是在部分地方实施，并没有实现全国范围的推广。据

调查，许多实施该项政策的地区中，许多新产业工人并不熟知此项政策，这说明相关部门的宣传力度还不够，使得该项政策没有得到有效的实施。因此，各级政府一方面应当加快制定实施相关政策，加强相关政策的宣传力度，提高外地务工人员的社会保障和配套社会福利；另一方面还要有相关的监督机制，对该政策的实施效果进行监督，再好的政策得不到有效的实施也将成为一纸空文。

6.1.2 加强深化教育改革，优化劳动力内生结构

高等教育的发展能够直接影响青年人的劳动参与率和劳动力的素质水平，改变劳动力的供给结构。中国的教育体制自身存在的问题，特别是高等教育与工作实践的脱节，造就了大学生"就业难"和新产业工人"招工难"并存的局面。因此，深化教育改革，提高教育质量，是解决当前劳动力市场诸多异象的根本途径。以市场需求为导向，培养高素质的专门人才，应注重以下几点：加大对中国现代职业教育的支持力度，同时，鼓励学校和企业合作，深化产教融合，进而培养出高素质的劳动者以及适应企业需要的技能型人才；制定创新高校人才培养机制，鼓励并促进各大高校办出特色，而不是千校一面，强化素质教育；加大鼓励对特殊教育和继续教育的资金投入和政策支持，扩大就业劳动力再次受教育的机会，并鼓励劳动力"再学习"；促进教育公平，加大对家庭困难学生的资助，并利用信息化手段扩大优质教育资源的覆盖面，努力缩小区域之间以及校与校之间的差距。

6.1.3 全面深化金融改革，优化"虚、实"经济关系

近年来，中国实体经济增长面临巨大压力，由于受金融垄断、供给不足、竞争不充分以及利率市场化改革步伐迟缓等原因的影响，目前中国资本市场更多地表现为卖方市场。贷或不贷、贷多贷少、利率的高低，大多由银行说了算，企业并没有掌握话语权。金融发展已成为影响中国经济良好发展的重要因素，是外贸产业结构调整的核心变量。

第一，应当牢牢把握金融为实体经济服务的大方向。中国应该均衡"虚、实"经济的发展，强化实体经济与金融互利共赢的发展关系，摈弃那些脱离实体

经济发展的要求，片面追求金融自身发展的错误经营理念和做法。将国家有限的信贷资源投放到重点建设工程、中小企业，而不是过多地投向虚拟经济和房地产，努力促进实体经济的发展。同时要根据实体经济对多样化的金融服务的需求，加大我国对金融机构整合力度，提高金融机构的管理和运营效率，降低营运成本，大力开展产品创新、网点调整以及渠道建设，从而不断地提高金融服务的覆盖面和快捷度。另外，还要建立面向实体经济的科学的评估制度和激励机制。

第二，努力为实体经济发展营造良好金融环境。加强和完善对金融的宏观调控，以保持金融的平稳运行，防止出现信贷和货币政策大起大落、资金供求失衡和流动性变化无常等问题的出现，对实体经济造成较大的冲击和影响；加快对利率市场化的改革步伐，防范因为利率长期"双轨"和"倒挂"所导致的资金"脱实向虚"、金融"脱媒"等现象的大量发生；要进一步完善汇率制度，对汇率水平的调整要充分考虑中小企业的承受能力；努力实施差异化的金融和监管政策，促使各个金融机构有保有压，倾斜资源；进一步加强对社会信用体系建设；另外，还要加强对金融消费者权益保护的法律法规和机构建设，保护企业合法权益。

6.1.4 强化资本市场创新，解决中小企业融资难问题

当前，中小外贸企业融资难度越来越大、产品成本越来越高、利润越来越薄、亏损现象越来越严重，以及面临虚拟经济利益回报高的诱惑，出现了中小企业从实体经济撤离，转向楼市、股市和民间借贷市场等虚拟经济的趋势。

各级政府应改进和加强对小微企业的金融服务，支持小微企业融资。中国金融业对中小企业的金融配套服务不够完善，造成中小型外贸企业缺乏相应的融资渠道，由于资金缺乏，在外贸销售过程中只敢接受款到发货，不接受赊销，最终造成外贸企业丢失大量订单。因此，为了解决外贸企业融资难、资金缺乏的问题，应当大力发展贸易融资渠道，降低注册成本和门槛，设立贸易融资专项资金，有效提高小微企业贷款的可获得性，拓宽小微企业金融服务覆盖面，支持外贸企业发展；鼓励和支持符合市场化发展规律的外贸服务机构发展，通过建立专门的进出口贸易服务平台，解决银行和企业间信息不对称的问题，有效地为中小

型企业提供融资服务；降低中小型外贸企业融资成本，合理治理小额贷款公司，制定出更多支持贸易融资的金融增产和金融创新产品。

6.1.5　推进大宗商品交易市场建设，完善生产资料流通体系

如今，我国的流通产业仍处于粗放型发展阶段，网络布局不合理，信息化、标准化、国际化程度不高，效率低、成本高问题日益突出。由于我国大宗商品交易市场不完善，大宗商品流通环节过多、流通效率偏低等问题突出。生产资料流通的通畅与否直接关系到我国生产要素的供给投入情况，同时也会制约资源、资本等要素对经济发展的贡献力度，对要素供给的扭曲产生直接的影响。因此，我国应当推进大宗商品交易市场的建设，减少大宗商品的流通环节，改善各种生产资料的流通过程，提高流通效率，降低社会库存和物流成本，为我国经济节省巨大的成本。同时，发挥市场在资源配置中的基础性作用，完善我国重要商品、服务以及要素价格形成机制，提高市场调控能力和国际市场应对能力，将有利于我国从贸易大国走向贸易强国，改变以往在国际商品价格竞争中的被动地位，维护国家经济安全，提升我国国际竞争力。

6.1.6　加大中小企业科研投资力度，实现科研成果量质并举

近年来，我国科技经费投入以每年 20% 左右的比例增长，每年取得的科技成果有 3 万多项，但科技成果转化率大约在 25%，真正实现产业化的不足 5%，与发达国家 80% 的转化率差距甚远。科技成果转化率和产业化率"两低"的局面依然没有明显改观。中国的技术研发主体主要是高校科研院所，同时国家的财政科技拨款中绝大部分都给了具有事业单位性质的科研院所和高等院校等。但是，他们本身接触市场较少，对于企业的技术需求并不十分了解，研发出来的技术成果很多，但却不能有效地为企业所用，转移到生产中。而那些具有创新性的中小企业，往往是技术创新的主力军，在有了技术成果之后，却常常因为资金缺乏最终选择放弃。因此，为了应对我国技术要素供给不足、科技产业化率的问题，应从以下几点入手：首先，加大对中小企业科研经费的投资力度，在科技投入上适当向中小企业倾斜，用社会上"风险投资"的管理方法进行投资规范管

理，鼓励他们自主创新；其次，对所投入的科研经费加强过程管理和目标管理，引入长效评估机制，重点考核企业用国家的科技投入究竟做了什么工作，解决了哪些科技难题，研发出哪些被社会认可的产品，创造出多少社会效益和经济效益；再次，要明确高校和科研单位的技术转移义务，将技术转移成效纳入高校和科研单位考核评价体系，同时纳入科技人员业绩考核评价管理体系；最后，加强技术转移示范工作，加大对国家技术转移示范机构的评定、考核、培训、管理和支持力度，全力推动高校和科研单位的技术转移转化。

6.2 强化市场配置，减少价格干预

中国要素市场化改革滞后是影响中国经济市场化改革推进的重要因素，是中国经济体制改革的重点任务之一，同时也是制约中国外贸转型升级的根本原因之一。中国应当积极推进要素市场改革，大幅度减少政府对要素价格的管控，使得资源配置依据市场规则、市场价格、市场竞争等，有效实现效益最大化和效率最优化。外贸企业依据按照要素供求及价值规律波动的价格，进行要素投入决策，使企业能够最大限度地释放主观能动性，积极改善商品结构、方式结构，以及提升商品竞争力，最终推动外贸转型升级的发展。

6.2.1 要素价格调整与汇率改革联动配套

生产要素价格同汇率之间存在着密切的关系。对生产要素价格调整快，则汇率升值压力就能减弱；如果人民币汇率浮动，则要素价格上涨的压力就会减轻。因此，为了更好地实现中国经济结构转型和外贸转型升级的目标，中国应当根据具体的实际状况，有效地将要素价格调整和汇率变动进行合理的组合。例如，同时适度调整劳动工资和浮动人民币汇率，要比单纯大幅提高劳动工资所产生的效果更平稳，这有助于保障工资水平的提高与劳动生产率和企业效率的提高相匹配。同时两者对资源配置的影响也不同，汇率的变动能够较快地影响进口商品价格，从而改变贸易品和非贸易品的关系，汇率的升值，使得资源更多地从贸易部门流向非贸易部门，有利于服务业的发展和中国经济结构和外贸结构的调整。而要素价格的调整影响的主要是价格体系内各类要素的比价关系，因而侧重的是微

观基础方面对资源配置的影响。因此,应当将要素价格调整和汇率改革合理配合起来,促进中国外贸结构的调整和发展方式的转变。

6.2.2 推进利率市场化

改革开放以后,中国不断推进金融制度改革。从经济安全的角度看,一定的金融管制是必要的,但以非市场化的资本价格决定机制调控金融市场的攻击与需求,极大地扭曲了资本的配置效率。因此,从推动企业长期发展的角度出发,实现利率市场化始终是努力的方向。一方面,银行系统应当增强应变能力,来抵抗利率波动带来的不利影响,另一方面,国有企业应提高自身解决利率市场化可能带来的资金成本上升等问题的能力,逐步摆脱依靠要素市场扭曲获取利润的发展方式。

6.2.3 推动汇率改革,完善金融市场

如果说利率是资本要素的国内价格,那么汇率就是资本要素的国际价格。如今盛行"中国汇率操纵论""中国威胁论",或者是各国对中国出口商品采取非常规贸易措施,但中国的贸易发展是合乎市场发展规律的。从国内看,在某种意义上中国商品物美价廉,得益于中国经济要素市场的扭曲。既然人民币实际汇率与中国经济的结构性扭曲和要素价格低估有密切关系,因此要解决外贸转型升级以及要素扭曲的问题,必须加快汇率改革。中国应当扩大汇率市场的参与主体,引入更多的金融机构、企业进入银行间外汇市场,同时逐步实现对人民币跨境使用的放开,形成对内对外的共同市场体系。

6.2.4 完善资源定价机制

长期以来,中国资源价格主要实行的是政府指导价,但是随着资源型产品变得越来越稀缺,指导电价和气价已经严重制约了中国资源型产业的发展,以及经济增长的健康持续。因此,要健全自然资源产权制度,让市场在资源配置中起决定作用,真实反映出自然资源的真实成本:第一,以市场化为导向,建立由市场关系决定的自然资源产品的价格形成机制。同时还要引入竞争机制,从而有效地

发挥各个市场主体的功能作用，并通过市场交换实现自然资源在不同主体间的合理分配。另外，还要加强政府对自然资源产品真实价格的监管，以便更好地解决自然资源及其产品价格形成过程中出现的"市场失灵"问题。第二，实行全成本覆盖，完善价格的构成要素，让价格反映全部成本。自然资源产品的价格受到多种因素的影响，因而其全部成本既包括开发成本、税收、利润、矿业权有偿取得成本，又包括安全投入成本、代际补偿成本、环境补偿成本、外部补偿成本等。而所谓的实行全成本覆盖，完善价格构成要素，强调的就是要将自然资源的开发成本、开采后为保证持续开发的补偿成本及资源消耗中环境污染的治理成本等都列入企业成本核算的范围之内，有效还原自然资源及其产品价格当中的完全成本，做到真正落实污染者和使用者付费的原则。第三，建立健全自然资源产权市场体系，充分体现所有者权益。第四，运用差别化价格手段，建立反应灵敏、分类调控的价格体系。

6.2.5 推进技术交易市场建设，促进技术价格向价值的回归

技术市场在促进科技资源优化配置、加速知识流动和技术转移、促进科技成果转化、激励企业技术创新、推动科技与经济结合等方面具有突出贡献。因此，我国应当大力推进建设全国性的技术交易市场，促进技术要素价格向技术要素真实价值的回归，应当做到以下几点：首先，国家应当加强对技术市场的培育、扶持与引导；其次，要进一步规范专利和技术成果竞价（拍卖）交易机制，形成安全可靠、诚信规范的科技成果竞价（拍卖）方式，探索用市场化评价技术成果产业价值的新方法；再次，要整合资源，完善技术市场服务体系，对现有科技服务机构进行整合，发展研发设计、科研条件、创业孵化、技术交易、知识产权、科技投融资等科技服务业态；最后，要开创技术市场全新格局，充分发挥区域大型常设技术交易市场的作用，在条件合适的中心城市或国家高新区形成省市共建的以区域科技资源统筹配置为核心功能的新型市场。

6.3 提升管理能力，提高配置效率

企业管理能力的低下严重阻碍了企业的发展和企业利润最大化的实现。优秀

的管理团队，决定了企业战略决策的科学性，直接影响外贸企业在转型升级中的战略方向，也决定了企业外贸转型升级的质量；企业的薪酬与激励制度是调动劳动积极性最为有效的方法，将大幅提升员工的工作效率，影响企业产品的竞争力，进而改变企业在残酷市场竞争中的地位，最终影响外贸转型升级的进程；和谐的组织气氛和有效的沟通协调形式，将实现一切要素的和谐配合，以便企业实现最佳的要素投入配比，最大化释放各要素的产出能力。企业管理能力的各要素都将成为企业外贸转型升级成败的决定性因素。

6.3.1 深化分工，优化人力资源配置

目前，人力资源管理方面存在的问题如很多企业中很多高技能人才从事低附加值工作，这对于整个配置效率来说，就是一种资源的浪费。因此，为改变这种配置低效率的问题，企业还应当从以下几个方面入手：深化组织结构设置，厘清部门职责，深化企业分工，优化人员配置，让高技能人才从事高附加值工作，让低技能人才从之低附加值工作，有效配置提升企业各个岗位的专业化率；推进"人力资源部门+各级管理人员"的新型管理模型，发挥好业务部门间的合作关系；加强人工成本的管控，确保人工成本增长与企业效益增长同步；加强岗位的责任建设，促进员工有效地履行自己的职责；加强对员工岗位胜任能力的培养，有效提升员工的岗位胜任能力。

6.3.2 强化对企业内部资源配置的监督

中国的内部控制工作起步较晚，国内还没有形成良好的内部控制有效性披露环境，很多企业不愿意披露相关信息。但是，企业信息披露及信息透明度可以有效降低资本市场中信息不对称的现象，同时增强公司股票的流动性，降低公司股权融资和债务融资的成本，提高公司投资效率，促进公司的可持续成长，进而提升公司价值。因此，应当提高企业信息透明度，减少信息弱势群体所面临的信息不对称以及由此导致证券市场的错误定价及资本资源的低效配置问题的产生。而要做到这些，相关部门应当加强对企业内部及控制有效性的监督，提高企业信息披露的质量，从根本上控制上市公司与资本市场间信息不对称的问题，从而促进

企业配置效率的提高。

6.3.3 优化企业质量管理体系

企业要实现规范化的质量管理，提高企业管理效率，应从以下几个方面做起。第一，企业应当规划好自己的发展战略，锁定目标市场，明确自己的发展方向。第二，企业应当在前者的基础上，确定好自己的核心业务流程，只有确定了自身采用何种核心业务流程，才能最大可能地实现企业的目标市场。第三，组织结构的建立将直接决定企业运作功能是否健全，因而企业应当根据自身的发展需要、核心流程以及市场的导向来进行设计。第四，应明细工作流程，企业应当对每个工作流程进行确定，规范企业流程中的权力和责任，确保资源在使用过程中合理分配。第五，对所有岗位进行功能的描述，明确不同部门的关系，并分析出每个岗位对于企业的价值。第六，实行企业绩效管理，但应建立在企业自身目标和工作责任确立的前提下，这样才能有效地考核，而不应为盲目考核而消耗员工的精力。第七，要建立激励机制，企业应当在管理的全部过程中有效运用激励。如此才能形成企业的系统化管理。

6.3.4 强化创新驱动战略，提升企业创新能力

要加快中国经济发展，实现外贸转型，必须坚持创新驱动发展战略，重视科技创新的核心地位。企业的创新包括多个层次，有营运创新、产品创新、战略创新以及管理创新等，每个层次的创新都能够对企业的成功做出重要的贡献，越高层次的创新对于价值的创作贡献越大，而管理创新是最高层次的创新，最关键在于是否拥有创新型的人才，以及企业领导能否识别和有效利用创新型人才。因此，企业家应当重视管理创新的作用，同时，提高管理层对于创新的重视度，提高企业研发比例以及创新型人才的待遇水平，真正将创新看作企业实现发展的根本。

企业要提高自主创新能力，应当从以下几点做起：第一，树立创新理念，改变粗放式管理模型，将创新纳入企业的发展战略之中，不断强化企业自身的创新意识。第二，加大企业对自主创新的投入，建立良好规范的企业管理体制，从组

织结构、财务监督以及信息披露等方面入手，完善企业的管理和监督机制，为企业创新搭建良好的环境。第三，加大科研投入，完善企业内部激励机制。中国企业的研发投入远低于发达国家水平，使得企业无法留住人才，应加大对人才的薪酬激励，增效创新人才的创新动力。第四，建立培训机制，培养科技人才。企业应当加大每年的培训计划，安排科技人才学习，为企业提供持续的创新源泉。第五，积极开展校企之间、企业之间，以及国内与国际之间的合作研发。合作研发可以有利于企业降低研发成本，分散风险，同时还可以实现设备和人才的资源互补，缩短研发周期。

参 考 文 献

▲英文参考文献

[1] ADAMS F, GERARD, BYRON G. Why is China so Competitive? Measuring and Explaining China's Competitiveness[J]. The World Economy,2006,29(2):95-122.

[2] AMITY M, FREUND C. The Anatomy of China's Export Growth [R]. Policy Research Working Paper,2010.

[3] ARCHIBUGI D, IAMMARINO S. The globalization and technological innovation: Definition and evidence [J]. Review of International Political Economy, 2002, 9(1):98-122.

[4] BOWEN HARRY P,EDWARD E,SVEIKAVSKAS L. Multi-country and Multifactor Tests of the Factor Abundance Theory[J]. American Economic Review,1987(5): 791-809.

[5] BOWEN,HARRY P. Judging Factor Abundance[J]. Quarterly Journal of Economics, 1992(2):599-620.

[6] BRANDT L, BIESEBROECK J, ZHANG Y. Creative Accounting or Creative Destruction? Firm-level Productivity Growth in Chinese Manufacturing [R]. NBER Working Paper,2009,No. 15152.

[7] BRUCE M, SKOORKA. Measuring Market Distortion:International Comparisons, Policy and Competitivess[J]. Applied Economics,2000,32(3):253-264.

[8] HSIEH C T,KLENOW P. Misallocation and Manufacturing TFP in China and India [J]. Quarterly Journal of Economics,2009,124(4).

［9］CATTANEO O,GARY G,STARLITZ C. Global Value Chains in a Postcrisis World：A Development Perspective［M］. Washington,DC：World Bank,2010.

［10］CEGLOWSKI,J,GOLUB S. Just How Low Are China's Labor Costs？［J］. The World Economy,2007(30)：597-617.

［11］GANDOLFD G. International Trade Theory and Policy［M］. Berlin：Springer,1998.

［12］TUAN C,NGL F,ZHAO B. China's post-economic reform growth：the role of FDI and productivity progress［J］. Journal of Asian Economics,2009(20)：280-293.

［13］CLAESSENS S,FEIJEN E,LAEVEN L. Political Connections and Preferential Access to Finance：The Role of Campaign Contributions［J］. Journal of Financial Economics,2008,88(3)：554-580.

［14］CLERIDES K,LACH S,TYBOUT J. Is Learning by Exporting Important？ Micro-Dynamic Evidence from Colombia,Mexico,and Morocco［J］. Quarterly Journal of Economics,1998,113(3)：903-947.

［15］CONNOLLY B A,HIRSCH B T,HIRSCHEY M. Union Rent Seeking,Intangible Capital,and Market Value of the Firm ［J］. The Review of Economics and Statistics,1986,68(4)：567-577.

［16］CURRIE J,HARRISON A E. Sharing the Costs：The Impact of Trade Reform on Capital and Labor in Morocco［J］. Journal of Labor Economics,1997,15(3)：44-71.

［17］DOLLAR D,WEI S J. Das(Wasted) Kapital：Firm Ownership and Investment Efficiency in China［R］. NBER Working Paper,2007,NO. 13103.

［18］YANG D T,CHEN V,MONARCH R. Rising Wages：Has China Lost Its Global Labor Advantage？［R］. IZA Discussion Paper,2009,No. 5008.

［19］FEENSTRA R C. Advanced International Trade：Theory and Evidence［M］. Princeton University Press,2003.

［20］WEI S J. China's Growing Role in World Trade［M］. University of Chicago Press,NBER Conference Report,2010.

［21］GREIF A. Institutions and International Trade：Lessons From the Commercial Revolution［J］. American Economic Review,1992,82(2)：128-133.

[22] GROSSMAN M, HELPMAN E. Innovation and Growth in the Global Economy [M]. Cambridge, MA: MIT Press, 1991.

[23] GROSSMAN G, HELPMAN E. Technology and Trade[R]. NBER Working Paper, 1994(12), NO. 4926.

[24] HAUSMANN R, HWANG J, RODRIK D. What You Export Matters[R]. NBER Working Paper, 2005, NO. 11905.

[25] HELLMAN J. JONES G, KAUFMAN D. Size and State, Seize the day: State Capture, Corruption and Influence in Transition [J]. Journal of Comparative Economics, 2003, 31(4): 751-773.

[26] HELPMAN E, KRUGMAN P R. Market Structure and Foreign Trade. The MIT Press, 1995.

[27] HINLOOPEN J, VAN MARREWIJK C. Dynamics of Chinese Comparative Advantage [R]. Tin Bergen Institute Discussion paper, 2004, 2.

[28] HOLGER G, GREENAWAY D. Much do about Nothing: Do Domestic Benefit from Foreign Direct Investment? [J]. World Bank Research Observer, 2004, 19(2): 171-197.

[29] HSIEH C, KLENOW P. Misallocation and Manufacturing TFP in China and India [J]. Quarterly Journal of Economics, 2009, 124(4): 1403-1448.

[30] JIN J C, SHIH Y. Export-led Growth and the Four Little Dragons[J]. Journal of International Trade and Economic Development, 1995(2): 230-251.

[31] JOHNSON H G. Factor Market Distortion and the Shape of the Transformation Curve[J]. Econometrica, 1966(3).

[32] JONES R W. A Three-Factor Model in Theory, Trade, and History[J]. Trade, Balance of Payments and Growth. Amsterdam: North-Holland, 1971(2): 3-21.

[33] JONES R W, MARJIT S. Economic Development, Trade and Wages[J]. German Economic Review, 2003(4): 1-17.

[34] JORGENSON D W. Capital Theory and Investment Behavior[J]. The American Economic Review, 1963(53): 1247-259.

[35] LEWER J, VANDEN BERG H. Does Trade Composition Influence Economic Growth? Time Series Evidence for 28 OECD and Developing Countries[J]. Journal of International Trade& Economic Development,2003,12(1):39-96.

[36] KAVOUSSI R M. Export Expansion and Economic Growth Further Empirical Evidence[J]. Journal of Development Economics,1984(1):241-250.

[37] KHWAJA A I,MIAN A. Do Lenders Favor Politically-Connected Firms? Rent Provision in and Emerging Financial Market[J]. Quarterly Journal of Economics, 2005,120(4):1371-1401.

[38] KNIGHT J,SONG L. Increasing Urban Wage Inequality in China[J]. Economics of Transition,2003(4):597-619.

[39] KOHLER W. Aspect of International Fragmentation[J]. Review of International Economy,2004(5):793-816.

[40] KRUGMAN P R. Rethinking International Trade [M]. Cambridge, Mass: MIT Press,1990.

[41] KRUGMAN P,OBSTFELD M. International Economics:Theory and Policy[M]. Tsinghua University Press,2004.

[42] KUDRLE R T. Governing Economic Globalization:The Pioneering Experience of the OECD[J]. Journal of World Trade,2012,46(3):695-732.

[43] KUMBHAKAR,S C. Allocative Distortion,Technical Progress,and Input Demand in U. S. Airline[J]. International Economic Review,1992(3):121-136.

[44] LALL S,JOHN W,ZHANG J K. The Sophistication of Exports:A New Measure of Product Characteristics[J]. World Development,2006(2):222-237.

[45] LEDERMAN D,MALONEY W F. Trade structure and growth[R]. World Bank Policy Research Working Paper,2003.

[46] LEVIN A,RAUT L K. Complementarilities between Export and Human Capital in Economic Growth:Evidence from the semi-industrialized countries. Economic Development and Cultural Change,1997(1):155-174.

[47] LEVINSON S. Transitions[J]. The Yale Law Journal,1999,108(8):2215-2236.

[48] LEWER J, VANDEN BERG H. Does trade composition influence economic growth? [J]. Journal of International Trade& Economic Development. 2003(1):47-56.

[49] LINDBECK A. Stabilization Policy in Open Economies with Endogenous Politicians [J]. The Political Business Cycles, 1997(2):473-491.

[50] MAGEE S P. Factor Market Distortions, Production, Distribution, and the Pure Theory of International Trade[J]. The Quarterly Journal of Economics, 1971, 85 (4):623-643.

[51] MAZUMDAR J. Do Static Gains from Trade Lead to Medium Run Growth? [J]. Journal of Political Economy, 1996, 104(6):1328-1337.

[52] MCKINNON R, SCHNABL G. China's Exchange Rate and International Adjustment in Wages, Prices, and Interest Rates[R]. CESifo Working Paper Series, 2006, No. 1720.

[53] MELITZ M J. The Impact of Trade on Aggregate Industry Productivity and Intra-industry Reallocations[J]. Econometrica, 2003, 71(6):1695-1725.

[54] MOSCHOS D. Export Expansion, Growth and the Level of Economic Development. Journal of Development Economics, 1989(1):93-102.

[55] MURAKAMI Y. Technology spillover from foreign - owned firms in Japanese manufacturing industry[J]. Journal of Asian Economics, 2007(18):284-293.

[56] MURPHY K, SHLEIFER A, VISHNY R. Why Is Rent - Seeking So Costly to Growth? [J]. American Economic Review, 1993, 83(2):409-414.

[57] NORTH D. Institutions, Institutional Change and Economic Performance[M]. Cambridge University Press, 1990.

[58] NUNN N. Relationship-Specificity, Incomplete Contracts, and the Pattern of Trade [J]. Quarterly Journal of Economics, 2007, 122(2):569-600.

[59] OLLEY G, PAKES A. The Dynamics of Productivity in the Telecommunications Equipment Industry[J]. Econometrica, 2008(6):1263-1297.

[60] RICHTER S. Foreign Economic Liberalization: Transformations in Socialist and Market Economies[J]. Acta Oeconomica, 1992, 44(1/2):215-217.

[61] PATTERSON D M. Reform in Eastern Europe: A General Equilibrium Models with Distortions in Relative Price and Factor Market[J]. Canadian Journal of Economics, 1996(2):76−89.

[62] PETRIN B P, POI J. Levinsohn. Production Function Estimation in Stata Using Inputs to Control for Unobservables[J]. Stata Journal, 2004(2):32−45.

[63] HULTEN C R, MCCALLUM J. Depreciation, Inflation, and the Taxation of Income from Capital[M]. Washington, D C: Urban Institute Press, 1981:83−120.

[64] HAUSMANN R, HWANG J, RODRIK D. What you export matters? [J]. Journal of Economic Growth. 2007(12):74−89.

[65] REDDING S. Dynamic Comparative Advantage and the Welfare Effects of Trade [R]. Oxford EconomicPaper, 1999.

[66] HAUSMANN R, KLINGER B. The Structure of the Product Space and the Evolution of Comparative Advantage[R]. CID Working Paper, 2007, No. 146.

[67] KOOPMAN R, WANG Z, WEI S J. How Much of Chinese Exports is Really Made in China? Assessing Domestic Value−Added When Processing Trade in Pervasive [R]. NBER working Paper, 2008, NO. 14109.

[68] RODRIK D. Trade and Industrial Policy Reform[R]. Handbook of Development Economics, New York: North−Holland 1995:2925−2982.

[69] RODRIK D. What's so special about China's exports[R]. NBER Working Paper, 2006, No. 11947.

[70] GARNAUT R, SONG L. The Turning Point in China's Economic Development [M]. ANUE Press and Asia Pacific Press, 2006.

[71] SAMUELSON P A. Ohlin Was Right[J]. Swedish Journal of Economics, 1971 (73):365−384.

[72] SCHOTT P. The Relative Sophistication of Chinese Exports[R]. NBER Working Paper, 2006, No. 12173.

[73] SHLEIFER A, VISHNY R. Politicians and Firms[J]. The Quarterly Journal of Economics, 1994(109):995−1025.

[74] SIEBERT H. Comparative Advantage and Environmental Policy: A Note [J]. Zeitschrift für Nationalökonomie, 1974(34): 397-402.

[75] SKOORKA B M. Measuring Market Distortion: International Comparisons, Policy and Competitiveness[J]. The Applied Economics, 2000, 32(3): 253-264.

[76] SOLOW R W. Technical change and the aggregate production function[J]. Review of Economics of Statistics, 1957(3): 312-320.

[77] SQUALLI J, KENNETH W. A New Measure of Trade Openness[J]. The World Economy, 2011, 34(10): 1745-1770.

[78] TERRIE C, SINGH N. The Composition of U. S. – East Asia Trade and Changing Comparative Advantage [J]. Journal of Development Economics, Elsevier, 1998, 57(2): 361-389.

[79] TERRIE C, SINGH N. Time Series Analysis of U. S. –East Asia Commodity Trade: 1962-1992 [J]. Santa Cruz Center for International Economics, Working Paper Series 1033, 2004.

[80] TIMMER M A, SZIRMAI. Productivity Growth in Asian Manufacturing: the Structural Bonus Hypothesis Examined [J]. Structural Change and Economic Dynamics, 2000, 11(4): 371-392.

[81] TODO Y. Knowledge spillovers from foreign direct investment in R&D: Evidence from Japanese firm-level data[J]. Journal of Asian Economics, 2006(17): 996-1013.

[82] ASSCHE A V, GANGNES B. Electronics Production Upgrading Is China Exceptional? [J]. Applied Economics Letters, 2010(5): 103-124.

[83] WINDMEIJER F. A Finite Sample Correction for the Variance of Linear Efficient two-step GMM Estimators[J]. Journal of Econometrics, 2005(126): 25-51.

[84] World Bank. An East Asia Renaissance: Ideas for Economic Growth [R]. The International Bank of Reconstruction and Development. World Bank, 2007.

[85] YOUNG A. The Razor's Edge, Distortions and Incremental Reform in the People's Republic of China[J]. Quarterly Journal of Economics, 2000, 115(5): 1091-1135.

▲中文参考文献

[1] 操龙灿. 企业自主创新体系及模式研究 [D]. 合肥：合肥工业大学，2006.

[2] 陈海波，魏啸. 外贸结构升级对中国经济发展方式转变影响的实证分析 [J]. 国际经贸探索，2013（9）：14-23.

[3] 陈虹. 中国对外贸易结构与产业结构的关系研究 [D]. 长春：吉林大学. 2011.

[4] 陈丽静. 知识产权保护、技术创新与贸易结构优化 [D]. 杭州：浙江大学，2012.

[5] 陈永伟，胡伟民. 价格扭曲、要素错配和效率损失 [J]. 经济学，2011（7）：1401-1422.

[6] 崔丽丽. 全球视角下贸易与环境的协调发展研究 [D]. 大连：东北财经大学，2012.

[7] 大卫·李嘉图. 政治经济学及赋税原理 [M]. 北京：华夏出版社，2005，9.

[8] 窦勇. 开放进程中要素市场扭曲与宏观经济失衡 [D]. 北京：中共中央党校，2010.

[9] 樊纲，关志雄，姚枝仲. 国际贸易结构分析：贸易品的技术分布 [J]. 经济研究，2006（8）：70-80.

[10] 樊琦. 战略性 R&D 补贴政策、自主创新与中国出口贸易结构优化研究 [D]. 武汉：华中科技大学，2010.

[11] 傅东平. 要素价格变化对中国出口的影响分析 [J]. 当代经济，2009（5）：76-77.

[12] 傅自应. 中国对外贸易三十年 [M]. 北京：中国财政经济出版社，2008.

[13] 高铁梅. 计量经济分析方法与建模 [M]. 北京：清华大学出版社，2006：134.

[14] 耿伟. 要素价格扭曲是否提升了中国出口企业多元化水平 [J]. 世界经济研究，2013（9）：134-160.

［15］耿献辉. 中国进出口商品结构变动及其优化——基于投入产出表的实证分析［J］. 经济学家，2010（8）：40-46.

［16］关嘉麟. 转型时期中国对外贸易政策研究［D］. 长春：吉林大学，2013.

［17］关利欣. 以贸易中介入手加快中国对外贸易转型升级［J］. 中国经贸，2012（3）：33-37.

［18］郭庆旺，贾俊雪. 中国全要素生产率的估算：1979-2004［J］. 经济研究. 2005（6）：51-60.

［19］胡方，连东伟，徐芸. 外国直接投资对中国出口贸易结构的影响［J］. 国际商务——对外经济贸易大学学报. 2013（1）：19-27.

［20］金哲松. 国际贸易结构与流向［M］. 北京：中国计划出版社，2000.

［21］鞠建东，林毅夫，王勇. 要素禀赋、专业化分工、贸易的理论与实证：与杨小凯、张永生商榷［J］. 经济学，2004（4）：27-54.

［22］李宾，曾志雄. 中国全要素生产率变动的再推算：1978-2007［J］. 数量经济技术经济研究，2009（3）：3-15.

［23］李兵. 进口贸易结构与中国经济增长的实证研究［J］. 国际贸易问题，2008（6）：27-38.

［24］李艳丽. 论中国外贸转型的合理取向及政策建议［J］. 经济经纬，2007（3）：52-54.

［25］梁莉. 要素禀赋、技术差异与中国的对外贸易［J］. 经济问题，2010（2）：39-42.

［26］林发彬. 中国进出口贸易品技术分布状况及变化分析［J］. 亚太经济，2011（3）：122-125.

［27］林立. 加工贸易企业转型升级研究［D］. 北京：中国社会科学院，2012.

［28］林毅夫，蔡昉，李周. 比较优势与发展战略［J］. 中国社会科学，1999（5）：12-19.

［29］林毅夫，蔡昉，李周. 竞争、政策性负担与国有企业改革［J］. 经济社会体制比较，1998（5）：1-5.

［30］林毅夫. 新结构经济学［M］. 北京：北京大学出版社，2012.

［31］林毅夫. 自生能力、经济发展与转型［M］. 北京：北京大学出版社，2004：9.

［32］刘方械. 生产力经济学教程［M］. 北京：北京大学出版社，1998.

［33］刘厚俊，王丹利. 劳动力成本上升对中国国际竞争比较优势的影响［J］. 世界经济研究，2011（3）：9-33.

［34］刘蕾. 外商直接投资对中国出口贸易结构影响的实证研究［D］. 沈阳：辽宁大学，2011.

［35］刘名远，林民书. 区际贸易、要素价格扭曲与区域经济利益空间失衡［J］. 财经科学，2013（2）：56-64.

［36］刘源远. 中国贸易结构的重新测试及升级影响印象分析［D］. 长沙：湖南大学，2009.

［37］刘重力，黄平川. 中国企业出口中的禀赋优势与生产率［J］. 现代管理科学，2013（2）：12-14.

［38］隆国强. 加工贸易转型升级之探讨［J］. 中国经贸，2008（12）：8-14.

［39］隆国强，等. 加工贸易工业化的新道路［M］. 北京：中国发展出版社，2003.

［40］鲁晓东. 中国对外贸易结构、比较优势及其稳定性检验［J］. 世界经济，2007（10）：39-48.

［41］罗建兵. 加工贸易产业升级与国内价值链构建［J］. 当代财经. 2010（2）：98-104.

［42］马洪，孙尚清. 经济与管理大辞典［M］. 北京：中国社会科学出版社，1985.

［43］马慧敏. 中国对外贸易微观主体结构完善研究［J］. 财经问题研究，2011（9）：86-89.

［44］马颖，李醑. "新-新贸易理论"企业异质性与外贸产业发展［J］. 国外社会科学，2011（2）：66-75.

［45］潘红宇. 时间序列分析［M］. 北京：对外经济贸易大学出版社，2005：231.

［46］裴长洪，彭磊，郑文. 转变外贸发展方式的经验与理论分析［J］. 中国社会科学，2011（1）：77-87.

[47] 裴长洪. 正确认识中国加工贸易转型升级 [J]. 中国经贸, 2008 (4): 4-7.

[48] 裴长洪. 中国贸易政策调整与出口结构变化分析: 2006-2008 [J]. 经济研究, 2009 (4): 4-16.

[49] 齐俊妍. 基于产品技术含量和附加值分布的国际贸易结构分析方法研究 [J]. 现代财经, 2006 (8): 64-69.

[50] 盛仕斌, 徐海. 要素价格扭曲的就业效益研究 [J]. 经济研究, 1999 (5): 66-72.

[51] 盛誉. 贸易自由化与中国要素市场扭曲的测定 [J]. 世界经济, 2005 (6): 29-36.

[52] 施炳展, 冼国明. 要素价格扭曲与中国工业企业出口行为 [J]. 中国工业经济, 2012 (2): 47-56.

[53] 苏振东, 周伟庆. 出口贸易结构变迁对中国经济增长的非对称影响效应研究——基于产品技术附加值分布的贸易结构分析法和动态面板数据模型的经验研究 [J]. 世界经济研究, 2009 (5): 42-47.

[54] 苏振东, 周玮庆. 中国对东盟的出口贸易结构及其变迁——基于产品技术附加值分布的贸易结构分析法和变系数面板数据模型的动态分析 [J]. 国际贸易问题. 2009 (3): 41-51.

[55] 隋月红. 出口贸易结构的形成机理: 基于中国 1980-2005 年的经验研究 [J]. 国际贸易问题, 2008 (3): 9-16.

[56] 孙琳琳, 任若恩. 中国资本投入和全要素生产率的估算 [J]. 世界经济. 2005 (12): 3-13.

[57] 汤碧, 陈莉莉. 全球价值链视角下的中国加工贸易转型升级研究 [J]. 国际经贸探索. 2012 (10): 44-55.

[58] 汤碧. 基于产品内分工视角的中国贸易转型升级路径研究 [J]. 国际贸易问题, 2012 (9): 16-27.

[59] 王必锋. 要素市场扭曲对中国经济外部失衡的影响研究 [D]. 沈阳: 辽宁大学, 2013.

[60] 王虎. 产业内贸易结构模式、分类体系对应及产品差异性的界定研究

［D］．上海：上海社会科学院．2011．

［61］王怀民．市场分割、比较优势与加工贸易［J］．世界经济研究，2005（1）：34-42．

［62］王怀民．加工贸易、劳动力成本与农民工就业［J］．世界经济研究，2009（1）：15-18．

［63］王玺，张勇．关于中国技术进步水平的估算——从中性技术进步到体现式技术进步［J］．中国软科学，2010（4）：155-163．

［64］王永齐．对外贸易结构与中国经济增长：基于因果关系的检验［J］．世界经济，2004（11）：31-41．

［65］威廉·佩蒂．赋税论（佩蒂经济著作选集）［M］．北京：商务印书馆，1981：66．

［66］武建龙，王宏起，陶微微．高校专利技术产业化路径选择研究［J］．管理学报，2012（6）：884-889．

［67］冼国明，程娅昊．多种要素扭曲是否推动了中国企业出口［J］．经济理论与经济管理．2013（4）：23-32．

［68］谢锐．东亚区域经济一体化进程中中国贸易结构变迁与经济效应研究［D］．长沙：湖南大学，2010．

［69］薛敬孝，佟家栋，李坤望．国际经济学．3版．北京：高等教育出版社，2010：6．

［70］亚当·斯密．国民财富的性质和原因的研究［M］．北京：商务印书馆，1983．

［71］阎志军．中国对外贸易概论［M］．北京：科学出版社，2011：8．

［72］杨宏华，胡瑞平．优化中国出口贸易结构走向贸易强国之路［J］．经济研究参考，2012（45）：64-68．

［73］杨继军，范从来．刘易斯拐点、比较优势蝶化与中国外贸发展方式的选择［J］．经济学家．2012（2）：22-29．

［74］杨青龙．国际贸易的全成本观［J］．国际经贸探索，2011（2）：21-27．

［75］杨晓龙，葛飞秀．人民币升值、要素价格上涨与外部失衡调整［J］．上海

金融，2012（11）：9-13.

[76] 姚战琪. 生产率增长与要素再配置效应：中国的经验研究 [J]. 经济研究，2009（11）：130-143.

[77] 叶飞文. 要素投入与中国经济增长 [D]. 厦门：厦门大学，2003.

[78] 叶宏伟. 国际市场势力与出口商品结构升级：机理与实证 [D]. 杭州：浙江大学，2011.

[79] 易力，刘世美，刘冰. 出口商品结构优化与经济增长相互作用的实证研究 [J]. 国际贸易问题，2006（9）：5-12.

[80] 殷功利. 中国贸易顺差研究：结构、效应与可持续性 [D]. 南昌：江西财经大学，2012.

[81] 于刃刚，戴宏伟. 生产要素论 [M]. 北京：中国物价出版社，1999.

[82] 余剑，古克鉴. 开放条件下要素供给优势转化与产业贸易结构变革 [J]. 国际贸易问题，2005（11）：5-11.

[83] 袁其刚. 中国贸易结构变化对经济增长影响的实证分析 [D]. 天津：南开大学，2010.

[84] 曾贵. 加工贸易转型升级的机制探讨 [J]. 财经科学，2011（2）：84-90.

[85] 张建清，魏伟. 国际金融危机对中国各地区出口贸易的影响分析——基于贸易结构的视角 [J]. 国际贸易问题，2011（2）：3-11.

[86] 张杰，李克，刘志彪. 市场化转型与企业生产效率：中国的经验研究 [J]. 经济学，2011（2）：571-602.

[87] 张杰，周晓燕，郑文平，等. 要素市场扭曲是否激发了中国企业出口 [J]. 世界经济，2011（8）：134-160.

[88] 张莉. 构建转变外贸发展方式理论体系探讨 [J]. 中国经贸，2012（5）：28-32.

[89] 张其仔. 比较优势的演化与中国产业升级路径的选择 [J]. 中国工业经济，2008（9）：58-68.

[90] 张曙光，程炼. 中国经济转轨过程中的要素价格扭曲与财富转移 [J]. 世界经济，2010（10）.

［91］张曙霄，王馨，蒋庚华．中国外贸内部区域结构失衡与地区收入差距扩大的关系［J］．财贸经济，2009（5）：85-90．

［92］张曙霄，张磊．中国对外贸易结构转型升级研究——基于内需和外需的视角［J］．当代经济研究，2013（2）：55-60．

［93］张曙霄．中国对外贸易结构论［M］．北京：中国经济出版社，2003：9．

［94］张曙霄．中国外贸结构问题研究［D］．长春：东北师范大学，2002．

［95］张亚斌．内生比较优势理论与中国对外贸易结构转换［D］．北京：中国社会科学院，2002．

［96］赵蓓文．实现中国对外贸易的战略升级：从贸易大国到贸易强国［J］．世界经济研究，2013（4）：3-9．

［97］赵小琼．基于协同创新视角的外贸转型升级路径与对策研究——以浙江省为例［D］．杭州：浙江工商大学，2010．

［98］赵云昌．要素流动、经济增长与贸易模式变化［M］．北京：中国经济出版社，2011．

［99］赵志耘，杨朝峰．中国全要素生产率的测算与解释：1979-2009［J］．财经问题研究，2011（9）：3-12．

［100］赵自芳，史晋川．中国要素市场扭曲的产业效率损失：基于DEA方法的实证分析［J］．中国工业经济，2006（10）：40-48．

［101］赵自芳．生产要素市场扭曲的经济效益［D］．杭州：浙江大学，2007．

［102］郑荷芬，马淑琴，徐英侠．基础设施投入对服务贸易结构影响的实证研究［J］．国际贸易问题，2013（5）：115-127．

［103］钟山．培育竞争新优势，实现外贸新发展［J］．求是，2013（16）：54-56．

［104］周松兰．出口商品结构竞争力国际比较［J］．数量经济技术经济研究，2006（12）：23-33．

［105］周永涛．金融发展、技术进步与对外贸易产业升级［D］．杭州：浙江工商大学，2012．

［106］周枝田．企业转型升级策略研究［D］．广州：暨南大学，2010．

［107］庄芮，白光裕，方领．FDI在华布局变化对中国外贸转型升级的影响

［J］．中国经贸，2013（1）：15-21．

［108］左萌．进口贸易结构、国际技术扩散与中国经济波动——基于内生 R&D
与技术转化视角［D］．成都：西南财经大学，2010．

［109］安平．目标锁定全球稀缺资源［EB/OL］．（2012-03-26）．http：//www.
people．com．cn/h/2012/0326/c25408-3939089430．html．

［110］陈晨．去年中国投资回报率仅 2.7%，全要素生产率大降［EB/OL］．
（2013-07-29）．http：//money．163．com/13/0729/01/94TP
BGRM00253B0H．html．

［111］陈文玲，颜少君．实现中国国际贸易六大转型，提升国家竞争力
［EB/OL］．（2011-10-25）．http：//caijing．chinadaily．com．cn/zxqxb/2011-
10-25/content_4166963_3．html．

［112］李晶晶．商务部：外贸市场多元化，对新兴市场进出口快速增长
［EB/OL］．（2013-05-10）．http：//finance．people．com．cn/n/2013/0509/
c70846-21426910．html．

［113］商务部新闻办公室．2012 年商务工作年终述评之四：外贸转型升级取得
积极成效［EB/OL］．（2012-12-08）．http：//www．mofcom．gov．cn/aarti-
cle/ae/ai/201212/20121208499506．html．

［114］王慧，吴承良，王云松，等．发达经济体大幅量化宽松，全球流动性泛滥
值得警惕［EB/OL］．（2013-04-29）．http：//news．xinhuanet．com/fortune/
2013-04/29/c115589700．htm．